Führung und Wohlbefinden am Arbeitsplatz

Managementpsychologie
Band 5

Führung und Wohlbefinden am Arbeitsplatz

Dr. rer. nat. Antonia J. Kaluza

Die Reihe wird herausgegeben von:

Prof. Dr. Rolf van Dick, Prof. Dr. Jörg Felfe,
Prof. Dr. Sandra Ohly, Prof. Dr. Jürgen Wegge

Antonia J. Kaluza

Führung und Wohlbefinden am Arbeitsplatz

Wie Führungskräfte ihre eigene Gesundheit
und die von Mitarbeitenden stärken können

Dr. rer. nat. Antonia J. Kaluza. 2009–2014 Studium der Psychologie in Jena und Frankfurt am Main. 2019 Approbation als Psychologische Psychotherapeutin (Verhaltenstherapie). 2020 Promotion. Seit 2015 wissenschaftliche Mitarbeiterin in der Abteilung für Sozialpsychologie der Johann Wolfgang Goethe-Universität Frankfurt. Zudem seit 2019 als Psychologische Psychotherapeutin im Schmerzzentrum Rhein-Main in Frankfurt tätig sowie Dozentin für Seminare, Workshops und Vorträge u. a. zu gesundheitsförderlicher (Selbst-)Führung, Selbstfürsorge und Stressmanagement.

Wichtiger Hinweis: Der Verlag hat gemeinsam mit den Autor:innen bzw. den Herausgeber:innen große Mühe darauf verwandt, dass alle in diesem Buch enthaltenen Informationen (Programme, Verfahren, Mengen, Dosierungen, Applikationen, Internetlinks etc.) entsprechend dem Wissensstand bei Fertigstellung des Werkes abgedruckt oder in digitaler Form wiedergegeben wurden. Trotz sorgfältiger Manuskriptherstellung und Korrektur des Satzes und der digitalen Produkte können Fehler nicht ganz ausgeschlossen werden. Autor:innen bzw. Herausgeber:innen und Verlag übernehmen infolgedessen keine Verantwortung und keine daraus folgende oder sonstige Haftung, die auf irgendeine Art aus der Benutzung der in dem Werk enthaltenen Informationen oder Teilen davon entsteht. Geschützte Warennamen (Warenzeichen) werden nicht besonders kenntlich gemacht. Aus dem Fehlen eines solchen Hinweises kann also nicht geschlossen werden, dass es sich um einen freien Warennamen handelt.

Bibliografische Information der Deutschen Nationalbibliothek
Die Deutsche Nationalbibliothek verzeichnet diese Publikation in der Deutschen Nationalbibliografie; detaillierte bibliografische Daten sind im Internet über http://dnb.dnb.de abrufbar.

Hogrefe Verlag GmbH & Co. KG
Merkelstraße 3
37085 Göttingen
Deutschland
Tel. +49 551 999 50 0
Fax +49 551 999 50 111
info@hogrefe.de
www.hogrefe.de

Umschlagabbildung: © iStock.com / fizkes
Satz: Franziska Stolz, Hogrefe Verlag GmbH & Co. KG, Göttingen
Druck: AZ Druck und Datentechnik GmbH, Kempten
Printed in Germany
Auf säurefreiem Papier gedruckt

1. Auflage 2025
© 2025 Hogrefe Verlag GmbH & Co. KG, Göttingen
(E-Book-ISBN [PDF] 978-3-8409-3272-4; E-Book-ISBN [EPUB] 978-3-8444-3272-5)
ISBN 978-3-8017-3272-1
https://doi.org/10.1026/03272-000

Vorwort

Liebe Lesende,

„Alle Wünsche werden klein, gegen den gesund zu sein" – kennen Sie diese Volksweisheit? Vielleicht erinnert sie Sie an die Wanddekoration im Flur Ihrer Großeltern oder an das handbestickte Taschentuch des Großvaters. Mir wurde der Spruch im Laufe der Vorarbeiten für dieses Buch von einer sehr wichtigen Person zugetragen. Und dieser Ausspruch erhielt immer mehr an Relevanz, entstand ein wesentlicher Teil dieses Buches doch während der COVID-19-Pandemie, in der das Thema Gesundheit und Krankheit einen großen (öffentlichen) Raum einnahm. Im Alltag wird uns die Bedeutung unserer Gesundheit häufig erst beim Auftreten von Krankheiten bewusst – aber Gesundheit beginnt viel früher und ist viel mehr als nur die körperliche Unversehrtheit. In der viel zitierten WHO-Definition wird Gesundheit als „Zustand des vollständigen körperlichen, geistigen und sozialen Wohlbefindens" beschrieben (nach Franzkowiak & Hurrelmann, 2022). Im Englischen wird dabei das wohlklingende Wort „well-being" verwendet und für mein Empfinden spiegelt diese Bezeichnung das multidimensionale Verständnis von Gesundheit viel prägnanter wider, welches die Gesundheit und den Menschen in seiner Gesamtheit inklusive aller physischen, mentalen und sozialen Aspekte betrachtet. Da dies jedoch ein deutsches Buch sein soll und wir schon genug eingedeutschte englische Begriffe haben, habe ich mich entschieden, bei dem Wort „Gesundheit" bzw. „Wohlbefinden" zu bleiben – Sie und ich wissen aber, dass damit nicht nur das körperliche Wohlergehen gemeint ist, sondern ebenso psychisches und soziales Wohlbefinden. Wie ich in Abschnitt 2.1 näher erläutere, werde ich dabei die beiden Begriffe Gesundheit und Wohlbefinden synonym verwenden.

Gerade am Arbeitsplatz spielt die Gesundheit und damit auch die Gesundheitsförderung eine wichtige Rolle und das nicht nur, weil unser Gesundheitszustand substanzielle Auswirkungen auf unsere Motivation, unser Engagement bei der Arbeit und auch auf unsere Leistung hat. „Arbeit ist das halbe Leben" weiß der Volksmund. Und das stimmt: Im Durchschnitt arbeiten Vollzeitbeschäftigte 43,5 Stunden pro Woche (Wöhrmann et al., 2016), das wären bei einer 5-Tage-Woche 8,7 Stunden pro Tag. Geht man davon aus, dass wir ca. 8 Stunden schlafen, verbringen wir also mehr als die Hälfte unserer aktiven, wachen Zeit mit oder auf der Arbeit! Und wer möchte sich dabei nicht gesund, tatkräftig und „wohl" fühlen?

Führungskräfte[1] stehen dabei vor der Herausforderung, sich sowohl um ihre eigene als auch um die Gesundheit ihrer Mitarbeitenden kümmern zu müssen. Verschiedene Ratgeber, Workshops und Vorträge beschäftigen sich schon mit dieser schwierigen

---

1 Ich werde mich bemühen, in diesem Buch geschlechtsneutrale Formulierungen zu verwenden. Bei dem Wort „Führungskraft" ist es einfach, auch wenn es nicht unbedingt ein schön klingendes Wort ist, so ist es doch geschlechtsneutral. Ansonsten werde ich gemischt die weibliche und männliche Form sowie das Gendersternchen verwenden, wodurch sich (hoffentlich) alle Menschen inkludiert fühlen.

Aufgabe und liefern wertvolle Hinweise, wie Führungspersonen sowohl ihr eigenes Wohlbefinden stärken als auch für die Gesundheit ihrer Mitarbeitenden sorgen können. Und auch die Forschung zu diesem Thema hat in den letzten Jahren stark zugenommen, was sehr begrüßenswert ist. Allerdings hinkt die Übertragung dieser Forschungsergebnisse in die Praxis häufig hinterher und es fehlt an übersichtlichen Darstellungen der bisherigen wissenschaftlichen Befunde und einer Verknüpfung mit alltagstauglichen Handlungsempfehlungen.

Mit diesem Buch möchte ich also nicht „das Rad neu erfinden". Ziel dieses Buches ist es vielmehr, aktuelle wissenschaftliche Erkenntnisse zum Zusammenhang von Führung und Gesundheit darzustellen und darauf aufbauend praktische Ansatzpunkte für die Gesundheitsförderung durch Führungskräfte abzuleiten. Dabei würde die Darstellung *aller* Studien zu diesem Thema sicherlich den Umfang dieses Buches übersteigen (soweit ich überhaupt in der Lage wäre, alle wissenschaftlichen Artikel zu diesem Themengebiet ausfindig zu machen). In diesem Buch stelle ich Ihnen daher ein heuristisches Modell vor, welches die Grundlage meiner eigenen Forschung bildet, und beschreibe Ihnen die Forschungsergebnisse meiner Studien. Auch bei den Praxisempfehlungen habe ich eine Auswahl treffen müssen und lege den Schwerpunkt auf die Themen und Ansatzpunkte, die sich in meiner praktischen Arbeit mit Mitarbeitenden, Führungskräften, Klient*innen und Patient*innen als am hilfreichsten herausgestellt haben.

Ich wünsche Ihnen viel Freude bei der Lektüre dieses Buches!

Frankfurt, im Juli 2024   *Antonia J. Kaluza*

Danksagung

An dieser Stelle möchte ich mich bei all denjenigen bedanken, die mich bei der Erstellung dieses Buches direkt oder indirekt unterstützt, und damit dieses Buch erst ermöglicht haben.

Zunächst danke ich dem Herausgeberteam, Prof. Dr. Rolf van Dick, Prof. Dr. Jörg Felfe, Prof. Dr. Sandra Ohly und Prof. Dr. Jürgen Wegge, für die Möglichkeit, meine wissenschaftliche Arbeit sowie mein Praxiswissen und -erfahrungen in dieser Form publizieren zu können. Ich freue mich sehr, dass die Forschungsarbeiten, die zum größten Teil im Rahmen meiner Doktorarbeit entstanden sind, nicht im wissenschaftlichen „Elfenbeinturm" verbleiben, sondern ich sie zusammen mit Techniken und Ansätzen, die sich in meiner praktischen (psychotherapeutischen) Arbeit bewährt haben, einem breiteren Publikum zugänglich machen kann. Insbesondere danke ich Rolf van Dick und Jörg Felfe für ihr konstruktives Feedback zu einer Vorversion des Buches!

Mein besonderer Dank gilt auch Rolf van Dick, der mich in seiner Rolle als Doktorvater und Führungskraft fachlich und persönlich die gesamte Zeit unterstützt und mir die Freiheiten und Möglichkeiten eröffnet hat, bestmöglich meine wissenschaftliche und praktische Arbeit miteinander zu verbinden. Und natürlich auch für sein Vorbild beim gesundheitsorientierten Führen – sei es das Treppensteigen nach dem gemeinsamen Mensabesuch oder die kulinarische Versorgung im Homeoffice während der Corona-Zeit.

Ein großes Dankeschön auch an meine Kolleginnen und Kollegen in der Abteilung für Sozialpsychologie der Goethe-Universität Frankfurt sowie an meine Koautorinnen und Koautoren rund um den Globus für die interessante und produktive Zusammenarbeit, die hilfreichen Denkanstöße und die zuverlässige Unterstützung. Besonders dankbar bin ich Assoc. Prof. Dr. Nina M. Junker und Dr. Diana von Koop für ihre Anregungen und das hilfreiche Feedback zu diesem Buch!

Zudem möchte ich meinen psychotherapeutischen Kolleg*innen, Supervisor*innen und Dozent*innen danken. Von ihnen habe ich nicht nur hilfreiche verhaltenstherapeutische und schematherapeutische Techniken gelernt, sondern konnte auch schwierige Fälle besprechen und habe immer wieder wertvolle Anregungen für die therapeutische Arbeit sowie meine Seminare und Workshops erhalten und damit auch für den praktischen Teil dieses Buches.

Ein ganz besonderes Dankeschön gilt auch Martina und Karl, die mich in vielerlei Hinsicht unterstützt haben und auf deren Unterstützung ich immer zählen kann. Vor allem der fachliche Austausch und die Mitwirkung beim Lektorat haben maßgeblich zu der Gestaltung dieses Buches beigetragen. Auch Stefan möchte ich ganz besonders danken, der eine große Stütze war und mir immer wieder den Rücken freigehalten hat, sodass ich Zeit zum Schreiben hatte. Worte des Danks auch an die anderen wichtigen Personen in meinem Leben, die mir beim Schreiben dieses Buches auf unterschiedlichste Art und Weise zur Seite gestanden und mich begleitet haben.

Und nicht zuletzt gilt mein Dank allen Teilnehmer*innen meiner Studien sowie meiner Seminare und Workshops und ebenfalls allen Patient*innen und Klient*innen –
ohne sie wäre zum einen meine Forschung nicht möglich gewesen und zum anderen
hätte ich die praktischen Empfehlungen und Übungen nicht im Alltag testen (lassen)
können.

Antonia J. Kaluza

Inhaltsverzeichnis

1   Einleitung

Schlagzeilen wie „Stress am Arbeitsplatz: Druck, mehr Druck, noch mehr Druck" (Kramer, 2019) oder „Burnout-Gefahr: Jeder Zweite täglich unter Druck" (Kals, 2023) verdeutlichen seit längerem den zentralen Stellenwert von arbeitsbedingtem Stress und damit einhergehender psychischer und körperlicher Erschöpfung. Laut einer forsa-Umfrage im Auftrag der Kaufmännischen Krankenkasse fühlen sich über 80% der Erwerbstätigen gestresst, etwa die Hälfte sogar häufig oder sehr häufig (KKH Kaufmännische Krankenkasse, 2024). Und rund ein Drittel der Befragten erklären in dem von der Initiative „Gesundheit und Arbeit" veröffentlichten iga-Barometer 2019, dass ihre Arbeit sie nicht gesund halte (Wellmann et al., 2020). Der Stressreport Deutschland, der durch die Bundesanstalt für Arbeitsschutz und Arbeitsmedizin herausgegeben wird (Bundesanstalt für Arbeitsschutz und Arbeitsmedizin, 2020), verdeutlicht eine Zunahme von arbeitsbedingter physischer und psychischer Erschöpfung in den letzten Jahren – Symptome, die häufig als „Burnout" zusammengefasst werden.

Stress und Erschöpfung am Arbeitsplatz haben in den letzten Jahren zugenommen

Angesichts der steigenden Belastungen am Arbeitsplatz rückt der Fokus vermehrt auf Führungskräfte als „Gesundheitsmanager" in Unternehmen, die für den Erhalt und die Verbesserung der Gesundheit und Arbeitsfähigkeit der Mitarbeitenden sorgen sollen (Prümper & Becker, 2011, S. 47). Auch wenn Begriffe wie „gesundheitsförderliche Führung", „gesunde Führung" oder „healthy leadership" mittlerweile in der Arbeitswelt sehr populär sind, bleibt häufig unklar, was genau unter einem gesundheitsorientierten Führungsstil zu verstehen ist. Viele Führungspersonen sind sich unsicher, was sie konkret tun können, um die Gesundheit der Mitarbeitenden zu schützen und zu fördern (Stadler & Spieß, 2005). Was allerdings noch fataler ist, fast ein Viertel der Führungskräfte schätzen ihr eigenes Verhalten als nicht relevant für das Mitarbeiter*innenwohlbefinden ein (von Rooy et al., 2020) und sehen keine oder kaum Einflussmöglichkeiten auf die Mitarbeiter*innengesundheit (Krick, Wunderlich & Felfe, 2022).

*Führungskräfte spielen eine wichtige Rolle bei der Förderung der Mitarbeiter*innengesundheit*

Zudem besitzen Führungskräfte keine unbegrenzten Ressourcen und häufig wird die Verantwortung für die Mitarbeiter*innengesundheit als zusätzliche Belastung erlebt: Eine hohe Arbeitsbelastung, strenge Zielvorgaben, Wettbewerbs- und Erfolgsdruck sowie steigende Komplexität fordern von Führungskräften die Fähigkeit, für die Gesundheit ihrer Mitarbeitenden zu sorgen und dabei selbst gesund und leistungsfähig zu bleiben. Dabei müssen Führungspersonen hinsichtlich mehrerer Aspekte einen Spagat bewerkstelligen: zum Beispiel Mitarbeitende motivieren und anspornen und gleichzeitig ihre Belastungsgrenzen erkennen und wahren oder auf eigene Ressourcen und Grenzen Rücksicht nehmen und gleichzeitig hochgesteckte Ziele verfolgen und erreichen. Darüber hinaus handeln Führungskräfte nicht im luftleeren Raum, sondern sowohl die Mitarbeitenden selbst als auch die Unternehmensleitung haben einen Einfluss darauf, wie mit Gesundheit im Unternehmen „umgegangen" wird.

Verschiedene Faktoren erschweren die Umsetzung von gesundheitsorientierter Führung

Fallbeispiel 1: Ben

Ben ist seit drei Jahren Führungskraft bei einem mittelständischen deutschen Unternehmen. Es war eigentlich nie sein Ziel, diesen Posten zu übernehmen, er sah sich selbst eher als Experte für die Sachaufgaben, andere anzuleiten und zu führen waren bislang nicht seine Stärken. Allerdings hat er sich an die Führungsrolle mit der Zeit gewöhnt: Mitarbeitende zu motivieren und zu inspirieren, Arbeitsaufgaben zu verteilen und Projekte zu koordinieren – das gelingt ihm gut und macht ihm auch Spaß. Nur ein Thema bereitet ihm Kopfzerbrechen: Wie soll er mit Krankheiten im Team umgehen? Ein Mitarbeiter leidet an Migräne und fällt deswegen regelmäßig für einige Tage aus. Obwohl er seine Arbeitsaufgaben während seiner Anwesenheit tadellos erledigt und Ben mit seiner Leistung zufrieden ist, sind die häufigen Ausfallzeiten belastend: für Ben als Führungskraft, da er dann häufig seine Planung umstellen und Arbeitsaufgaben neu verteilen muss, aber auch für seine Mitarbeitenden, die dann Aufgaben des kranken Kollegen übernehmen und zusätzlich erledigen müssen. Wo anfänglich durchaus Verständnis anzutreffen war, breitet sich zunehmend eine ablehnende Haltung gegenüber der Mehrarbeit aus, was die Stimmung im Team insgesamt negativ beeinflusst. Und obwohl Ben sehr stolz darauf ist, grundsätzlich ein gutes, harmonisches Team zu haben, fallen ihm in letzter Zeit häufiger ablehnende Kommentare der Mitarbeitenden auf, sobald sich der Kollege krankmeldet. Auch ein anderer Kollege meldet sich nun häufiger krank – ohne einen Grund dafür zu nennen. Ben ertappt sich bei dem Gedanken, dass der Mitarbeiter womöglich nur simuliert und vielleicht aus Frust jetzt „blau" macht?!? Und spätestens hier spürt er, dass es so nicht weitergehen kann. Ben ist entschlossen, das belastende Thema nicht länger zu ignorieren. Was er sich wünscht, ist, eine Lösung zu finden, mit der alle gut leben können und die eine deutliche Erleichterung in die Arbeitsabläufe bringt, was dem Team als Ganzem guttun sollte. Ben fragt sich, was er als Führungskraft tun kann, um die Gesundheit und das Wohlbefinden der Mitarbeitenden zu schützen und zu fördern. Wie kann er mit einzelnen Mitarbeitenden, wie zum Beispiel seinem Kollegen mit Migräne, umgehen?

Fallbeispiel 2: Patricia

Patricia hat vor vier Jahren ein Start-up-Unternehmen gegründet, welches vor allem in den letzten zwei Jahren rasant gewachsen ist. Mittlerweile hat sie schon 15 Mitarbeitende, welche in drei kleineren Teams arbeiten. Patricia ist begeistert – das war immer ihr Lebenstraum, ein eigenes kleines Unternehmen! Voller Tatkraft und Engagement steckt sie all ihre Ressourcen in die Arbeit, entwickelt immer neue Ideen und alles dreht sich um das Unternehmen. Das ist natürlich auch mit einem hohen Zeitaufwand verbunden: Oft sitzt sie bis spätabends am Schreibtisch und auch am Wochenende ist ein Großteil ihrer Zeit für ihr Unternehmen geblockt. Patricia geht ganz in ihrer Arbeit auf. Allerdings fragt sie sich manchmal, ob sie sich nicht zu viel zugemutet hat und wie lange sie noch ihre körperlichen und psychischen Grenzen auf eine solche Art und Weise ausreizen kann – so wie auch viele ihrer sehr engagierten Mitarbeitenden. Als Ziel für das neue Jahr hat Patricia sich vorgenommen, etwas für ihre eigene Gesundheit zu tun. Außerdem möchte sie sich auch um die Gesundheitsförderung in ihrem Unternehmen kümmern und vor allem die Teamleiterinnen und Teamleiter für das Thema Stress und Gesundheit am Arbeitsplatz sensibilisieren. Patricia ist aufgefallen, dass viele ihrer Kolleginnen und Kollegen sehr engagiert und motiviert sind, oft auch länger bleiben oder am Wochenende arbeiten und viel Kraft und Energie in das Unternehmen stecken. Das freut sie als Gründerin natürlich, aber es ist ihr auch wichtig, dass die Mitarbeitenden langfristig gesund und leistungsfähig bleiben. Sie möchte gerne, dass es selbstverständlich in ihrem Unternehmen ist, dass Belastungsgrenzen wahrgenommen und angesprochen werden und dass gegenseitig auf das Wohlbefinden aller Mitarbeitenden geachtet wird. Allerdings ist Patricia sich unsicher, wie genau so etwas aussehen könnte. Wie kann sie die Teamleiterinnen und Teamleiter (und auch die Mitarbeitenden) für das Thema Gesundheit sensibilisieren? Wie kann sie ein gutes, gesundheitsförderliches Klima im Team oder Unternehmen etablieren? Und wie kann sie selbst als Leiterin des Unternehmens für ihre Gesundheit und ihr körperliches und psychisches Gleichgewicht sorgen?

So wie Ben und Patricia in den beiden Fallbeispielen geht es vielen Führungskräften. Vielleicht haben Sie, liebe Lesende, ja einen Aspekt aus Ihrem eigenen Alltag in diesen Beispielen wiedererkannt. Führungspersonen haben einen wichtigen Stellenwert in Unternehmen – nicht nur in Hinblick auf die Erreichung von Leistungszielen, sondern auch in Zusammenhang mit arbeitsbezogenen Belastungen und Stress. Und diese sind in den letzten Jahren gestiegen, was wir uns im Folgenden näher anschauen werden. Die beiden Führungskräfte Ben und Patricia und ihre Mitarbeitenden werden uns im Laufe des Buches noch öfter begegnen.

1.1   Zunahme von arbeitsbezogener Belastung und deren Folgen

Veränderungen in der Arbeitswelt, wie zum Beispiel wachsende Flexibilitätsanforderungen, zunehmende Digitalisierung, verstärkter Leistungs- und Zeitdruck sowie steigende Komplexität, werden oft als verantwortlich für erhöhte Belastungen am Arbeitsplatz angesehen. In vielen Berufen ist eine enorm hohe Arbeitsintensität zu beobachten und die daraus resultierende subjektive Belastung hat in den letzten Jahren zugenommen (Bundesanstalt für Arbeitsschutz und Arbeitsmedizin, 2020). Gleichzeitig werden Pausen- und Erholungszeiten nicht regelmäßig eingehalten (Pronova BKK, 2022) und orts- und zeitflexible Arbeitsmodelle unterstützen eine ständige Erreichbarkeit, sodass Mitarbeitende auch nach Feierabend, am Wochenende oder im Urlaub bezüglich arbeitsbezogener Themen kontaktiert werden können (Bundesanstalt für Arbeitsschutz und Arbeitsmedizin, 2020). Vielleicht kennen Sie das von Ihrer eigenen Arbeitstätigkeit, dass Sie auch abends oder am Wochenende E-Mails von Kolleg*innen oder Vorgesetzten erhalten? Oder dass Sie Ihre Mittagspause verkürzen, da noch so viel anliegt, oder auch in der Pause noch schnell Arbeitsaufgaben erledigen?

Durch Veränderungen in der Arbeitswelt sind arbeitsbedingte Belastungen gestiegen

Dann sind Sie nicht allein: Laut einer repräsentativen Befragung von 20.036 Erwerbstätigen lassen mehr als ein Viertel der Befragten Pausen häufig ausfallen, da dies nicht in den Arbeitsablauf passe oder zu viel Arbeit anliege (Lohmann-Haislah, 2012). Selbstverständlich existieren branchenspezifische Unterschiede und auch die spezifischen Arbeitsstressoren unterscheiden sich in verschiedenen Berufsfeldern (Bundesanstalt für Arbeitsschutz und Arbeitsmedizin, 2020). Insgesamt lässt sich jedoch ein Trend von steigenden Arbeitsanforderungen sowie eine Zunahme von arbeitsbedingtem Stress beobachten.

1.1.1   Vor allem psychische Erkrankungen sind gestiegen

Länger anhaltender Stress hat negative Folgen für die körperliche und psychische Gesundheit

Dass anhaltender Stress negativ für die Gesundheit ist, ist mittlerweile allgemein bekannt. Die langfristigen Stressfolgen für die körperliche Gesundheit wurden umfangreich untersucht: Anhaltender Stress ist mit einem erhöhten Risiko für Herzinfarkt, Schlaganfall, koronare Herzkrankheiten sowie metabolische Erkrankungen, wie Diabetes mellitus Typ II, verbunden – um nur ein paar der gesundheitlichen Folgen zu nennen (für einen Überblick siehe Werdecker & Esch, 2018).

Gleichzeitig wirkt sich eine dauerhafte Stressreaktion auch auf die psychische Gesundheit aus. Zum Beispiel kann anhaltender Stress Schlafschwierigkeiten und Entscheidungsprobleme hervorrufen, zu Gedächtnis- und Aufmerksamkeitsdefiziten führen, sowie psychische Störungen begünstigen (u. a. Angststörungen, Depressionen; Werdecker & Esch, 2018). Vor allem die psychischen Beeinträchtigungen haben in den vergangenen Jahren zugenommen, was sich auch in einem Anstieg der Fehlzeiten aufgrund psychischer Erkrankungen widerspiegelt (Meyer et al., 2021). Dabei ist der Begriff „Burnout" als ein Zustand der arbeitsbezogenen Erschöpfung vermehrt in die Diskussion geraten. Auch wenn Schätzungen zur Prävalenz aufgrund der fehlenden einheitlichen Definition von Burnout vorsichtig zu interpretieren sind (siehe Kasten), ist ein Anstieg von Arbeitsunfähigkeitstagen aufgrund einer arbeitsbedingten Überlastungsreaktion festzustellen (Bundespsychotherapeutenkammer, 2012).

Fehlzeiten aufgrund von arbeitsbedingter Überlastung haben zugenommen

> #### Definition und Diagnose – die Probleme beim Burnoutbegriff
>
> Der Begriff Burnout ist mittlerweile aus dem alltäglichen Sprachgebrauch nicht mehr wegzudenken. Allerdings existiert bislang keine einheitliche Definition. Auch wenn die von Maslach und Kolleg*innen entwickelte Definition von Burnout in der Forschung und auch in der Praxis vorherrschend ist (vgl. Burisch, 2014), stellt die fehlende einheitliche Definition von Burnout ein Problem dar. Im klinischen Kontext wurde Burnout lange Zeit nicht als eigenständige Diagnose in den Diagnosemanualen gelistet, beispielsweise in der *Internationalen statistischen Klassifikation der Krankheiten und verwandter Gesundheitsprobleme* (engl. *International Classification of Diseases*, ICD) der Weltgesundheitsorganisation (World Health Organization, 2022). Häufig wurde deswegen auf „Ausweichdiagnosen", wie zum Beispiel Depression, zurückgegriffen (Kaschka et al., 2011, S. 781). In der elften Überarbeitung der Internationalen Klassifikation der Krankheiten (ICD-11), welche in Deutschland offiziell seit dem 1. Januar 2022 gilt, jedoch derzeit noch nicht im klinischen

Alltag angewendet wird, wurde Burnout als eigenständige Diagnose definiert und das Syndrom genauer erfasst. Laut ICD-11 ist Burnout definiert als ein Syndrom, das auf chronischen Stress am Arbeitsplatz zurückzuführen ist, der nicht erfolgreich bewältigt wurde (World Health Organization, 2022). Es ist gekennzeichnet durch drei Dimensionen: ein Erschöpfungsgefühl, zunehmende geistige Distanzierung oder eine negative Haltung zum eigenen Job sowie ein verringertes berufliches Leistungsvermögen. Sicherlich wird diese Änderung nicht die Debatten um das Konstrukt Burnout auflösen, aber vielleicht eine Einheitlichkeit bei der Vergabe der Diagnose ermöglichen und damit die Forschung zu Häufigkeit, Verlauf und Therapieansätzen vereinfachen.

Definition von Burnout nach ICD-11

1.1.2   Die Folgen arbeitsbedingter Krankheiten

Da arbeitsbedingte körperliche und psychische Probleme nicht nur Folgen für die Betroffenen selbst haben, sondern auch für Unternehmen und die Volkswirtschaft, wuchs in den vergangenen Jahren das Bewusstsein und Interesse von Unternehmen für das Thema betriebliche Gesundheitsförderung (z.B. Goetzel & Ozminkowski, 2008). An dieser Stelle sind vielleicht ein paar Zahlen hilfreich, um die Relevanz dieses Themas zu verdeutlichen: Weltweit werden die Kosten arbeitsbedingter Krankheiten und Unfälle auf 4 % des globalen Bruttoinlandsprodukts geschätzt (Takala et al., 2014). Dabei sind insbesondere psychische Erkrankungen aufgrund der langen Fehlzeiten (ca. 30 Tage je Fall; Meyer et al., 2021) und des damit verbundenen Arbeitsausfalls relevant. Eine umfangreiche Analyse der krankheitsbedingten Fehlzeiten zeigt, dass die Krankheitstage aufgrund von psychischen Erkrankungen von 2010 bis 2020 um 56 % gestiegen sind (Meyer et al., 2021). Und auch die damit einhergehenden Kosten sind gestiegen: Laut dem Statistischen Bundesamt Destatis betrugen im Jahr 2015 die Krankheitskosten in Deutschland von Herz-Kreislauf-Leiden 46,4 Milliarden Euro, psychische Erkrankungen und Verhaltensstörungen standen an zweiter Stelle mit Kosten in Höhe von 44,4 Milliarden Euro (Statistisches Bundesamt Destatis, 2017). Im Jahr 2020 lagen die Kosten für psychische und Verhaltensstörungen sogar bei 56,4 Milliarden Euro (Krankheiten des Kreislaufsystems lagen bei 56,7 Milliarden Euro; Statistisches Bundesamt Destatis, 2022).

Arbeitsbedingte Erkrankungen verursachen immense Kosten

Diese Auswirkungen auf die betriebswirtschaftlichen Kennziffern sind alarmierend. Genauso drastisch sind jedoch auch die immateriellen Folgen, da das arbeitsbedingte Wohlbefinden sich auch auf das Verhalten und die Einstellungen der Beschäftigten auswirkt. Mitarbeitende, die körperlich und psychisch gesund sind, zeigen mehr proaktives und kreatives Verhalten, eine bessere Arbeitsleistung, mehr Verbundenheit mit ihrem Unternehmen und sind insgesamt zufriedener mit ihrer Arbeit (z.B. Sonnentag, 2015).

Arbeitsbezogenes Wohlbefinden beeinflusst z.B. auch Produktivität und Arbeitsmotivation

Das heißt, die Gesundheitsförderung am Arbeitsplatz und eine gesunde Führung stehen nicht im Widerspruch zu Erfolg und Leistung, sondern, im Gegenteil, sind Voraussetzung für ein produktives und erfolgreiches Arbeiten!

> **Merke**
>
> Die Zunahme arbeitsplatzbezogener körperlicher und psychischer Erkrankungen hat in
> den letzten Jahren ein wachsendes Bewusstsein und Interesse für die Gesundheitsför-
> derung am Arbeitsplatz hervorgerufen. Neben den durch lange Ausfallzeiten entstehen-
> den immensen Kosten, führt ein positives Wohlbefinden der Mitarbeitenden ebenfalls
> zu immateriellen Gewinnen für Unternehmen, wie beispielsweise einer höheren Identi-
> fikation der Beschäftigten, einer stärkeren Arbeitsmotivation und einer höheren Zufrie-
> denheit mit der Arbeit.

1.2   Betriebliche Gesundheitsförderung sollte alle miteinbeziehen

Um wettbewerbsfähig zu bleiben, etablieren deswegen immer mehr Unternehmen Maßnahmen der betrieblichen Gesundheitsförderung. Laut einer Umfrage von 2018 führen 45 % der Unternehmen in Deutschland bereits solche Maßnahmen durch (Lück et al., 2019). Allerdings stellt sich die Frage, inwieweit diese Ansätze die Mitarbeiten-den erreichen bzw. von ihnen genutzt werden. In dem iga-Barometer 2019 berichte-ten nur 17 % der Teilnehmenden, dass sich ihr Unternehmen um ihre Gesundheit küm-mere (Wellmann et al., 2020). Und von den Personen, in deren Betrieb in den letzten zwei Jahren Maßnahmen der Gesundheitsförderung durchgeführt wurden, gaben we-niger als 60 % an, daran teilgenommen zu haben (Lück et al., 2019).

Betriebliche Gesundheits-förderung erreicht die Mitarbeitenden häufig nicht

Häufig wird die Verantwortung für die Mitarbeiter*innengesundheit an die Führungs-kräfte delegiert (Wilde et al., 2009). „Gesundheit ist Chefsache" oder „Führungs-kräfte sind für die Gesundheit wichtiger als der Hausarzt" sind Aussagen, die Sie viel-leicht auch schon gehört oder gelesen haben. Wie bei vielen Redewendungen kann man sagen: „Ja, das stimmt, aber …". Wissenschaftliche Studien der letzten Jahre haben in der Tat gezeigt, dass die Art und Weise, wie Führungspersonen ihre Mitarbeiten-den behandeln, einen maßgeblichen Einfluss auf den Gesundheitszustand der Be-schäftigten haben kann (z. B. Harms et al., 2017; Montano et al., 2017). Vor allem ein gesundheitsförderliches Führungsverhalten, das heißt, wenn Führungskräfte explizit auf die Gesundheit ihrer Mitarbeitenden achten, dem Thema Gesundheit eine hohe Priorität beimessen sowie sich ausdrücklich um das Wohlergehen der Beschäftigten kümmern, kann in besonderem Maß die Mitarbeiter*innengesundheit fördern (Franke et al., 2014; A. J. Kaluza et al., 2021).

*Führungskräfte haben einen bedeutsamen Einfluss auf die Mitarbeiter*in-nengesundheit*

1.2.1   Alle organisationalen Ebenen tragen Verantwortung für die Gesundheitsförderung

Und jetzt kommt das „Aber": Führungskräfte sind *nicht allein* für die Gesundheit ihrer Mitarbeitenden verantwortlich, und sie müssen durch entsprechende organisatio-nale Strukturen und Rahmenbedingungen unterstützt werden. Wenn Führungsper-sonen sich um die Gesundheit ihrer Mitarbeitenden kümmern, dann kann das viel-

Eine effektive Gesundheits-förderung sollte alle organisatio-nalen Ebenen mit einschließen

leicht das Wohlbefinden der Beschäftigten verbessern und in gewissem Maß Burnout oder andere arbeitsbedingte Erkrankungen verhindern. Aber eine langfristige und effektive Gesundheitsförderung am Arbeitsplatz sollte sowohl die Gesundheit der Mitarbeitenden als auch die der Führungskräfte adressieren und auf allen organisationalen Ebenen stattfinden. Vereinfacht kann man hier von drei organisationalen Ebenen sprechen: der Ebene der Mitarbeitenden, der Führungskräfte und der Unternehmensleitung (Wieland & Görg, 2009).

Abbildung 1 zeigt ein Modell der verschiedenen organisationalen Hierarchieebenen, die an Gesundheitsprozessen in Unternehmen beteiligt sind oder sein sollten (A. J. Kaluza, 2019). Dabei lassen sich auf der Mitarbeiter*innen- und Führungskräfteebene drei wesentliche Komponenten unterscheiden: Neben der emotionalen bzw. Wohlbefindenskomponente sind kognitive Faktoren (wie zum Beispiel das Bewusstsein für Gesundheit oder auch Erwartungen hinsichtlich Gesundheitsförderung am Arbeitsplatz) sowie Verhaltensaspekte (beispielsweise die eigene Selbstfürsorge) entscheidend. Sicherlich ließen sich hier noch eine Reihe weiterer Faktoren und auch Ebenen einzeichnen – das Modell soll lediglich als grobe Orientierung dienen und die Komplexität von Gesundheitsförderung im Unternehmen zeigen. Nur durch ein gemeinsames Miteinander und Zusammenwirken dieser drei Ebenen kann organisationale Gesundheit erreicht werden (Wieland & Görg, 2009).

Ein Gesamtmodell der Gesundheitsförderung am Arbeitsplatz

Beispielsweise beeinflussen sowohl das Verhalten als auch die Einstellungen der Mitarbeitenden ihre eigene Gesundheit und auch die Effektivität von gesundheitsförder-

Die Einstellungen und das Verhalten der Mitarbeitenden sind auch relevant

Abbildung 1:   Ein Gesamtmodell zur Gesundheitsförderung auf mehreren organisationalen Ebenen (angelehnt an A. J. Kaluza, 2019)

licher Führung. So unterscheiden sich Personen, welche Priorität sie einer gesunden Lebens- und Arbeitsweise beimessen und auch, ob sie von ihrer Führungskraft dabei unterstützt werden möchten – wie das nachfolgende Fallbeispiel zeigt.

> Erinnern Sie sich noch an Ben, aus einem der vorherigen Fallbeispiele? Stellen Sie sich vor, in Bens Team arbeitet Sonja, eine sehr leistungsorientierte Mitarbeiterin. Für Sonja sind gute Arbeitsergebnisse und Leistung sehr wichtig und sie kümmert sich wenig um ihre Gesundheit – weder um ihr körperliches Wohlergehen, zum Beispiel durch Sport, noch achtet sie auf ihre psychische Verfassung. Sie arbeitet oft lange und ignoriert gesundheitliche Warnsignale. Solch ein Handeln ist auf Dauer nicht förderlich für die psychische und körperliche Gesundheit. Hier stellt sich Ben als Führungskraft die Frage, wie er Sonjas Gesundheitsbewusstsein wecken und sie bei der Etablierung eines gesundheitsförderlichen Verhaltens unterstützen kann. Einige Mitarbeitende würden sich in dieser Situation vielleicht wünschen, von ihrer Führungsperson angesprochen zu werden, wohingegen andere Mitarbeitende dies als Einmischung in ihre persönlichen Angelegenheiten empfinden und daher nicht als Aufgabe der Führungskraft sehen und auch nicht wünschen. Es gilt also zu berücksichtigen, dass nicht nur das Verhalten des*der betreffenden Mitarbeitenden relevant ist, sondern auch die Erwartungen und Wünsche an die Vorgesetzten.

Das durch die Unternehmensleitung geprägte Gesundheitsklima ist ebenfalls wichtig

Hinzu kommt die entscheidende Tatsache, welchen Stellenwert die Unternehmensleitung der Mitarbeiter*innengesundheit beimisst, welche Gesundheitsrichtlinien in einem Unternehmen gelten und wie sehr ein Unternehmen die Gesundheit seiner Mitarbeitenden fördert, zum Beispiel durch die Schaffung von gesundheitsförderlichen Arbeitsbedingungen (z. B. Ernsting et al., 2013; Mearns et al., 2010). Es geht also um die Rahmenbedingungen – diese werden als organisationales Gesundheitsklima bezeichnet. Der Grad der Ausprägung dieses Klimas bestimmt, ob und in welchem Ausmaß sich Führungskräfte um die Gesundheit ihrer Mitarbeitenden (und ihre eigene Gesundheit) kümmern können und dürfen. Beispielsweise ist es in einigen Unternehmen und Branchen üblich, keine oder nur wenig Rücksicht auf das Wohlbefinden der Beschäftigten zu nehmen und die Erreichung von Leistungszielen über die Gesundheit zu stellen. Hier hat es eine Führungsperson oft schwer, gesundheitsförderliche Strukturen zu etablieren, Widerstände und Vorurteile sind vorprogrammiert. Umso wichtiger ist es für die Führungskraft, eine klare Vorstellung von gesundheitsförderlicher Führung zu haben, damit Argumente auch an höherer Stelle Gehör finden und im besten Fall sogar einen Wandel zum Besseren anstoßen.

1.2.2   Die Gesundheit und das Gesundheitsverhalten der Führungskräfte sind wichtig

Auch die Selbstfürsorge und Gesundheit der Führungskräfte sind bedeutsam

Was oft unterschätzt wird: Auch die Gesundheit der Führungskräfte und ihr persönlicher Umgang mit ihrer Gesundheit sind relevant. Dabei geht es um nichts Geringeres als Glaubwürdigkeit und Vorbildfunktion. Nur wer als Führungsperson auf die eigene Gesundheit achtet und diese fördert, kann Mitarbeitende glaubwürdig gesundheitsförderlich führen (Franke et al., 2015). Stellen Sie sich die Führungskraft Patricia aus dem zweiten Fallbeispiel vor, die ihre Mitarbeitenden zu einer gesundheitsförderlichen Arbeitsweise ermutigt, selbst aber sehr viel arbeitet, oft auch abends und am Wochenende, und die seit einiger Zeit über Bauchkrämpfe klagt, diese aber aus Zeitgründen nicht beim Arzt abklären lässt. Wie glaubwürdig ist solch eine Vorgesetzte in puncto gesundheitsförderlichem Arbeiten? Gleichzeitig ist der sorgsame Umgang mit der eigenen Gesundheit die Voraussetzung dafür, dass Führungskräfte Stressoren und Belastungen bei Mitarbeitenden angemessen wahrnehmen und einschätzen können und dann dementsprechend darauf reagieren. Wer selbst eigene Belastungsgrenzen nicht erkennt und nicht „Nein" sagen und für ausreichend Erholung sorgen kann, der wird schwer bei den Mitarbeitenden verstehen und erkennen können, wenn diese Erholungspausen brauchen.

Zusammenfassend lässt sich festhalten, dass die Gleichung „Gesundheitsorientierte Führung = Gesundheit der Mitarbeitenden" etwas kurz gegriffen ist. Richtig ist, dass Gesundheitsförderung die Gesundheit *aller* Beteiligten adressieren und auf den verschiedenen organisationalen Ebenen ansetzen sollte.

Fazit: Gesundheitsförderung am Arbeitsplatz umfasst die Gesundheit und Beteiligung aller Hierarchieebenen

> **Merke**
>
> Bei der Gesundheitsförderung im Arbeitskontext liegt häufig der Fokus auf den Führungskräften und ihrem Einfluss auf die Mitarbeiter*innengesundheit. Allerdings sollte die Gesundheit und das Wohlbefinden auf allen Hierarchieebenen beachtet werden und damit auch nicht nur in der Verantwortung der Führungspersonen liegen, sondern gemeinsam von Mitarbeitenden, Führungskräften und der Unternehmensleitung angegangen werden.

1.3   Was Sie in diesem Buch erwartet

Schön und gut, werden Sie vermutlich denken, aber was bedeutet das jetzt für die Praxis? Für Führungskräfte heißt das, eine gesundheitsorientierte Führung beinhaltet nicht nur ein Handeln, das förderlich für die Mitarbeitenden ist, sondern auch für die eigene Gesundheit der Führungskräfte und es beachtet individuelle Aspekte der Mitarbeitenden sowie fußt auf der Unterstützung der Unternehmensleitung für das körperliche und psychische Wohlbefinden am Arbeitsplatz. Das klingt vielleicht erst einmal kompliziert. Dass dies nicht so ist und was konkret damit gemeint ist und was Führungspersonen (und auch Mitarbeitende und die Unternehmensleitung) tun können, werden Sie in diesem Buch erfahren.

1.3.1   Ziele dieses Buches

Dieser Band verbindet aktuelle Forschungserkenntnisse mit konkreten Ansätzen für die Praxis

Ziel des Buches ist eine wissenschaftlich fundierte Betrachtung von gesundheitsförderlicher Führung unter Berücksichtigung von Faktoren auf der Mitarbeiter*innen-, Führungskräfte- und Unternehmensebene. Dabei stellt der Band zum einen aktuelle theoretische und empirische Erkenntnisse zu gesundheitsorientierter Führung und zu ausgewählten Aspekten auf den drei Ebenen vor. Zum anderen erfolgt eine konkrete Anwendung dieser wissenschaftlichen Befunde auf die berufliche Praxis. Anhand von Handlungsempfehlungen und Übungen können Führungskräfte (und alle anderen) das theoretische Wissen im Alltag umsetzen.

Dabei sollen unter anderem folgende Fragen beantwortet werden:

- Was bedeutet Wohlbefinden und Gesundheit am Arbeitsplatz?
- Was beinhaltet gesundheitsorientierte Führung und wie kann sie das Mitarbeiter*innenwohlbefinden beeinflussen? Wie können Führungskräfte Gesundheitsrisiken bei ihren Mitarbeitenden erkennen, ansprechen und angemessen in ihrer Rolle als Führungsperson handeln?
- Welche Rolle spielen Aspekte auf der Mitarbeiter*innenebene, insbesondere die Erwartungen der Mitarbeitenden hinsichtlich gesundheitsorientiertem Führungsverhalten, und wie können Führungskräfte damit umgehen?
- Welche Bedeutung hat die eigene Gesundheit der Führungspersonen im Zusammenhang mit ihrem Führungsverhalten, insbesondere ihrem gesundheitsförderlichen Führungsverhalten? Wie können Führungskräfte selbst gesund und leistungsfähig bleiben?
- Was beinhaltet das organisationale Gesundheitsklima und inwiefern ist es entscheidend für ein gesundheitsförderliches Führungsverhalten?

1.3.2   Zielgruppen

Dieses Buch richtet sich an alle, die sich für das Thema Führung und Gesundheit interessieren. In erster Linie adressiert das Buch Führungskräfte in Organisationen aller Branchen und Tätigkeitsbereiche, die entweder ihren Umgang mit der Gesundheit ihrer Mitarbeitenden verändern und verbessern möchten und/oder das Ziel haben, für ihr eigenes Wohlbefinden zu sorgen. Aber das Buch wendet sich ebenfalls an Fachleute (z. B. im Bereich Arbeits- und Gesundheitsschutz oder der betrieblichen Gesundheitsförderung), Personen in der Praxis (z. B. Trainer*innen oder Berater*innen) sowie Wissenschaftler*innen (z. B. im Bereich der Arbeits-, Organisations- und Wirtschaftspsychologie oder auch der Gesundheitspsychologie).

1.3.3   Aufbau des Buches

Wenn man sich mit dem Thema Führung und Gesundheit auseinandersetzt, ist es zunächst einmal wichtig, diese beiden Konstrukte separat zu betrachten und eine gemeinsame Definition als Basis für die darauffolgenden Kapitel zu entwickeln. In *Kapitel 2* werde ich daher unterschiedliche Facetten von Gesundheit vorstellen und theoretische Modelle zur Entstehung von Gesundheit im Arbeitskontext erläutern. Dabei werde ich insbesondere auf zwei Formen von Wohlbefinden eingehen, die im Arbeitskontext relevant sind: Burnout und Arbeitsengagement (als Indikatoren für negatives bzw. positives Wohlbefinden). Außerdem werde ich in diesem Kapitel das Konzept der Führung näher betrachten und ein theoretisches Modell zur gesundheitsorientierten Führung präsentieren.

In Kapitel 2 werden zentrale Begriffe und theoretische Modelle erläutert

Kapitel 3 beschäftigt sich dann mit der Frage, welche Faktoren auf der Mitarbeiter*innen-, Führungskräfte- und Unternehmensebene eine wichtige Rolle im Zusammenhang mit gesundheitsorientierter Führung spielen. Dieses Kapitel orientiert sich an dem oben dargestellten Modell (siehe Abbildung 1), und ich werde Sie durch die verschiedenen Ebenen führen und Ihnen ausgewählte Studien dazu vorstellen. Der erste Teil dieses Kapitels befasst sich mit der Fragestellung, inwiefern individuelle Präferenzen der Mitarbeitenden, das heißt ihre Erwartungen an oder Idealvorstellungen von einer Führungsperson, bei einer gesundheitsförderlichen Führung relevant sind. Im zweiten Abschnitt gehe ich darauf ein, welcher Zusammenhang zwischen dem Wohlbefinden der Führungskräfte selbst und ihrem (gesundheitsorientierten) Führungsverhalten besteht. Und im dritten Teil betrachten wir die organisationale Unterstützung hinsichtlich Gesundheit, das heißt das sogenannte organisationale Gesundheitsklima, und ich stelle Ihnen Forschungsergebnisse diesbezüglich vor.

In Kapitel 3 werden aktuelle Ergebnisse aus der Forschung vorgestellt

In *Kapitel 4* folgen dann Empfehlungen für die Praxis, aufgeteilt nach Strategien und Techniken, was Sie als Führungskraft für Ihre eigene Gesundheit tun können, sowie Anregungen und Tipps für die Förderung der Mitarbeiter*innengesundheit. Dabei werde ich Ihnen verschiedene Materialien (z. B. Checklisten etc.) vorstellen, die Sie für den Einsatz im Alltag verwenden können. Natürlich können Sie sich auch schon während der Lektüre dieses Buches Notizen machen und überlegen, inwieweit die in diesem Buch vorgestellten theoretischen Modelle und empirischen Befunde auf Sie und Ihren Alltag zutreffen.

In Kapitel 4 finden sich Handlungsempfehlungen und Implikationen für die Praxis

In *Kapitel 5* finden Sie dann abschließend Literaturempfehlungen sowie weiterführende (Internet-)Adressen.

Kapitel 5 beinhaltet ausgewählte Literatur zu verschiedenen Themengebieten

Tipp

Ich habe mir angewöhnt, ein Notizbuch bei mir zu führen, in welches ich alle wichtigen Gedanken und Ideen notieren kann – sei es auf der Zugfahrt, im Gespräch mit Kolleg*innen oder beim Lesen von (Fach-)Literatur. Vielleicht möchten auch Sie sich als Begleitung für die Lektüre dieses Buches (und darüber hinaus) ein kleines Buch anlegen für eigene Gedanken und die verschiedenen Übungen, die ich Ihnen im Laufe des Buches vorschlagen werde.

Und was noch wichtig ist: Gesundheit ist ganz individuell und genauso kann Führung ganz individuell gestaltet und wahrgenommen werden. Dieses Buch liefert daher kein Patentrezept, sondern versteht sich als Impulsgeber für gesundheitsorientiertes Führen. Es gibt Anregungen und Tipps, die dabei helfen, das eigene Führungsverhalten zu reflektieren – im Hinblick auf die eigene Gesundheit und die der Mitarbeitenden – und bei Bedarf gesundheitsförderliches Verhalten zu optimieren und auszubauen.

Ich wünsche Ihnen viel Freude beim Lesen und Umsetzen der Anregungen und viel Erfolg bei der Förderung Ihrer eigenen Gesundheit und der Ihrer Mitarbeitenden!

2 Theoretische Einführung und Überblick

Bevor wir uns dem Zusammenhang von Führung und Gesundheit und den verschiedenen, dabei beteiligten organisationalen Ebenen und Akteuren zuwenden, erscheint es sinnvoll, diese beiden Begriffe zunächst einmal separat zu betrachten. Wie in vielen anderen Disziplinen unterscheiden sich dabei die im Alltag verwendeten Begrifflichkeiten teilweise von den wissenschaftlichen Definitionen. In diesem Kapitel werde ich daher zunächst die zentralen Termini und theoretischen Modelle dieses Bandes vorstellen und empirische Befunde diesbezüglich erläutern. Damit möchte ich Ihnen ein besseres Verständnis für die darauffolgenden Kapitel vermitteln.

2.1 Gesundheit und Wohlbefinden am Arbeitsplatz

Die Wichtigkeit unserer Gesundheit wird uns im Alltag häufig erst beim Auftreten von Krankheiten oder bei Unfällen bewusst. Dabei ist Gesundheit weitaus mehr als nur das Nichtvorhandensein von Krankheit, sondern bezieht sich auf die gesamte Person und ihr Leben, was sie selbst, ihr familiäres und soziales Umfeld sowie ihre Arbeitstätigkeit umfassen kann (Danna & Griffin, 1999; Sonnentag, 2015). Die wohl bekannteste Definition von Gesundheit stammt von der Weltgesundheitsorganisation (World Health Organization, WHO) und lautet: „Gesundheit ist der Zustand des vollständigen körperlichen, geistigen und sozialen Wohlbefindens (engl. well-being) und nicht nur des Freiseins von Krankheit und Gebrechen" (Präambel der Verfassung der Weltgesundheitsorganisation von 1948, zitiert nach Franzkowiak & Hurrelmann, 2022). Gesundheit beinhaltet also nicht nur, keine Schmerzen oder keine Erkältung zu haben, sondern Freude und Zufriedenheit bei der Arbeit sowie in anderen Lebensbereichen gehören ebenso dazu. Gleichzeitig wird hier eine ganzheitliche Sichtweise auf Gesundheit eingenommen: Im Sinne eines biopsychosozialen Ansatzes bedeutet Gesundheit nicht nur, körperlich fit zu sein (biologische Komponenten), sondern wir müssen uns auch mental wohlfühlen (d.h. psychologisch gesund sein) sowie sozial eingebunden und zufrieden sein (soziale Faktoren). Zu den psychologischen Faktoren gehören beispielsweise unsere Lebenseinstellung, unsere Selbstwahrnehmung und wie gut wir mit stressigen Situationen umgehen können. Auf der sozialen Ebene lassen sich das Lebensumfeld und die Lebensbedingungen betrachten; so kann ein verlässlicher Freundes- und Familienkreis die Gesundheit positiv beeinflussen. Ob wir uns gesund oder krank fühlen, hängt also nicht nur von körperlichen Beschwerden ab, sondern auch von seelischen und sozialen Faktoren – vielleicht haben Sie das schon einmal bei sich selbst beobachten können.

Definition von Gesundheit nach der WHO

Gesundheit beinhaltet biologische, psychologische und soziale Aspekte

> Ben – den Sie schon in den vorherigen Fallbeispielen kennengelernt haben – hat in seinem Arbeitsteam einen Mitarbeiter, Thomas, der unter Migräne leidet, also wiederkehrende anfallsartige Kopfschmerzen hat: Migräne wird als neurologische Funktionsstörung gesehen, das heißt hier liegen eindeutige körperliche Faktoren zugrunde, die eine Migräneattacke verursachen können (Klan & Liesering-

Latta, 2020). Gleichzeitig sind die körperlichen Faktoren aber nicht allein ausschlaggebend, sondern psychologische und soziale Faktoren, wie die Stressbelastung der Betroffenen, der Umgang mit der Erkrankung oder soziale Unterstützung, können die Schwere und den Verlauf der Migräne wesentlich beeinflussen. Das heißt, hier treffen neurologische Faktoren auf psychologische und soziale Faktoren, sogenannte Stressoren und Trigger, und die Kombination dieser Faktoren kann dann zur Vermeidung oder Auslösung einer Migräneattacke führen.

Auch wenn der Begriff „Gesundheit" häufig zum Beschreiben von körperlichen und psychischen Symptomen im medizinischen Kontext verwendet und Wohlbefinden als ein weiter gefasstes Konzept verstanden wird (siehe Danna & Griffin, 1999), liegt beiden ein multidimensionales Verständnis zugrunde. In diesem Buch werde ich beide Begriffe synonym verwenden und mich auf diese weit gefasste, verschiedene Dimensionen umschließende Definition von Gesundheit und Wohlbefinden beziehen.

In diesem Band werden die Begriffe Gesundheit und Wohlbefinden synonym verwendet

Merke

Basierend auf einer biopsychosozialen Sichtweise beinhaltet Gesundheit körperliche, psychische und soziale Aspekte. Dabei ist mit Gesundheit nicht nur das Nichtvorhandensein von Beschwerden und Erkrankungen gemeint, sondern ein darüberhinausgehendes, generelles Wohlbefinden. Aus diesem Grund werden in diesem Buch auch die beiden Begriffe „Gesundheit" und „Wohlbefinden" synonym verwendet.

2.1.1   Unterschiedliche Aspekte von Gesundheit

Aufbauend auf der salutogenetischen Perspektive, welche sich im Gegensatz zur Pathogenese nicht mit der Entstehung von Krankheit, sondern von Gesundheit beschäftigt, werden Gesundheit und Krankheit nicht als zwei Alternativen gesehen. Stattdessen wird in diesem Modell von einem Gesundheits-Krankheits-Kontinuum ausgegangen (Faltermaier, 2023). Die Position auf diesem Kontinuum kann durch objektive medizinische Daten, aber auch durch subjektive Einschätzungen bestimmt werden. Gesundheit oder Wohlbefinden ist demzufolge auch erreichbar, wenn jemand nicht absolut beschwerdefrei oder vollkommen glücklich ist (Lippke & Renneberg, 2006). Nehmen wir zum Beispiel den Mitarbeiter Thomas mit Migräne: Auch wenn er an einer chronischen Erkrankung leidet, würde er sich selbst nicht als „krank" einstufen, sondern bewegt sich auf dem Kontinuum zwischen Krankheit und Gesundheit, je nachdem, wie er gerade subjektiv sein Befinden einordnet. Vielleicht haben Sie es auch schon selbst einmal erlebt (oder bei einer anderen Person beobachtet), dass Sie sich trotz Krankheitssymptomen nicht als „absolut krank" eingeschätzt hätten oder umgekehrt, dass Sie sich trotz keiner (objektiv) vorhandenen Krankheitsindikatoren nicht „vollkommen gesund" gefühlt haben.

Gesundheit und Krankheit als Kontinuum, nicht als alternative, dichotome Zustände

Personen können ein *positives Wohlbefinden* verspüren, also zum Beispiel glücklich und zufrieden sein, oder ein *negatives Wohlbefinden* aufweisen, wie beispielsweise an Erschöpfung oder einer körperlichen Krankheit leiden. Wissenschaftliche Studien zeigen, dass sich positive und negative Wohlbefindensindikatoren qualitativ unterschei-

Unterscheidung von verschiedenen Arten von Wohlbefinden

Positives vs. negatives Wohlbefinden (Valenz)

den und nicht grundsätzlich ausschließen: Auch wenn eine Person zum Beispiel an einer Krankheit wie Grippe leidet oder eine körperliche Behinderung hat, bedeutet dies nicht zwangsläufig die Abwesenheit von positivem Wohlbefinden, beispielsweise kann die Person trotzdem glücklich sein (Howell et al., 2014; van Dick, Ketturat et al., 2017).

Neben der Valenz (positiv vs. negativ) kann Wohlbefinden auch nach der temporären Stabilität (kurz- vs. langfristig) sowie nach der Domainspezifität (d. h. in generelles vs. kontextspezifisches Wohlbefinden) aufgeteilt werden. *Kurzfristiges, vorübergehendes Wohlbefinden* wäre beispielsweise die aktuelle Stimmung und unterscheidet sich von *langfristigerem und beständigerem Wohlbefinden*, wie zum Beispiel der Lebenszufriedenheit (z. B. Eger & Maridal, 2015). Lebenszufriedenheit könnte man auch gleichzeitig als *generelles, kontextfreies Wohlbefinden* klassifizieren, welches sich abgrenzen lässt von einem *kontextspezifischen Wohlbefinden*, das auf einen bestimmten Bereich bezogen ist, wie beispielsweise die Arbeitszufriedenheit, welche die Zufriedenheit im Arbeitskontext beschreibt (z. B. Warr, 2013). Vielleicht klingt dies jetzt sehr theoretisch für Sie, aber diese Differenzierung von unterschiedlichen Aspekten von Wohlbefinden ist wichtig, da Forschungsergebnisse zeigen, dass sie unterschiedliche Zusammenhänge aufweisen und durch verschiedene Faktoren beeinflusst werden (z. B. A. J. Kaluza, Boer et al., 2020).

[Marginalie: Kurzfristiges vs. langfristiges Wohlbefinden (temporäre Stabilität)]

[Marginalie: Generelles vs. kontextspezifisches Wohlbefinden (Domainspezifität)]

Sicherlich sind noch andere Unterteilungen von Wohlbefinden bzw. Gesundheit denkbar (z. B. Warr, 2013). Diese drei hier vorgestellten Kategorien sind jedoch erst einmal ausreichend, um die in den folgenden Abschnitten vorgestellten empirischen Arbeiten zu verstehen. Wie solche unterschiedlichen Gesundheitsaspekte mit Führung zusammenhängen, schauen wir uns in Kapitel 3 näher an.

> **Merke**
>
> Wohlbefinden beinhaltet verschiedene Aspekte, welche sich unter anderem in positive und negative Indikatoren (Valenz), kurz- und langfristige Faktoren (temporäre Stabilität) sowie generelle und kontextspezifische Aspekte (Domainspezifität) aufteilen lassen.

2.1.2 Körperliche und psychische Gesundheit

Wie wir in der oben zitierten WHO-Definition von Gesundheit gesehen haben, beinhaltet Gesundheit nicht nur körperliche Aspekte, sondern ebenso das psychische Wohlbefinden. Zur körperlichen Gesundheit gehört der gesamte Körper mit all seinen Organen und Zellen. Körperliche Beschwerden können zum Beispiel eine Infektion oder eine Verletzung sein. Eine starke Erkältung oder ein gebrochenes Bein sind ein deutlich sichtbares Zeichen, dass jemand unter körperlichen Beschwerden leidet. Psychische Probleme dagegen sind oft weniger klar erkennbar, aber deswegen nicht weniger gravierend. Zur psychischen Gesundheit gehören das Denken, Fühlen und Handeln einer Person. Psychische Beschwerden können beispielsweise eine Angststörung oder eine depressive Verstimmung sein.

Häufig findet sich im Alltag und insbesondere in der Arbeitswelt die Haltung „Man sieht doch nichts, also ist er oder sie auch nicht krank". Auch wenn sich die Therapiemöglichkeiten von psychischen Beschwerden in den letzten drei Jahrzehnten entscheidend verbessert haben, werden psychisch Erkrankte häufig immer noch stigmatisiert und diskriminiert, vor allem in der Arbeitswelt (für einen Überblick siehe Gaebel et al., 2004). Oft werden die Ursachen von psychischen Symptomen in psychosozialen Faktoren gesucht und die Betroffenen als selbst verantwortlich für ihre Erkrankung gesehen. Auch herrschen vielfach negative Vorurteile vor, wie etwa dass „depressive Personen sich einfach nicht so anstellen und mal wieder lachen sollen" oder dass „nur schwache Menschen an einer Depression erkranken". Das steht jedoch im Widerspruch zu wissenschaftlichen Erkenntnissen, dass psychische Erkrankungen durch ein Zusammenspiel von neurobiologisch-genetischen, sozialen und psychischen Faktoren entstehen, also eben nicht auf die Schwäche der Betroffenen zurückzuführen sind. Die Forschung hat gezeigt, dass sowohl die Wissensvermittlung als auch der Kontakt zu Betroffenen helfen kann, solche Stereotype und Vorurteile abzubauen (Corrigan et al., 2012).

Psychisch Erkrankte werden häufig stigmatisiert und diskriminiert

2.1.3 Soziale Faktoren der Gesundheit

Was denken Sie, welche Faktoren haben den größten Einfluss auf unsere Gesundheit: Impfungen, Medikamente, Rauchen, Alkohol, Sport, Übergewicht, körperliche Aktivität, soziale Unterstützung und soziale Eingebundenheit oder Luftverschmutzung?

Wenn Sie jetzt auf Rauchen und Sport getippt haben, dann sind Sie nicht alleine: In einer Studie wurden Personen gebeten einzuschätzen, welche der oben genannten Faktoren am wichtigsten für die Gesundheit sind und um wie viele Jahre diese die Lebenserwartung erhöhen würden (S. A. Haslam et al., 2018). Dabei tippten die meisten Befragten auf verhaltensbezogene Faktoren, wie zum Beispiel nicht zu rauchen oder körperlich aktiv zu sein. Soziale Aspekte, beispielsweise sich sozial gut integriert zu fühlen und Unterstützung von anderen Menschen zu erhalten, wurden dagegen als weniger relevant für die Gesundheit eingeschätzt. Interessanterweise ist dies aber gerade nicht der Fall: Eine Metaanalyse, in welcher 148 Studien mit mehr als 300.000 Teilnehmenden ausgewertet wurden, zeigt, dass vor allem soziale Faktoren im Vergleich zu den anderen Aspekten die bedeutsamsten Risikofaktoren für die Sterblichkeit darstellen (Holt-Lunstad et al., 2010; siehe auch Wang et al., 2023).

Soziale Aspekte sind bedeutsame Risikofaktoren für die Mortalität

Und noch eine spannende Studie verdeutlicht, wie soziale Faktoren und körperliche Gesundheit zusammenhängen (Eisenberger et al., 2003): Im Rahmen eines Experiments nahmen Versuchsteilnehmende an einem virtuellen Ballspiel teil, bei welchem sie sich online mit unbekannten Mitspielenden einen Ball zuwarfen. Dabei war das Spiel absichtlich so programmiert, dass den Teilnehmenden nach einigen Würfen der Ball nicht mehr von den fiktiven Mitspielenden zugeworfen wurde und diese nur noch unter sich spielten, sodass die Teilnehmenden sich ausgegrenzt und nicht beachtet fühlten. Während des Spiels wurden die Gehirnströme der Teilnehmenden aufgezeichnet: Interessanterweise waren die gleichen Hirnregionen bei der sozialen Ausgrenzung im Rahmen des Ballspiels aktiv, welche auch bei körperlichen Schmerzen aktiviert werden. Das heißt, soziale Ausgrenzung und körperlicher Schmerz werden in den gleichen Hirnarealen verarbeitet und demnach als ähnlich belastend empfunden.

Soziale Ausgrenzung und körperliche Schmerzen ähneln sich

Ein positives Zugehörigkeitsgefühl als "soziales Heilmittel"

Diese Studien weisen darauf hin, dass soziale Beziehungen immens wichtig für unsere Gesundheit sind (siehe auch van Dick, 2015) und, wie die erste Studie von Haslam und Kolleg*innen verdeutlicht, häufig in ihrer Bedeutsamkeit für unser Wohlbefinden unterschätzt werden (S. A. Haslam et al., 2018). Beziehungen und ein positives Zugehörigkeitsgefühl können also wie ein „soziales Heilmittel" wirken, weswegen auch der Begriff „social cure" geprägt wurde (C. Haslam et al., 2018). Dabei sind nicht nur die privaten Beziehungen zu Familie und Freunden relevant, sondern auch das Zugehörigkeitsgefühl am Arbeitsplatz. Eine Übersichtsstudie mit ca. 60 Studien hat beispielsweise gezeigt, dass die soziale Identifikation am Arbeitsplatz, also das Zugehörigkeitsgefühl zum Unternehmen und zum Arbeitsteam, mit einem besseren körperlichen und psychischen Wohlbefinden in Verbindung steht (Steffens et al., 2017). Und das können Sie in Ihrer täglichen Arbeit als Führungskraft nutzen: Stärken Sie das Gemeinschaftsgefühl, zum Beispiel durch gemeinsame Aktivitäten, Rituale und indem Sie die Wichtigkeit des Teams hervorheben! Weiterführende Literatur zu sozialen Faktoren der Gesundheit finden Sie in Kapitel 5.

Auch die Identifikation mit dem Arbeitsteam und Unternehmen ist wichtig für die Gesundheit

2.1.4   Stress – was ist das überhaupt?

Im Arbeitskontext sind verschiedene Aspekte der (psychischen) Gesundheit relevant und häufig wird dabei Gesundheit mit Stress assoziiert. Wir alle haben sicherlich schon einmal von uns gesagt, dass wir „im Stress sind" oder uns „gestresst fühlen". Aber was ist Stress überhaupt? Im Folgenden möchte ich mit Ihnen den Begriff „Stress" näher betrachten. Anschließend stelle ich Ihnen zwei wichtige Konzepte des arbeitsbedingten Wohlbefindens vor: Burnout und Arbeitsengagement. Diese zwei Konzepte werden häufig in wissenschaftlichen Studien als Indikatoren für negatives bzw. positives Wohlbefinden untersucht, daher erscheint es mir wichtig, sie hier kurz vorzustellen. Aber lassen Sie uns zunächst einmal den Begriff „Stress" betrachten.

Stress als unspezifische Aktivierungsreaktion auf Anforderungen und Belastungen

In der wissenschaftlichen Diskussion existieren verschiedene Definitionen von Stress. Die wohl bekannteste Definition geht auf Hans Selye zurück, welcher Stress definiert als eine unspezifische *Reaktion* auf Anforderungen, Belastungen und andere Stressreize in der Umwelt (Selye, 1956). Das heißt, es handelt sich um eine *allgemeine* Aktivierungsreaktion, die immer gleich ist, unabhängig von der Art der Stressoren (weitere Informationen zu Selye und seiner Stresstheorie finden Sie im nachfolgenden Kasten). Während dieser Stressreaktion wird eine körperliche Aktivierung ausgelöst und Energie wird in wichtige Körperteile, wie beispielsweise die Muskeln und Reflexe geleitet. Gesteuert über den sogenannten Sympathikus wird u. a. die Skelettmuskulatur vermehrt durchblutet, Verbrennungsvorgänge werden beschleunigt und Stresshormone wie Cortisol und Adrenalin werden ausgeschüttet. Dies ermöglichte unseren Vorfahren bei einer drohenden Gefahr wegzurennen oder zu kämpfen – die sogenannte *Kampf- oder Fluchtreaktion*. In dem Moment „unwichtige" Funktionen, welche für eine Flucht oder Kampf nicht von Bedeutung sind, werden heruntergefahren (z.B. die Libido oder die Verdauungstätigkeit). Diese physiologische Erregungsreaktion ist seit Jahrtausenden die gleiche geblieben und sicherte unser Überleben. Damit ist die Stressreaktion kurzfristig sehr sinnvoll und positiv – ohne sie gäbe es uns heute nicht!

Über den Sympathikus gesteuerte körperliche Prozesse ermöglichen eine Kampf- oder Fluchtreaktion

Die Stressreaktion ist evolutionär betrachtet lebenswichtig

Allgemeines Anpassungssyndrom nach Selye

Nach Selye (1956, 1976) reagiert bei einer länger anhaltenden Konfrontation mit Belastungen, Anstrengungen und Ärgernissen im Alltag (sogenannten Stressoren), der Organismus mit einer allgemeinen Stressreaktion, welche eine generelle Bewältigungsstrategie zum Umgang mit den Stressoren darstellt. Den zeitlichen Verlauf dieses generellen Reaktionsmusters bei längerfristigen Stressreizen bezeichnet Selye als *Allgemeines Anpassungssyndrom* (auch *Allgemeines Adaptationssyndrom* genannt; engl. *general adaptation syndrome*) und unterscheidet drei Stadien: Die initiale, akute körperliche Anpassungsreaktion, *Alarmreaktion* genannt, zeichnet sich u. a. durch eine Ausschüttung von Stresshormonen (z. B. Adrenalin, Cortisol), bessere Durchblutung und erhöhte Sauerstoffversorgung aus (Schaper, 2019). Dies sind alles Funktionen, die über den sogenannten Sympathikus gesteuert werden. Dadurch wird eine körperliche Aktivierung und Energiebereitstellung bewirkt, was zu einer höheren Leistungsbereitschaft des Körpers führt und uns damit ermöglicht, mit der stressigen Situation umzugehen. Diese akute Stressreaktion geht mit typischen Stressempfindungen wie Schwitzen, schnellere Atmung oder Herzklopfen einher – vielleicht haben Sie diese Symptome selbst schon einmal in stressigen Situationen bei sich bemerkt?

Wenn die Stresssituation anhält, versucht der Körper, das Stressniveau durch eine Gegenreaktion wieder herunterzufahren, zum Beispiel durch den Abbau von Stresshormonen. Diese Phase wird als *Widerstandsphase* bezeichnet. Ist die Anpassung erfolgreich und der Körper kann beispielsweise die ausgeschütteten Stresshormone abbauen, dann erholt sich der Körper wieder und kehrt zum normalen Ausgangsniveau zurück. Gelingt die Adaptation jedoch nicht, da beispielsweise Ressourcen zur Bewältigung der Stresssituation fehlen oder ineffektive Stressbewältigungsstrategien angewendet werden, dann bleibt der Körper dauerhaft aktiviert, die Widerstandskräfte reichen nicht aus und die sogenannte *Erschöpfungsphase* tritt ein (Schaper, 2019). Mittelfristig können solche Anpassungsprobleme zu kognitiven, emotionalen, vegetativ-hormonellen und muskulären Problemen (z. B. verminderte Leistungsfähigkeit, Gereiztheit) führen. Wenn die Anpassung langfristig nicht gelingt und der Erschöpfungszustand über längere Zeit bestehen bleibt, können ernsthafte körperliche und psychische Stresskrankheiten auftreten, sogenannte *Anpassungskrankheiten* (engl. *diseases of adaptation*; Semmer & Zapf, 2018, S. 28).

> **Drei Stadien der Stressreaktion: Alarmreaktion, Widerstandsphase und Erschöpfungsphase**

Merke

Stress ist eine unspezifische Reaktion auf verschiedene Stressoren und Anforderungen in der Umwelt. Durch die körperliche Aktivierung und Energiebereitstellung sind wir innerhalb kürzester Zeit „kampf- oder fluchtbereit". Dieser natürliche Verteidigungsmechanismus des Körpers bei vermeintlicher Gefahr stellt somit eine allgemeine Bewältigungsstrategie für den Umgang mit Anforderungen dar. Damit ist die Stressreaktion ein lebenswichtiger Vorgang, welcher nicht unbedingt negativ sein muss.

Unterscheidung
zwischen Stress,
Stressoren,
Stressfolgen
und Stress-
bewältigung

Häufig wird in der Wissenschaft, u. a. in der Arbeits- und Organisationspsychologie, zwischen Stressoren, Stress, Stressfolgen und Stressbewältigung unterschieden (Semmer & Zapf, 2018). Als *Stressoren* werden die Ursachen von Stress bezeichnet, also Anforderungen, Bedingungen und Situationen, die bei den meisten Menschen *Stress*, also eine erhöhte allgemeine Aktivierung, hervorrufen können (aber nicht müssen). *Stressfolgen* (engl. *strain*) wiederum beziehen sich auf mögliche negative Auswirkungen von Stress, zum Beispiel auf die körperliche und psychische Gesundheit. (Mögliche) Stressoren können nicht nur Stress auslösen und zu Stressfolgen führen, sondern rufen bei den meisten Personen auch Versuche hervor, den Stress zu vermeiden, zu reduzieren, zu beenden oder die Folgen zu verringern. Dies wird als *Stressbewältigung* oder *Coping*

Ressourcen
als positives
Gegengewicht
zu Stressoren

bezeichnet. Den Stressoren als sozusagen positives Gegengewicht stehen *Ressourcen* gegenüber. Das können Objekte, persönliche Eigenschaften oder Bedingungen sein, die entweder direkt positiv mit der Gesundheit verbunden sind, oder indirekt, indem sie Stressoren reduzieren oder die Wirkung von Stressoren abmildern (Hobfoll, 2001; Semmer & Zapf, 2018). So können Sie als Führungskraft Ressourcen für Mitarbeitende schaffen: Ein Stressor könnte beispielsweise eine hohe Arbeitsbelastung, das heißt viele Aufgaben und wenig Zeit, sein, während die Unterstützung durch Kolleg*innen oder auch die Autonomie, sich die Zeit und Aufgaben frei einzuteilen, Ressourcen darstellen könnten. Hier können Sie als Führungskraft ansetzen, indem Sie beispielsweise für die nötige Autonomie der Mitarbeitenden sorgen oder sicherstellen, dass sich Mitarbeitende gegenseitig bei schwierigen Arbeitsaufgaben unterstützen.

Wann wird Stress zum Problem?

Die obigen Ausführungen klingen vielleicht ein wenig theoretisch, aber sie sind wichtig, um zu verstehen, dass Stress nicht per se zwangsläufig negativ ist. Vielleicht wissen Sie bereits aus eigenen Erfahrungen, dass nicht alle Stressoren Stress hervorrufen und nicht jede Form von Stress negativ ist und zu negativen Folgen, wie zum Beispiel einer Überbeanspruchung, führt. Erinnern Sie sich noch an die Zeit vor Ihrem letzten Urlaub? Häufig türmen sich in den letzten Tagen vor der wohlverdienten Auszeit die To-dos. Dieser Stress wird meist nicht als negativ empfunden, sondern als anspornend und noch einmal zur Höchstleistung motivierend, winkt doch danach der lang ersehnte Urlaub und meist ist auch das Abhaken der Aufgaben selbst etwas Belohnendes.

Zwei Punkte,
wann Stress
negative
gesundheitliche
Folgen hat

Wann ist Stress negativ und wann hat er eher positive Konsequenzen? Zwei wesentliche Aspekte möchte ich an dieser Stelle einmal herausgreifen: Zum einen ist die individuelle Bewertung des Stressereignisses (d. h. der Stressoren) sowie der eigenen Bewältigungsmöglichkeiten wichtig. Zum anderen ist der zeitliche Verlauf bzw. das Vorhandensein von Erholung entscheidend. Und genau das sind zwei wesentliche Komponenten, die Sie als Führungskraft (mit-)beeinflussen können. Schauen wir uns das doch einmal genauer an:

Richard Lazarus erweiterte in seinem *transaktionalen Stressmodell* (engl. *transactional model of stress and coping*) bisherige Stresstheorien um eine ganz entscheidende Komponente: die individuelle Interpretation des Stressereignisses sowie die Bewertung der eigenen Bewältigungsfähigkeiten und -möglichkeiten (Lazarus, 1966; Lazarus &

Folkman, 1984; siehe auch Semmer & Zapf, 2018). Lazarus und seine Kolleg*innen gehen davon aus, dass Stress (wie Emotionen) auf Basis von Interpretationen entstehen und nicht durch das Stressereignis per se. Damit wird Stress als eine Wechselwirkung zwischen Person und Umwelt gesehen. Nach diesem Modell wird ein Stressor durch zwei Bewertungsprozesse beurteilt: Bei der ersten Einschätzung, als *primäre Bewertung* (engl. *primary appraisal*) bezeichnet, wird der Stressreiz entweder als *irrelevant*, *günstig* oder *stressend* klassifiziert. Drei Interpretationsarten können dabei Stress auslösen: Wenn schon eine *Schädigung* aufgetreten ist (z. B. wenn ein Misserfolg schon eingetreten ist), wenn eine *Bedrohung* vorliegt (also eine Schädigung, wie ein Misserfolg, befürchtet wird) oder wenn eine *Herausforderung* besteht (d. h. sowohl Scheitern als auch Erfolg möglich sind), dann wird die auslösende Situation als stressig eingeordnet. Wenn dem nicht so ist, das heißt weder eine Schädigung, Bedrohung noch Herausforderung besteht, dann ist die Situation entweder irrelevant oder günstig und wird nicht als stresshaft empfunden. In der zweiten Einschätzung, der *sekundären Bewertung* (engl. *secondary appraisal*), werden dann die eigenen Bewältigungsmöglichkeiten und -fähigkeiten bewertet in Bezug auf die Situation: Besteht die Chance, mit dem Stressereignis umzugehen? Bewerte ich meine eigenen Fähigkeiten als ausreichend, um die Situation zu bewältigen? Dabei können die beiden Bewertungsschritte gleichzeitig ablaufen, die Bezeichnungen primäre und sekundäre Einschätzung beziehen sich nicht auf die zeitliche Reihenfolge.

Abhängig von diesen beiden Bewertungsschritten wird die Person entsprechende *Bewältigungs-* oder *Copingstrategien* einsetzen (Semmer & Zapf, 2018). Als Coping werden Versuche der Stressbewältigung bezeichnet, wobei diese nicht unbedingt erfolgreich sein müssen (Semmer & Zapf, 2018). Zum Beispiel könnte eine Person, welche eine schwierige und unangenehme Aufgabe erledigen muss, sich entweder Unterstützung von anderen Menschen holen oder aber auch die Aufgabe verdrängen und vermeiden. Beides wären Copingstrategien, auch wenn die letztere sicherlich nicht gerade hilfreich bei der Bewältigung der Aufgabe ist. Wenn sich dann die Situation oder die Umstände ändern, erfolgt eine *Neubewertung* (engl. *re-appraisal*), was eventuell eine Änderung der Copingstrategie zur Folge hat.

Und wie genau sieht diese Theorie jetzt in der Praxis aus? Das zeige ich Ihnen in dem nachfolgenden Fallbeispiel.

> Die Start-up-Chefin Patricia, die Sie schon aus einem früheren Fallbeispiel kennen, erhält während der finalen Phase eines wichtigen Projekts eine Krankmeldung von dem Hauptverantwortlichen für dieses Projekt: Er hatte einen schweren Fahrradunfall und wird für längere Zeit ausfallen. Der Abschluss des Projekts steht kurz bevor und das Projekt ist für Patricia und ihr Unternehmen sehr entscheidend. Patricia schätzt die Situation als *stressend* ein, da sie jetzt den Kollegen ersetzen muss und sie die Sorge hat, dass das Projekt nicht finalisiert werden kann *(primäre Bewertung)*. Sie überlegt: „Kann ich das Projekt mit den verfügbaren Ressourcen dennoch zu einem guten Ende bringen?" Sie erinnert sich, dass sie ein ähnliches Projekt vor einiger Zeit schon einmal selbst geleitet hat, sich also eigentlich auf dem Gebiet auskennt. Auch weiß sie, dass die Kolleginnen und Kollegen in dem Projektteam sehr fähige Mitarbeitende sind und sie bei der Finali-

Stress als Ergebnis einer Interaktion zwischen dem Individuum und seiner Umwelt

Die Bewertungen bei einer Stress-situation sind entscheidend

sierung des Projekts engagiert unterstützen werden. Das heißt, Patricia wird bewusst, dass *gute Bewältigungsmöglichkeiten und -fähigkeiten* vorhanden sind, um den krankgewordenen Kollegen zu ersetzen *(sekundäre Bewertung)*. Patricia beginnt, aktiv das Problem anzugehen, erarbeitet mit dem Projektteam einen Plan und verteilt neue Aufgaben. Das bedeutet, die Bewertung der Situation als *stressend*, aber *bewältigbar* führt dazu, dass Patricia sich weniger gestresst fühlt und eine *aktive Copingstrategie* (Plan erstellen, Aufgaben verteilen etc.) anwendet.

> **Merke**
>
> Die individuelle Stressreaktion ist unter anderem abhängig von der Bewertung der Situation bzw. des Stressors (primäre Bewertung) und der Bewertung der eigenen Bewältigungsmöglichkeiten und -fähigkeiten (sekundäre Bewertung).

Wann wird Stress noch zum Problem?

Nicht nur die Bewertung der Stresssituation, sondern auch die Dauer eines Stresszustandes ist entscheidend für die (langfristen) gesundheitlichen Konsequenzen. Eine kurzfristige Stresssituation, wie zum Beispiel ein Konflikt oder eine Prüfung, führt zwar in der Regel zu einer erhöhten Aktivierung und Zunahme der Anspannung. Meist folgt ihr jedoch wieder eine Phase der Erholung und Ruhe, sodass der Körper wieder zu seinem Ursprungslevel der Anspannung bzw. Entspannung zurückkehren kann. Solche Stresszustände haben in der Regel keine langfristigen negativen Konsequenzen für unsere Gesundheit.

Anhaltende Stressreaktionen ohne Erholungsmöglichkeiten führen zu negativen Gesundheitsfolgen

Ist jedoch keine Erholung möglich oder sind die Erholungsphasen zu kurz oder treten zu viele neue Belastungen auf, dann bleibt der Körper in einem dauerhaft hohen Anspannungszustand, was zu langfristigen negativen körperlichen und psychischen Folgen führen kann. Wissenschaftliche Studien bestätigen die negativen physiologischen, morphologischen, psychologischen und Verhaltensfolgen von chronischem Stress (für einen Überblick siehe z. B. Semmer & Zapf, 2018; siehe auch die Theorie des Allgemeinen Adaptationssyndroms nach Selye im Kasten auf S. 17). Das heißt für die Praxis: Wenn Sie oder Ihre Mitarbeitenden längere Zeit Stress haben, sorgen Sie dafür, dass ausreichend Zeit für Erholung vorhanden ist. Das können kleine, tagtägliche Auszeiten sein (wie vielleicht die kurze Yogarunde nach einem stressigen Tag oder ein entspannendes Bad) oder die längere Regenerationszeit nach einem mehrwöchigen anspruchsvollen Projekt.

2.1.5   Burnout als arbeitsbezogenes, negatives Wohlbefinden

Niemanden verwundert es mehr, wenn Prominente oder auch Kolleg*innen und Bekannte von sich behaupten: „Ich habe Burnout! Ich fühle mich ausgebrannt!" – mittlerweile ist die Erschöpfung durch die Arbeit und das Gefühl, von der Arbeit ausgebrannt zu sein, fast etwas Alltägliches. In den vergangenen Jahren erhielt der Begriff „Burnout" eine hohe gesellschaftliche Bedeutung. Neben einer Vielzahl an wissenschaftlichen Arbeiten widmen sich auch eine schier unübersichtliche Anzahl an populärwissenschaftlichen Artikeln, Büchern und Ratgebern diesem Thema. Auch wenn bislang eine einheitliche Definition von Burnout als anerkannte Krankheit fehlte (vgl. Kasten auf S. 4, siehe auch Korczak et al., 2010), ist zu beobachten, dass immer mehr Menschen diesen Zustand der emotionalen und körperlichen Erschöpfung erfahren. Vielleicht haben Sie es selbst schon einmal erlebt oder in Ihrem Bekannten- oder Kolleg*innenkreis mitbekommen?

Was ist Burnout?

Das Bild eines erstickenden Feuers oder einer auslöschenden Kerze als Metapher für den Verlust von Ressourcen und den Abfluss von Energie wird häufig auf den Psychiater Herbert Freudenberger zurückgeführt (Schaufeli et al., 2009). Mitte der 1970er Jahre beobachtete Freudenberger während seiner ehrenamtlichen Tätigkeit in einer „free clinic" in New York, dass viele seiner Arbeitskolleginnen und -kollegen, und auch er selbst, sich mehr und mehr erschöpft, überarbeitet und ausgelaugt fühlten. Ursprünglich wurde Burnout vor allem bei Personen in helfenden Berufen (z. B. ärztliches oder psychologisches Fachpersonal, Lehrende, Sozialarbeitende etc.) untersucht und gefunden. Mittlerweile weiß man aber, dass Burnout auch in anderen Berufen vorkommen kann und nicht auf den Arbeitsplatz beschränkt ist (z. B. auch Hausfrauen und -männer, Studierende oder Arbeitslose können sich erschöpft und ausgebrannt fühlen). Zunächst herrschte auch die Auffassung, dass vor allem bei Menschen, die sehr engagiert in ihrem Beruf sind, Burnout auftreten kann – nach dem Motto „Nur wer einmal gebrannt hat, kann ausbrennen!" (Schmiedel, 2018, S. 69). Studien zeigen, dass engagierte Mitarbeitende zwar ein höheres Risiko haben, zu einem späteren Zeitpunkt stärker unter Erschöpfung zu leiden (Junker et al., 2021). Allerdings können auch Personen, die nicht bis zum Ende ihrer Kräfte arbeiten, ebenfalls Burnout entwickeln. Und auch umgekehrt: Nur weil jemand sehr viel arbeitet und „bis zum Äußersten geht" sowie kaum Urlaub oder Freizeit hat, muss er oder sie nicht unbedingt „ausbrennen" (Schmiedel, 2018).

Zunächst in helfenden Berufen erforscht, kann Burnout auch in anderen Bereichen auftreten

Burnout wird häufig definiert als eine anhaltende Reaktion auf chronische emotionale und zwischenmenschliche Stressoren bei der Arbeit (Maslach et al., 2001, S. 397), also eine langfristige Stressfolge, wenn die erfolgreiche Bewältigung der Belastungen misslingt. Als wesentliches Symptom von Burnout wird die *Erschöpfung* (engl. *exhaustion*) gesehen. Betroffene erleben ein Gefühl der emotionalen, physischen und kognitiven Erschöpfung. Sie haben den Eindruck, kaum mehr ihre Arbeit erledigen zu können und fühlen sich nach einem Arbeitstag sehr erschöpft und müde (Maslach et al., 1996). Häufig berichten Betroffene auch von einem Bedarf an längeren Erholungszeiten, emotionaler Ausgelaugtheit und der Schwierigkeit, die Arbeitsmenge zu bewältigen (Demerouti et al., 2003). Daneben wird die Entwicklung einer *zynischen und distanzierten Haltung* (engl. *cynicism* oder *depersonalization*) als weitere Komponente von Burnout gesehen. Betroffene zeigen häufig eine desinteressierte, abgestumpfte und negative Haltung gegenüber der Arbeit, als Versuch, sich von der Arbeitstätigkeit zu distanzieren (Maslach et al., 1996). Diese Komponente bezieht sich auf ein allgemeines Gefühl von Interessen- und Bedeutungsverlust der Arbeit

Burnout als langfristige Stressfolge, wenn die Belastungen nicht bewältigt werden können

Erschöpfung als wesentliches Symptom von Burnout

Zynismus und reduzierte Leistungsfähigkeit als weitere Symptome

im Allgemeinen. Sie umfasst beispielsweise eine Abwertung der Arbeitstätigkeit, den Verlust einer inneren Beziehung zur Arbeit sowie eine rein mechanische Ausübung der Tätigkeit – Betroffene machen nur noch „Dienst nach Vorschrift" (Demerouti et al., 2003).

Einige Wissenschaftler*innen (z. B. Maslach et al., 1996) gehen noch von einer weiteren Komponente aus, die sie *reduzierte persönliche Leistungsfähigkeit* bzw. *reduzierte berufliche Wirksamkeit* (engl. *reduced personal accomplishment* oder *reduced professional efficacy*) nennen. Dies umfasst ein fehlendes Gefühl von Erfolg. Die Personen nehmen sich als inkompetent und unproduktiv in ihrem Beruf wahr.

Auch wenn die Reihenfolge und Bedeutung der verschiedenen Komponenten noch nicht eindeutig erforscht ist, wird angenommen, dass sich zunächst ein Gefühl der Erschöpfung einstellt und anschließend die Personen eine gleichgültige, zynische Haltung entwickeln (Leiter & Maslach, 1988). Wie Burnout, vor allem in der Forschung, gemessen werden kann, können Sie im Kasten „Messung von Burnout" nachlesen. Der Kasten „Habe ich Burnout?" auf Seite 23 verrät Ihnen, wie Sie bei sich selbst (oder auch anderen Menschen) feststellen können, ob Sie (oder andere) an Burnout leiden oder gefährdet sind, Burnout zu entwickeln.

Merke

Burnout beschreibt ein länger andauerndes Gefühl von psychischem, körperlichem und kognitivem Ausgelaugtsein und beinhaltet drei wesentliche Komponenten: Erschöpfung, Depersonalisation/Zynismus sowie reduzierte persönliche Leistungsfähigkeit/reduzierte berufliche Wirksamkeit. Die ersten beiden Komponenten, vor allem die chronische Erschöpfung, werden als wesentlich für das Burnoutsyndrom erachtet.

Messung von Burnout

Es existieren unterschiedliche Instrumente zur Erfassung von Burnout, zwei der bekanntesten sind das *Maslach Burnout Inventory* (MBI; Maslach & Jackson, 1981) und das *Oldenburg Burnout Inventory* (OLBI; Demerouti et al., 2003).

Die allgemeine Version des MBI (General Survey; MBI-GS; Maslach et al., 1996) umfasst insgesamt 16 Aussagen (sog. Items), welche sich auf die drei Dimensionen *emotionale Erschöpfung* („Ich fühle mich durch meine Arbeit ausgebrannt."), *Zynismus* („Ich bin zynischer darüber geworden, dass ich mit meiner Arbeit irgendeinen Beitrag leiste.") und *berufliche Wirksamkeit* („Bei meiner Arbeit bin ich sicher, dass ich Dinge effektiv erledige.") beziehen. Personen beurteilen auf einer siebenstufigen Skala von 1 = „nie" bis 7 = „täglich", wie häufig die Aussagen auf sie zutreffen. Höhere Werte auf den Skalen Erschöpfung und Zynismus und niedrigere Werte auf der Skala berufliche Wirksamkeit weisen auf ein höheres Burnoutlevel hin.

Die Erfassung von Burnout mit dem OLBI erfolgt mit 16 Aussagen, die den Skalen *Erschöpfung* („Es gibt Tage, an denen ich mich schon vor der Arbeit müde fühle.") und *Distanzierung von der Arbeit/Disengagement* („Ich neige in letzter Zeit vermehrt dazu, bei meiner Arbeit wenig zu denken, sondern sie fast mechanisch zu erledigen.") zugeordnet sind (Demerouti et al., 2003). Im Gegensatz zur Erschöpfungskomponente beim MBI umfasst hier Erschöpfung nicht nur emotionale Aspekte, sondern ebenfalls eine physische und kognitive Erschöpfung, meint also eine Erschöpfung affektiver, mentaler und körperlicher Ressourcen. Personen beurteilen auf einer vierstufigen Skala von 1 = „völlig unzutreffend" bis 4 = „völlig zutreffend", inwieweit die 16 Aussagen auf sie zutreffen. Da einige Aussagen positiv und andere negativ formuliert sind, müssen die positiv formulierten Aussagen erst rekodiert werden, bevor ein Gesamtwert für die jeweilige Skala gebildet werden kann. Dann entsprechen höhere Werte auf den beiden Skalen einem höheren Burnoutlevel, niedrigere Werte werden als geringeres Burnoutlevel gewertet.

Die Vorteile des MBI und OLBI sind eine zuverlässige und ökonomische Messung von Burnout, allerdings ist die Frage, ab welchem Wert jemand an Burnout leidet, ein umstrittenes Thema, da keine eindeutigen Grenzwerte existieren, ab wann jemand viel oder wenig Burnout aufweist (u. a. Korczak et al., 2010).

Ist Burnout das Gleiche wie starker Stress?

„Ich fühle mich gestresst! Ich bin ausgebrannt!" Im Alltag wird der Begriff Stress häufig negativ verwendet und mit Überlastung und Zeitdruck gleichgesetzt (Semmer & Zapf, 2018) und im engen Zusammenhang mit Burnout gesehen. Tatsächlich sind Burnout und (anhaltender) Stress konzeptuell nicht immer eindeutig voneinander abzugrenzen und es werden hohe Zusammenhänge zwischen Stress- und Burnoutfragebögen berichtet (Hillert & Marwitz, 2006). Auch Stresssymptome ähneln oft den körperlichen und psychischen Beschwerden, die mit Burnout einhergehen. Allerdings wird Burnout häufig als langfristige Stressfolge gesehen, wenn Betroffene nicht in der Lage sind, die Belastungen erfolgreich zu bewältigen (u. a. Leiter & Maslach, 1999). Insofern ist Burnout nicht direkt mit Stress gleichzusetzen, sondern eher eine Reaktion auf und die Konsequenz von chronischem Stress.

Burnout als Reaktion auf chronischen Stress

Habe ich Burnout?

Woran erkennt man, ob jemand Burnout hat oder gefährdet ist, Burnout zu entwickeln? Die drei folgenden Faktoren werden als wesentlich für Burnout gesehen (Maslach & Jackson, 1981; Maslach et al., 1996):
- *Erschöpfung* bezieht sich auf die Überforderung und Erschöpfung durch die Arbeit. Betroffene haben den Eindruck, kaum mehr ihre Arbeit erledigen zu können und am Ende ihrer Kräfte zu sein. Sie fühlen sich nach einem Arbeitstag sehr erschöpft und müde, häufig sind sie nicht mehr in der Lage, schöne und entspannende Aktivitäten am Feierabend oder am Wochenende auszuüben. Teilweise berichten die Betroffenen auch von einer starken Frustration und Angst vor dem nächsten Arbeitstag.
- *Zynismus* bezieht sich auf die Entwicklung einer distanzierten, teilweise zynischen und abgestumpften Haltung gegenüber den Patient*innen oder Klient*innen in helfenden Berufen oder auch der Arbeitstätigkeit an sich. Ein Beispiel wäre hier

„der Beinbruch in Zimmer 3" – Patient*innen werden als unpersönliche Objekte behandelt. Auch sind Betroffene häufig zynisch, bezweifeln zum Beispiel die Bedeutung ihrer Arbeit oder äußern sich sogar abwertend gegenüber der Arbeit.

- *Reduzierte persönliche Leistungsfähigkeit* oder *reduzierte berufliche Wirksamkeit* bezieht sich auf ein Gefühl von Misserfolg. Betroffene nehmen sich als nicht leistungsfähig und nicht wirksam wahr. Dabei bezieht sich diese Komponente auf die Selbstbewertung, das heißt Betroffene sehen sich selbst als nicht kompetent und geben nicht anderen (z.B. dem Unternehmen oder ihren Kolleg*innen) die Schuld. Sie beschreiben, dass sie sich unsicher sind, ob sie Dinge effektiv erledigen, und auch Versagensängste erleben.

Das heißt, wenn Sie wahrnehmen, dass Sie nicht nur erschöpft, sondern auch immer zynischer und abgestumpfter gegenüber Ihrer Arbeit werden, dann könnte dies ein Warnzeichen für Burnout sein. Sie können ja einmal in Ruhe die drei beschriebenen Komponenten durchgehen: Treffen von den genannten Symptomen einige auf Sie zu?

Dabei kann es hilfreich sein, auch die Rückmeldung von nahestehenden Menschen (einer*einem guten Kolleg*in oder dem*der Partner*in) einzuholen. Anderen Personen fallen Änderungen in unserem Verhalten oder in unserer Haltung häufig besser auf, als uns selbst – vor allem, wenn wir gerade in einem Zustand von Überarbeitung und Erschöpfung sind und „den Wald vor lauter Bäumen nicht mehr sehen".

2.1.6   Arbeitsengagement als arbeitsbezogenes, positives Wohlbefinden

Nachdem wir nun mit Burnout einen negativen, auf die Arbeit bezogenen Wohlbefindensfaktor betrachtet haben, lassen Sie uns jetzt einmal den Blick auf einen positiven Indikator von arbeitsbezogenem Wohlbefinden werfen: auf das Arbeitsengagement.

Arbeitsengagement als positiver, erfüllter Zustand bei der Arbeit

Engagierte Personen sind motiviert, tatkräftig, inspiriert und erledigen ihre Arbeitstätigkeit voller Hingabe und Begeisterung (Schaufeli et al., 2002). Arbeitsengagement wird als ein positiver, erfüllter, arbeitsbezogener Zustand beschrieben, der sich aus den drei Komponenten *Vitalität* (engl. *vigor*), *Hingabe* (engl. *dedication*) und *Absorbiertheit* (engl. *absorption*) zusammensetzt (Schaufeli et al., 2002). Vitalität bezeich-

Arbeitsengagement besteht aus drei Faktoren: Vitalität, Hingabe und Absorbiertheit

net einen hohen Grad an Energie und die Bereitschaft, Anstrengung in die Arbeit zu investieren, auch in Hinblick auf schwierige Situationen. Hingabe ist gekennzeichnet durch Gefühle von Enthusiasmus, Inspiration, Stolz und Wichtigkeit. Absorbiertheit bezieht sich auf das Phänomen, vollkommen vertieft in die Arbeit zu sein, die Umwelt kaum mehr wahrzunehmen, wobei die Zeit wie im Flug zu vergehen scheint und man Schwierigkeiten hat, sich von der Arbeit loszureißen (Bakker et al., 2008; Schaufeli et al., 2002; siehe auch den Kasten „Messung von Arbeitsengagement"). Kennen Sie diese Zustände und Emotionen von Ihrer Arbeitstätigkeit? Fühlen Sie sich engagiert bei der Arbeit? Dabei kann es sein, dass wir bei einigen Tätigkeiten eher ein Gefühl von Arbeitsengagement erleben als bei anderen. Auch kann sich unser Arbeitsengagement von Tag zu Tag oder auch innerhalb eines Tages unterscheiden und verändern (Bakker, 2014).

> **Merke**
>
> Arbeitsengagement beschreibt einen positiv emotionalen und motivationalen Zustand der Erfüllung und beinhaltet die Komponenten Vitalität, Hingabe und Absorbiertheit.

Ist Arbeitsengagement das Gegenteil von Burnout?

Einige Wissenschaftler*innen sehen Arbeitsengagement als Gegenpol zu Burnout (z. B. Maslach & Leiter, 2008), während andere die Vorstellung vertreten, dass Arbeitsengagement ein eigenes, unabhängiges Konstrukt darstellt, welches zwar negativ mit Burnout korreliert, jedoch nicht das genaue Gegenteil abbildet (z. B. Schaufeli et al., 2002). Diese Auffassung, dass Burnout und Arbeitsengagement zwei unterschiedliche Konzepte und nicht zwei Endpunkte eines Kontinuums darstellen, wird von verschiedenen Studien unterstützt (z. B. Schaufeli & Bakker, 2004). Das bedeutet, eine wenig engagierte Person muss nicht zwangsläufig hohe Burnoutwerte aufweisen. Gleichzeitig kann eine Person sehr engagiert sein, aber sich zudem auch erschöpft und ausgelaugt fühlen. Vielleicht haben Sie das auch bei sich selbst schon einmal beobachtet, dass Sie voller Tatkraft und Hingabe einen Arbeitsauftrag oder auch eine private Aufgabe erledigt haben, sich gleichzeitig aber auch körperlich und emotional erschöpft fühlten?

Burnout und Arbeitsengagement als zwei unabhängige Konzepte

> **Messung von Arbeitsengagement**
>
> Ein häufig eingesetztes Instrument zur Erfassung von Arbeitsengagement ist die *Utrecht Work Engagement Scale* (UWES; Schaufeli et al., 2002). Es existieren eine Langversion mit 17 Testitems bzw. Aussagen und eine Kurzversion mit neun Items (Schaufeli et al., 2006), welche in verschiedenen Ländern validiert wurden (für einen Überblick siehe u. a. Bakker et al., 2008). Beide Versionen messen die drei Komponenten *Vitalität* („Bei meiner Arbeit bin ich voll überschäumender Energie."), *Hingabe* („Ich bin von meiner Arbeit begeistert.") und *Absorbiertheit* („Während ich arbeite, vergesse ich alles um mich herum."). Vor Kurzem ist zudem noch eine Ultra-Kurzversion mit nur drei Items erschienen (Schaufeli et al., 2017). Personen beurteilen auf einer siebenstufigen Skala von 1 = „nie" bis 7 = „immer/jeden Tag", wie häufig die Aussagen auf sie zutreffen. Höhere Werte entsprechen einem höheren Arbeitsengagementlevel, niedrigere Werte weisen darauf hin, dass die Person wenig engagiert bei ihrer Arbeit ist.
>
> Meist werden die drei Komponenten Vitalität, Hingabe und Absorbiertheit zu einem Gesamtwert zusammengefasst, wodurch eine globale Aussage über das Arbeitsengagement einer Person getroffen werden kann. Aber auch die einzelnen Komponenten können separat betrachtet werden, wenn zum Beispiel ein genaueres Bild von der Ausprägung des Arbeitsengagements einer Person benötigt wird.

2.1.7   Wie Burnout und Arbeitsengagement entstehen – das Arbeitsanforderungen-Arbeitsressourcen-Modell

Welche Faktoren entscheiden, ob jemand erschöpft und ausgebrannt ist oder engagiert und motiviert seine Arbeit erledigt? Verschiedene Theorien und Modelle versuchen, die Entstehung von Burnout und Arbeitsengagement zu erklären und Studien, welche auslösende Faktoren untersuchen, sind in den vergangenen Jahren exponentiell gestiegen (für einen Überblick siehe z. B. Bakker et al., 2014).

Das Modell erklärt, wie Anforderungen und Ressourcen das Wohlbefinden beeinflussen

Ein vielfach untersuchtes und empirisch gut bestätigtes Modell ist das *Arbeitsanforderungen-Arbeitsressourcen-Modell* (engl. *job demands-resources model*, kurz JD-R model; Bakker & Demerouti, 2007; Demerouti et al., 2001; siehe Abbildung 2). Dieses Modell verbindet Motivations- mit Belastungs- und Stresstheorien, um zu erklären, wie sich Arbeitsanforderungen im Wechselspiel mit Arbeitsressourcen auf arbeitsbezogenes Wohlbefinden, vor allem Burnout und Arbeitsengagement, auswirken. Auch wenn sich unterschiedliche Arbeitsplätze hinsichtlich der Arbeitsbedingungen unterscheiden, können laut dem Modell Charakteristika des Arbeitsplatzes in zwei Kategorien unterteilt werden: in *Arbeitsanforderungen* (engl. *job demands*) und *Arbeitsressourcen*

Definition von Arbeitsanforderungen

Definition von Arbeitsressourcen

(engl. *job resources*). Arbeitsanforderungen stellen physische, psychische, soziale und organisationale Aspekte der Arbeit dar, die Anstrengung und den Einsatz von Fähigkeiten erfordern und somit physiologische und/oder mentale Kosten bedingen können. Beispiele hierfür wären die Komplexität der Arbeit oder Zeitdruck. Arbeitsressourcen dagegen sind solche physischen, psychischen, sozialen und organisationalen Aspekte der Arbeit, die „(1) funktional für das Erreichen der arbeitsbezogenen Ziele sind, (2) Arbeitsanforderungen und damit zusammenhängende physische und psychische Kosten reduzieren und (3) persönliches Wachstum und persönliche Entwicklung stimulieren" (Demerouti & Nachreiner, 2019, S. 121). Beispiele wären hier Handlungsspielraum oder die Unterstützung von Kolleg*innen und Führungskräften. Wie sieht das bei Ihnen selbst aus? Was sind Ihre größten Arbeitsanforderungen und welche Ressourcen stehen Ihnen zur Verfügung?

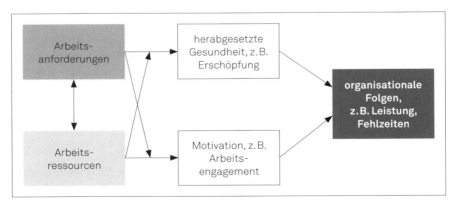

Abbildung 2:   Das Arbeitsanforderungen-Arbeitsressourcen-Modell (job demands-resources model, JD-R model; Darstellung angelehnt an Demerouti & Nachreiner, 2019)

Der Beeinträchtigungsprozess

Das Arbeitsanforderungen-Arbeitsressourcen-Modell (und auch ein großer Teil der Forschung) fokussiert auf Arbeitsengagement als positive Form der Mitarbeiter*innengesundheit und Burnout als negative Ausprägung von Wohlbefinden, wobei einige Studien auch andere Aspekte von Wohlbefinden untersucht haben (Demerouti & Nachreiner, 2019). Laut dem Modell entstehen Burnout und Arbeitsengagement durch zwei unterschiedliche Prozesse (siehe Abbildung 2): Der *Beeinträchtigungsprozess* (engl. *health impairment process*) beschreibt, dass die Konfrontation mit langanhaltenden Arbeitsanforderungen über die Zeit zu Erschöpfung (als Kernelement von Burnout) führen kann. Dass der Mensch bei länger anhaltenden Stressreizen (sogenannten Stressoren) langfristig, wenn keine Erholung möglich ist, mit Erschöpfungssymptomen und körperlichen und psychischen Schäden reagiert, deckt sich mit der Theorie des Allgemeinen Anpassungssyndroms des berühmten Stressforschers Selye, den Sie schon in Abschnitt 2.1.4 kennengelernt haben (siehe Kasten auf S. 17).

Anhaltende Arbeitsanforderungen führen zu herabgesetzter Gesundheit, z.B. Erschöpfung

Arbeitsanforderungen sind per se nicht negativ oder haben zwangsläufig negative Auswirkungen. Zum Beispiel zeigt die Forschung zu sogenannten *herausfordernden* und *hinderlichen Stressoren* (engl. *challenge* und *hindrance stressors*), dass Arbeitsanforderungen auch positive, motivierende und für die Leistung förderliche Eigenschaften besitzen können (LePine et al., 2005; siehe nachfolgenden Kasten). Bei einer dauerhaften Exposition ohne die Möglichkeiten von Pausen und Erholung besteht jedoch die Gefahr, dass solche Anforderungen, wie etwa eine hohe Komplexität der Arbeit, zu einem Abbau von physischen und psychischen Ressourcen führen und damit zu einer körperlichen und mentalen Erschöpfung.

Unterscheidung zwischen herausfordernden und hinderlichen Stressoren

Herausfordernde und hinderliche Stressoren

Stress bzw. Stressoren müssen nicht zwangsläufig negativ sein. Häufig wird beispielsweise zwischen *Eustress* (eine positive, erwartungsvolle Erregung) und *Distress* (als negative Erregung) unterschieden (Semmer & Zapf, 2018). Nach LePine und Kolleg*innen (2005) lassen sich auch Stressoren danach unterteilen, ob sie eher mit Herausforderungen verbunden sind, sogenannte *herausfordernde Stressoren* (engl. *challenge stressors*), oder ob sie beeinträchtigend für die Zielerreichung sind, als *hinderliche Stressoren* (engl. *hindrance stressors*) bezeichnet. Zeitdruck wäre zum Beispiel ein herausfordernder Stressor – viele Menschen kennen es, dass sie kurz vor einer Deadline noch einmal zu Höchstformen auflaufen. Arbeitsorganisatorische Probleme oder Rollenkonflikte sind jedoch eher hinderlich für die Leistung und damit sogenannte hinderliche Stressoren. Beide Arten von Stressoren können Stress und Befindensbeeinträchtigungen hervorrufen, also negative Auswirkungen haben. Allerdings können herausfordernde Stressoren zusätzlich auch positive Konsequenzen mit sich bringen: Sie sind meist mit einer Erreichung von Zielen verbunden, was die Leistung steigern und bei erfolgreicher Bewältigung zu Stolz und Zufriedenheit führen kann (Semmer & Zapf, 2018).

Der Motivationsprozess

Ein zweiter Prozess im Arbeitsanforderungen-Arbeitsressourcen-Modell, der soge-nannte *Motivationsprozess* (engl. *motivational process*), bewirkt, dass durch Arbeitsres-sourcen motivationale Anreize geschaffen werden, welche die Motivation und das En-gagement der Mitarbeitenden erhöhen. Gleichzeitig wird angenommen, dass fehlende Arbeitsressourcen das Erreichen von Arbeitszielen erschweren und damit Frustration, Ärger und den Eindruck des Scheiterns hervorrufen, welche wiederum zu einer emo-tionalen Distanzierung von der Arbeit, einer zynischen und abgestumpften Haltung gegenüber der Arbeitstätigkeit und einem Gefühl von reduzierter Leistungsfähigkeit beitragen können (Demerouti & Nachreiner, 2019). So können beispielsweise Auto-nomie und soziale Unterstützung dazu führen, dass Mitarbeitende engagierter und motivierter sind. Das Fehlen von Autonomie, wenn jemand zum Beispiel jede Ent-scheidung mit dem*der Vorgesetzten abklären muss und somit an einer freien, selbst-ständigen Arbeitsweise gehindert wird, kann Frust und Enttäuschung hervorrufen und langfristig zu Burnout bzw. Erschöpfung führen.

Das heißt, der gesundheitsbezogene Mechanismus im Arbeitsanforderungen-Arbeits-ressourcen-Modell, der sogenannte Beeinträchtigungsprozess, wird vorwiegend durch Arbeitsanforderungen gesteuert und hat vor allem Auswirkungen auf die arbeitsbe-zogene Erschöpfung (als Hauptkomponente von Burnout). Der motivationale Mecha-nismus wird dagegen vor allem durch Ressourcen gelenkt und beeinflusst in erster Linie das Arbeitsengagement der Mitarbeitenden, kann aber auch eine Distanzierung von der Arbeit zur Folge haben (eine Komponente von Burnout). Diese Annahmen des Modells wurden in einer Vielzahl von Studien mithilfe von subjektiven und auch objektiven Daten bestätigt (für einen Überblick siehe u. a. Bakker & Demerouti, 2017; Demerouti & Nachreiner, 2019).

Pufferwirkung von Ressourcen

Das Arbeitsanforderungen-Arbeitsressourcen-Modell geht jedoch noch einen Schritt weiter und nimmt zusätzlich zu den empirisch vielfach belegten direkten Effekten von Arbeitsanforderungen und -ressourcen an, dass sich diese beiden Arbeitscharakteris-tika in ihren Auswirkungen auf das arbeitsbezogene Beanspruchungs- und Motiva-tionserleben ebenfalls wechselseitig beeinflussen können (Demerouti & Nachreiner, 2019). Laut dem Modell können bestimmte Ressourcen (wie z.B. soziale Unterstüt-zung) den negativen Einfluss von Jobanforderungen auf das Wohlbefinden abpuffern bzw. moderieren und somit die Stressentstehung und Erschöpfung abschwächen, indem sie Anstrengungen reduzieren und Erholungsprozesse fördern (u.a. Bakker et al., 2005). Stellen Sie sich zum Beispiel Mitarbeitende vor, welche sehr komplexe und stressige Tätigkeiten ausführen müssen. Haben diese Mitarbeitenden jetzt die Möglichkeit, selbstständig zu entscheiden, in welchem Tempo sie arbeiten und wann sie Pause machen, dann werden sie wahrscheinlich weniger unter den Stressfolgen leiden und weniger erschöpft sein, sondern höchstwahrscheinlich mit Engagement ihre Arbeitstätigkeit ausführen. Das heißt, die Gewährleistung von Handlungsspiel-raum kann die Belastung durch die Arbeitsanforderungen abmildern. Gleichzeitig können Ressourcen auch indirekt wirken, indem sie den Stressor verändern, zum Beispiel wenn Mitarbeitende Teile der Aufgaben an ihre Kolleg*innen abgeben können und von diesen unterstützt werden.

Diese Pufferfunktion von Jobressourcen wird auch in anderen Belastungs- und Stresstheorien postuliert (z. B. *Anforderungs-Kontroll-Modell* nach Karasek, 1979; *Modell beruflicher Gratifikationskrisen* nach Siegrist, 2002; siehe nachfolgenden Kasten) und konnte in verschiedenen Studien bestätigt werden.

Weitere Belastungs- und Stresstheorien

Der Vollständigkeit halber seien an dieser Stelle noch zwei weitere Belastungs- und Stresstheorien erwähnt, die erklären können, wie Stress sowie psychische und körperliche Symptome am Arbeitsplatz entstehen können. Das *Anforderungs-Kontroll-Modell* (engl. *job demand-control model;* Karasek, 1979) geht davon aus, dass *Arbeitsanforderungen* (engl. *job demands*) nicht per se zu negativen Belastungsfolgen führen, sondern diese abhängig von den *Kontrollmöglichkeiten* und dem *Entscheidungsspielraum* (engl. *control*) sind, den eine Person hat. Auf Basis dieses Modells können hohe Anforderungen gepaart mit einer hohen Kontrolle und Autonomie Lern- und Entwicklungsmöglichkeiten bieten (sogenannte *aktive Tätigkeiten*; engl. *active jobs*), während hohe Anforderungen bei geringem Entscheidungsspielraum als *stark belastende Tätigkeiten* (engl. *high-strain jobs*) bezeichnet werden, welche negative Auswirkungen auf die physische und psychische Gesundheit haben können. Bei geringen Anforderungen kann zwischen *passiven Tätigkeiten* mit einem geringen Entscheidungsspielraum (engl. *passive jobs*) und *wenig belastenden Tätigkeiten* mit viel Entscheidungsspielraum (engl. *low-strain jobs*) unterschieden werden.

Das *Modell beruflicher Gratifikationskrisen* (Siegrist, 2002), auch als *effort-reward imbalance model* bezeichnet, nimmt an, dass *Aufwand und Anforderungen* (engl. *efforts*) durch entsprechende *Belohnungen* (engl. *rewards*) ausgeglichen werden müssen. Belohnungen können das Gehalt, Arbeitsplatzsicherheit oder auch Wertschätzung und Anerkennung sein. Eine Imbalance kann dabei zu physischen und psychischen Erkrankungen führen.

Welche Ressourcen besonders geeignet sind, um Stressreaktionen abzupuffern und Beanspruchungserleben zu reduzieren, hängt dabei vom Kontext, von der entsprechenden Tätigkeit und auch von der Person selbst ab (Demerouti & Nachreiner, 2019). Personale Faktoren im Arbeitsanforderungen-Arbeitsressourcen-Modell sind die spezifischen Ressourcen eines Menschen (wie z. B. seine Selbstwirksamkeit oder sein Optimismus), die direkt oder indirekt das Stresserleben beeinflussen können (ähnlich wie arbeitsbezogene Ressourcen; vgl. Demerouti & Nachreiner, 2019). Gleichzeitig wird postuliert, dass Personen aktiv ihr Arbeitsumfeld gestalten und somit auch ihre eigenen Arbeitsressourcen und -stressoren gestalten können. Durch diese aktive Gestaltung der Tätigkeit (als *job crafting* bezeichnet; Wrzesniewski & Dutton, 2001) können Arbeitsressourcen und förderliche, motivierende Arbeitsanforderungen vermehrt sowie hinderliche, gesundheitsbeeinträchtigende Arbeitsanforderungen reduziert werden (vgl. Demerouti & Nachreiner, 2019; Petrou et al., 2012; Tims et al., 2012).

Job crafting bezeichnet die aktive Gestaltung der Arbeitstätigkeit

Arbeits-
anforderungen
können die
Wirksamkeit von
Ressourcen
beeinflussen

Nicht nur Ressourcen, sondern auch Arbeitsanforderungen können laut dem Arbeits-anforderungen-Arbeitsressourcen-Modell eine Moderatorfunktion haben: Arbeitsressourcen sind vor allem bei hohen Arbeitsanforderungen, beispielsweise unter stressigen Bedingungen, relevant und haben positive Auswirkungen auf das Arbeitsengagement. So zeigten Bakker und Kolleg*innen (2007) in einer Studie mit Lehrenden, dass Arbeitsressourcen (bspw. Unterstützung oder Anerkennung durch die*den Vorgesetzte*n) teilweise einen stärkeren Einfluss auf das Arbeitsengagement der Lehrenden hatte, wenn diese vermehrt dem negativen (und stressigen) Einfluss von schlechtem Benehmen der Schüler*innen ausgesetzt waren (Bakker et al., 2007). Das heißt, insbesondere in Situationen mit hohen Anforderungen sind Jobressourcen bedeutsam für die Aufrechterhaltung (und Steigerung) von Arbeitsengagement.

Merke

Basierend auf dem Arbeitsanforderungen-Arbeitsressourcen-Modell (engl. job demands-resources model) können Arbeitsfaktoren in Anforderungen (demands) und Ressourcen (resources) unterteilt werden, welche Einfluss auf das positive und negative arbeitsbezogene Wohlbefinden nehmen. Die langfristige Häufung von Anforderungen (z.B. hohe Arbeitsbelastung, Zeitdruck) kann über den sog. Beeinträchtigungsprozess zu negativen Konsequenzen, wie Erschöpfung oder Burnout, führen. Ressourcen (z.B. Unterstützung, Autonomie, Wertschätzung) dagegen können über den sog. Motivationsprozess die Motivation, das Arbeitsengagement und damit auch die Leistung der Mitarbeitenden erhöhen. Neben den direkten Einflüssen von Anforderungen und Ressourcen existieren Interaktions- und Moderationseffekte, zum Beispiel können Ressourcen die negativen Folgen von Anforderungen abschwächen.

Patricias Mitarbeiter Dominik hat einen neuen Kunden übernommen, mit dem es ständig Konflikte gibt. Mal bemängelt er die Ware und möchte sie nicht annehmen, dann verschwinden Teile der Ware oder kommen nie bei ihm an und beim nächsten Mal beschwert er sich über Dominiks Verhalten, das sei „keine gute Betreuung, sondern total schludrige Arbeit!". Die schwierige Arbeit mit dem Kunden und die ständigen Konflikte stellen für Dominik hohe Arbeitsanforderungen dar, die auf die Dauer zu einer herabgesetzten Gesundheit führen könnten. Allerdings verfügt Dominik über wichtige Ressourcen. So steht seine Chefin Patricia vollkommen hinter ihm und unterstützt ihn (Arbeitsressource „soziale Unterstützung durch die Führungsperson"). Gleichzeitig hat er durch jahrelange Arbeit im Vertrieb ein gewisses Selbstbewusstsein aufgebaut und weiß, dass er seinen Job eigentlich sehr gut erledigt (personale Ressource „Selbstsicherheit"). Diese beiden Faktoren können jetzt den möglichen gesundheitsschädigenden Einfluss der Konflikte abmildern und helfen Dominik, trotzdem motiviert und engagiert seine Arbeit auszuführen und eine gute Leistung zu erbringen.

Die Frage der Kausalität

Selbstverständlich ist die Realität oft nicht so gradlinig und meist reicht der einfache Zusammenhang zwischen zwei Konstrukten A und B (bzw. deren Interaktion) nicht aus, um die Wirklichkeit zu beschreiben. Ein wichtiger Punkt, der uns im Laufe dieses Buches noch öfter begegnen wird (siehe z. B. den Kasten „Kausalität der Zusammenhänge" auf S. 35), ist der Aspekt der Reziprozität bzw. der umgekehrt kausalen Beziehungen: Auch das Wohlbefinden der Mitarbeitenden kann Anforderungen und Ressourcen oder die Wahrnehmung von Anforderungen und Ressourcen beeinflussen. Laut dem Arbeitsanforderungen-Arbeitsressourcen-Modell existieren auch inverse kausale Zusammenhänge, sodass zum Beispiel erschöpfte und ausgebrannte Mitarbeitende mehr Anforderungen wahrnehmen und ggf. auch generieren (z. B. durch eine umständliche, weniger effektive Arbeitsweise). Gleichzeitig können dagegen Personen mit einem hohen Arbeitsengagement leichter vorhandene Ressourcen nutzen und nehmen diese gegebenenfalls auch besser wahr (Demerouti & Nachreiner, 2019). Das bedeutet, es können sogenannte Gewinn- und Verlustspiralen auftreten – eine Annahme, die auch in der sehr bekannten *Theorie der Ressourcenerhaltung* (z. B. Hobfoll, 2001) aufgestellt wird, auf welche ich später noch eingehen werde (siehe Abschnitt 3.2).

Reziproke Zusammenhänge zwischen Wohlbefinden und Anforderungen/Ressourcen bzw. deren Wahrnehmung

Was heißt das für Ihren Alltag als Führungskraft? Wie Sie gerade an dem Beispiel von Patricia und Dominik gesehen haben, kann das Verhalten der Führungsperson, zum Beispiel ihre Unterstützung oder auch die Gewährung von Handlungsspielraum und Flexibilität, eine wichtige Ressource für Mitarbeitende sein. Gleichzeitig können Führungskräfte aber auch eine Stressquelle darstellen, wenn sie etwa die Mitarbeitenden auf herablassende und beleidigende Art behandeln oder wenn massive Konflikte zwischen Vorgesetzten und Mitarbeitenden existieren.

2.2   Gesundheitsförderliche Führung

Im vorherigen Abschnitt haben wir uns die Gesundheit und das Wohlbefinden am Arbeitsplatz angeschaut. In diesem Abschnitt soll es darum gehen, welche Rolle die Führungskraft dabei spielt. Dass ein ungerechter Chef oder eine cholerische Chefin, der oder die die Mitarbeitenden häufig „zur Schnecke macht" und beleidigt, Mitarbeitende „krank machen" kann, scheint offensichtlich. Dass umgekehrt eine Führungsperson auch dafür sorgen kann, dass sich die Mitarbeitenden wohlfühlen und gesund ihre Arbeit ausüben können, wurde mittlerweile auch schon vielfach untersucht und belegt. Vielleicht haben Sie selbst schon erlebt, dass die Art und Weise, wie sich Ihre Führungskraft Ihnen gegenüber verhält, beeinflusst, wie Sie sich fühlen. Oder Sie waren selbst in der Rolle der Führungskraft und haben erfahren können, dass Ihr Verhalten sich positiv (oder aber auch negativ) auf das Arbeitsengagement, die Erschöpfung und eben das gesamte Wohlbefinden Ihrer Mitarbeitenden auswirken kann.

2.2.1   Führung und Gesundheit

Verschiedene wissenschaftliche Studien belegen, dass das Verhalten der Führungskräfte maßgeblich mit der Gesundheit der Mitarbeitenden zusammenhängt (z. B. Harms et al., 2017; Montano et al., 2017). Wenn Führungskräfte beispielsweise ihre Mitarbeitenden motivieren und wertschätzen, berichten Mitarbeitende von einem bes-

Konstruktive Führung geht mit einem besseren Wohlbefinden der Mitarbeitenden einher

seren Wohlbefinden und gleichzeitig von weniger Stress, Burnout und Gesundheitsproblemen (z. B. Montano et al., 2017). Solche positiven, als *konstruktiv* bezeichneten Führungsverhaltensweisen beinhalten etwa, eine gute Beziehung zu den Mitarbeitenden herzustellen, sie zu unterstützen, zu inspirieren und auch klare Aufgabenanweisungen zu geben und die geleistete Arbeit anzuerkennen und wertzuschätzen.

Destruktive Führung ist mit verminderter Gesundheit der Mitarbeitenden verbunden

Demgegenüber stehen *destruktive* Führungsverhaltensweisen, wie die Kränkung und Erniedrigung der Mitarbeitenden durch die Führungskräfte über einen längeren Zeitraum (z. B. Tepper, 2000). Solche destruktiven Führungsverhaltensweisen sind mit einer schlechteren Gesundheit der Mitarbeitenden verbunden, zum Beispiel mehr Stress und weniger allgemeinem Wohlbefinden (u. a. Schyns & Schilling, 2013). Und Mitarbeitende von destruktiven Führungspersonen geben auch eine höhere Kündigungsabsicht an und berichten von vermehrtem kontraproduktivem Verhalten, wie beispielsweise Diebstahl oder der Weitergabe von vertraulichen Informationen (dies wird als *counterproductive work behavior* bezeichnet; Schyns & Schilling, 2013). Solche destruktiven Führungsverhaltensweisen sind nicht immer offensichtlich oder den Führungskräften bewusst. Auch die Bevorzugung einzelner Teammitglieder, die ungerechte Verteilung von Projekten oder eine unfaire Behandlung können sich destruktiv auswirken. Daneben bringt ebenfalls passive, nicht vorhandene Führung, das heißt, wenn Führungskräfte ihrer Führungsverantwortung nicht nachkommen und zum Beispiel bei Problemen nicht reagieren, negative Konsequenzen für Mitarbeitende und Unternehmen mit sich und kann deswegen als (passiv) destruktive Führung gesehen werden (dies wird auch als *laissez-faire Führung* bezeichnet, z. B. Hinkin & Schriesheim, 2008; Zwingmann et al., 2014; siehe auch den Kasten „Führung" für einen Überblick über verschiedene Führungsstile).

Auch passive Führung hat negative (gesundheitliche) Auswirkungen

Merke

Das Verhalten der Führungskräfte hängt maßgeblich mit dem Mitarbeiter*innenwohlbefinden zusammen. Wenn Führungspersonen konstruktiv führen, berichten Mitarbeitende ein besseres Wohlbefinden, während aktiv und passiv destruktive Führungsverhaltensweisen negativ mit verschiedenen Befindensindikatoren der Mitarbeitenden zusammenhängen.

Führung

Was genau wird unter *Führung* eigentlich verstanden? Es existiert eine Vielzahl an unterschiedlichen Definitionen und Führungsansätzen, welche sich alle leicht unterscheiden und Führung aus unterschiedlichen Blickwinkeln betrachten. Den meisten Ansätzen liegt dabei die Annahme zugrunde, dass Führung einen Prozess kennzeichnet, bei dem bewusst Einfluss auf andere Menschen ausgeübt wird, um Aktivitäten und Beziehungen in einer Gruppe oder Organisation zu lenken, zu strukturieren und zu erleichtern (Yukl, 2013, S. 18). Auch wenn diese Definition auf den ersten Blick kompliziert erscheinen mag, beschreibt sie schön, dass Führung immer nur in der Interaktion zwischen Führungskräften und Mitarbeitenden stattfinden kann und daher nicht nur *top-down* erfolgt, sondern auch die Wahrnehmung, die

Reaktion und das Verhalten der Mitarbeitenden entscheidend sind. Nur wenn die Mitarbeitenden die Führungsperson anerkennen und akzeptieren, können gemeinsam Ziele definiert und die zu erledigenden Aufgaben und deren Durchführung abgesprochen werden.

Es existieren unterschiedliche Führungsstile und -verhaltensweisen, die sich teilweise auch überschneiden und ergänzen. Vereinfachend wird häufig in der Literatur zum Thema Führung zwischen konstruktiven und destruktiven Führungsverhaltensweisen unterschieden (z. B. Breevaart et al., 2014; Collins & Jackson, 2015). *Konstruktive Führung* beinhaltet unter anderem:

- *aufgabenorientiertes* Führungsverhalten, zum Beispiel die Klarstellung von Tätigkeitsanforderungen sowie die Kontrolle der Aufgabenerfüllung (Judge et al., 2004),
- *beziehungsorientiertes* Verhalten, wie den Aufbau einer vertrauensvollen Führungskräfte-Mitarbeiter*innen-Beziehung oder die Einbeziehung der Mitarbeitenden (Graen & Uhl-Bien, 1995),
- sowie *veränderungsorientiertes* Führungsverhalten, beispielsweise die Motivation und Inspiration der Mitarbeitenden, neue Wege auszuprobieren (DeRue et al., 2011).

Unterscheidung von verschiedenen Führungsstilen und -verhaltensweisen

Sicherlich haben Sie schon einmal von transformationaler Führung gehört. Diese wird den konstruktiven Führungsverhaltensweisen zugeordnet und dabei als einen veränderungsorientierten Führungsstil klassifiziert, da transformationale Führungskräfte sich bemühen, ihre Mitarbeitenden aktiv zu fördern und intellektuell zu stimulieren. Durch das Vorleben und Thematisieren von moralischen Werten und attraktiven Zukunftsvisionen bemühen sich Führungspersonen mit einem transformationalen Führungsverhalten die Mitarbeitenden zu inspirieren und zu motivieren und die individuelle Entwicklung der Mitarbeitenden zu fördern (Felfe, 2006).

Der *destruktiven Führung* lassen sich unter anderem folgende Verhaltensweisen zuordnen:

- *aktiv destruktive* Verhaltensweisen, wenn Führungspersonen ihre Mitarbeitenden aktiv und über einen längeren Zeitraum verletzen und demütigen (Tepper, 2007),
- und *passives* Führungsverhalten, wenn Führungskräfte ihre Führungsrolle nicht wahrnehmen und zum Beispiel jegliche Unterstützung vorenthalten (Skogstad et al., 2007).

2.2.2   Warum gesundheitsförderliche Führung wichtig ist

Häufig wird gute Führung mit gesundheitsförderlicher Führung gleichgesetzt (Eriksson et al., 2011): Es wird angenommen, dass es gesundheitsförderlich für Mitarbeitende sei, wenn Führungskräfte schon „irgendwie gut führen", das heißt allein einen konstruktiven Führungsstil ausüben. Allerdings zeigen wissenschaftliche Studien, dass insbesondere konkrete gesundheitsorientierte Verhaltensweisen und Einstellungen der Führungspersonen neben allgemein positivem Führungsverhalten die Gesundheit der Beschäftigten verbessern können (z. B. Franke et al., 2014). Das gilt auch für die Bereitschaft, mit der Führungskraft über sensible Gesundheitsprobleme zu sprechen (Pischel & Felfe, 2023). Zum Beispiel haben wir in einer Studie bei deutschen Mitarbeitenden aus unterschiedlichen Branchen herausgefunden, dass transformationale Führungsverhaltensweisen, wie die Mitarbeitenden zu inspirieren, zu motivieren und individuell zu fördern, mit weniger Erschöpfung und mehr Arbeitsengagement bei den Beschäftigten einhergeht. Kümmern sich die Führungskräfte zusätzlich auch noch aktiv um die Mitarbeiter*innengesundheit, das heißt sie zeigen konkrete gesundheitsorientierte Führungsverhaltensweisen, dann kann dies zu einer weiteren Reduktion von Erschöpfung sowie einer Steigerung von Arbeitsengagement führen (A. J. Kaluza et al., 2021). Mit anderen Worten: Konstruktive Führungsverhaltensweisen sind zwar positiv für die Mitarbeiter*innengesundheit, wenn Führungspersonen aber darüber hinaus auch noch spezifische gesundheitsförderliche Führungselemente einsetzen, kann dies zusätzlich das Wohlbefinden der Mitarbeitenden fördern.

Gesundheitsförderliche Führung kann über andere positive Führungsstile hinaus das Wohlbefinden verbessern

Merke

Konkrete gesundheitsorientierte Führungselemente haben einen maßgeblichen Einfluss auf die Mitarbeiter*innengesundheit, zusätzlich zu anderen, eher generellen Führungsverhaltensweisen (z. B. transformationale Führung).

„Nicht noch eine zusätzliche Aufgabe!" Vielen Führungskräften erscheint es schnell als eine zusätzliche Belastung, dass sie nicht nur ihren Mitarbeitenden Aufgaben zuweisen, sie motivieren und die Erledigung der Aufgaben überprüfen müssen, sondern sich auch noch um die Gesundheit der Beschäftigten kümmern sollen. Und das ist verständlich: Führungskräfte haben ein enormes Arbeitspensum, an sie werden vielfältige Aufgaben gestellt und ihre generelle Arbeitsbelastung ist sehr hoch (Steinmetz, 2011; YouGov, 2013). Aber sich um die Gesundheit und das Wohlbefinden der Mitarbeitenden zu kümmern, bedeutet nicht zwangsläufig eine zusätzliche Aufgabe und Belastung, sondern kann auch entlasten: Mitarbeitende, die sich wohlfühlen und die gesund sind, sind motivierter, zeigen mehr persönliche Initiative und erledigen auch mehr freiwillige Tätigkeiten über die erforderlichen Aufgaben hinaus (für einen Überblick siehe Sonnentag, 2015). Auch zeigen Studien, dass ein positives Wohlbefinden zu guten Beziehungen und sozialer Unterstützung am Arbeitsplatz führen kann (z. B. Sonnentag, 2015), wodurch wiederum andere Mitarbeitende profitieren können. Letztendlich können somit Führungskräfte entlastet werden. Gleichzeitig erbringen gesunde Mitarbeitende auch teilweise bessere Leistung, was ebenfalls den Führungspersonen zugutekommt. Sie sehen, es gibt viele Gründe dafür, die Gesundheit und das Wohlbefinden der Mitarbeitenden zu fördern. Und noch ein Argument spricht dafür: Gesundheitsorientierte Führung scheint auch gleichzeitig positiv für das Wohlbefinden der Führungspersonen selbst zu sein – Führungskräfte, die gesundheitsorientiert führen, berichten ein besseres positives Wohlbefinden und weniger Gesundheitsprobleme (A. J. Kaluza, 2019).

Gesundheitsförderliche Führung hat auch positive Folgen für Führungskräfte

Merke

Gesundheitsorientierte Führung bedeutet eine Win-win-Situation für Mitarbeitende *und* Führungskräfte: Nicht nur die Mitarbeitenden profitieren von einer Investition in ihre Gesundheit, indem es ihnen besser geht und sie sich am Arbeitsplatz wohler fühlen, auch die Führungskräfte, die gesundheitsorientiert ihre Mitarbeitenden führen, haben selbst ein besseres Wohlbefinden und zudem engagiertere und leistungsstarke Mitarbeitende.

Kausalität der Zusammenhänge

Können Führungskräfte das Wohlbefinden ihrer Mitarbeitenden beeinflussen? Oder verhalten sich Führungspersonen abhängig vom Gesundheitszustand ihrer Mitarbeitenden?

Das Henne-Ei-Problem – „Was war zuerst da, die Führungskraft oder der*die Mitarbeitende mit seiner*ihrer Gesundheit?" – ist nicht so einfach zu beantworten: Verschiedene Studien zeigen, dass das Verhalten des*der Vorgesetzten zum ersten Messzeitpunkt einen Zusammenhang mit dem Wohlbefinden der Mitarbeitenden zum zweiten Messzeitpunkt aufweist (u.a. Franke et al., 2014; Hornung et al., 2011). Und auch in experimentellen Untersuchungen, in welchen das Führungsverhalten von den Studienleitern vorgegeben oder verändert wurde, konnte gezeigt werden, dass dies einen Effekt auf die Leistung und das Wohlbefinden der Teilnehmenden hatte (u.a. A.J. Kaluza et al., 2021; Klebe et al., 2021). Zum Beispiel schätzten Teilnehmende, die eine stressige Rechenaufgabe erledigen mussten, die Aufgabe als weniger stressig und bedrohlich ein und waren auch besser, wenn diese Aufgabe vorher von einer transformationalen Führungsperson erklärt wurde, welche die Teilnehmenden motivierte und inspirierte, als von einer transaktionalen Führungskraft, die nur betonte, dass die Aufgabe erledigt werden muss (Lyons & Schneider, 2009).

Gleichzeitig existieren aber auch Untersuchungen, die belegen, dass gesundheitliches Befinden (wie etwa Depressivität) die Einschätzung von Arbeitsbedingungen (z.B. Fairness in Organisationen, Lang et al., 2011) und auch die Wahrnehmung von Führungsverhalten beeinflusst (z.B. van Dierendonck et al., 2004). Da in den wissenschaftlichen Studien häufig das Führungsverhalten aus Sicht der Mitarbeitenden erfasst wird, könnte eine Erklärung sein, dass gesunde und weniger belastete Mitarbeitende ihre Vorgesetzten positiver beurteilen. Aber es ist auch zu vermuten, dass Führungskräfte ebenfalls auf die Gesundheit ihrer Mitarbeitenden reagieren. Zum Beispiel ist es vorstellbar, dass sie fitte, engagierte Mitarbeitende eher weiter motivieren und ihnen auch herausfordernde Aufgaben übertragen, während sie vielleicht Mitarbeitenden, die öfter krank sind, weniger zumuten oder hier auch verstärkt kontrollieren, wie diese arbeiten. In der Wissenschaft ist die Frage nach der Kausalität nicht abschließend geklärt. Wahrscheinlich ist, dass ein reziproker Zusammenhang zwischen Führungsverhalten und Mitarbeiter*innengesundheit besteht und beide sich gegenseitig beeinflussen.

Führungsverhalten und Mitarbeiter*innenwohlbefinden beeinflussen sich wechselseitig

2.2.3   Das Modell gesundheitsförderlicher Führung

Aber was genau bedeutet gesundheitsförderliche Führung? In der Literatur existieren unterschiedliche Definitionen. Zusammengefasst beschreiben sie gesundheitsförderliche Führung als das Verhalten, die Werte sowie die Einstellungen der Führungskräfte, welche die Wahrung sowie die Förderung und Verbesserung der Gesundheit am Arbeitsplatz adressieren (Franke et al., 2014; Rudolph et al., 2020).

> **Merke**
>
> Gesundheitsförderliche Führung umfasst Verhalten, Werte und Einstellungen der Führungskräfte, die auf die Förderung und den Erhalt der Gesundheit am Arbeitsplatz abzielen.

Das HoL-Modell
beinhaltet die
gesundheits-
förderliche
Mitarbeiter*in-
nenführung
(StaffCare) und
die Selbst-
fürsorge
(SelfCare)

Ein Konzept, welches diese drei Elemente berücksichtigt, ist das *Modell gesundheitsförderlicher Führung* (engl. *health-oriented leadership model,* kurz HoL) von Pundt und Felfe (2017). Neben der *gesundheitsförderlichen Mitarbeiter*innenführung* (als *Staff-Care* bezeichnet) umfasst das Konzept auch die *gesundheitsförderliche Selbstführung* bzw. *Selbstfürsorge* (*SelfCare* genannt) sowohl der Mitarbeitenden als auch der Führungskräfte. Laut dem HoL-Konzept stellt die gesundheitsförderliche Selbstführung der Führungskräfte, also ihre SelfCare, die Basis des Modells dar (siehe Abbildung 3). Nur wenn Führungspersonen achtsam mit ihrer eigenen körperlichen und psychischen Gesundheit umgehen, können sie sich auch gut um das Wohlbefinden ihrer Mitarbeitenden kümmern, das heißt eine gute StaffCare zeigen. Gleichzeitig fungieren Führungskräfte auch als Vorbild durch ihren Umgang mit ihrer eigenen Gesundheit, was wiederum die persönliche Selbstfürsorge der Mitarbeitenden, das heißt die Mitarbeiter*innen-SelfCare, beeinflussen kann. Das HoL-Modell geht davon aus, dass ein sorgsamer Umgang mit der eigenen Gesundheit (d.h. die Selbstfürsorge der Mitarbeitenden und der Führungskräfte) sowie eine gesundheitsförderliche Mitarbeiter*innenführung positiv für das Wohlbefinden sind (für eine Beschreibung des Modells siehe z.B. Franke et al., 2015; Franke et al., 2014).

Drei
Komponenten
von StaffCare
und SelfCare:
Wichtigkeit,
Achtsamkeit
und Verhalten

Laut dem HoL-Ansatz besteht sowohl die gesundheitsförderliche Mitarbeiter*innenführung (StaffCare) als auch die Selbstfürsorge (SelfCare) aus drei Komponenten: Neben dem konkreten *gesundheitsförderlichen Verhalten* wird auch noch die *Wichtigkeit von Gesundheit* (auch *Gesundheitsvalenz* genannt) und die *Achtsamkeit gegenüber Gesundheitsthemen*[1] in dem Modell berücksichtigt. Gesundheitsförderliches Führungsverhalten umfasst zum Beispiel, dass Vorgesetzte ihre Mitarbeitenden bei der Umsetzung einer gesundheitsförderlichen Arbeitsweise unterstützen und sie zu gesundheitsbewusstem Verhalten motivieren, gesundheitsförderliche Arbeitsbedingungen schaffen sowie Informationen zu Gesundheitsthemen bereitstellen (z.B. Urlaub nehmen und nicht verfallen lassen, Teilnahme an betrieblichen Gesundheitsförderungs-

---

1   Diese Komponente lässt sich auch als „Gesundheitsbewusstsein" bezeichnen, wie ich ausführlicher in Kapitel 3 erläutere. In diesem Kapitel verwende ich die Bezeichnung „Achtsamkeit" nach z.B. Franke et al. (2015).

Abbildung 3:   Das Modell gesundheitsförderlicher Führung (health-oriented leadership model, HoL; Darstellung nach Franke et al., 2015; Franke et al., 2014)

programmen; Franke et al., 2014). Um solch ein gesundheitsförderliches Verhalten zeigen zu können, müssen Führungskräfte jedoch zunächst einmal Gesundheitssignale, (Über-)Beanspruchung und Erholungsbedarf bei ihren Mitarbeitenden bewusst wahrnehmen und beachten. Solch eine Achtsamkeit der Führungskräfte für Gesundheitsthemen ist laut dem HoL-Modell eine wichtige Voraussetzung für die Ausübung von konkreten gesundheitsförderlichen Führungsverhaltensweisen. Darüber hinaus ist es relevant, dass die Führungspersonen motiviert sind, solch ein Verhalten umzusetzen und der Gesundheit einen hohen Stellenwert im Vergleich zu anderen wichtigen (Arbeits-)Aspekten beimessen. Dieser Aspekt wird im Modell als Wichtigkeit von Gesundheit bezeichnet (z. B. Franke & Felfe, 2011; Franke et al., 2014).

Auch wenn alle drei Komponenten von StaffCare wichtig sind, hat das konkrete Verhalten der Führungskräfte den stärksten Einfluss auf das Mitarbeiter*innenwohlbefinden (z. B. Franke et al., 2014), was leicht nachvollziehbar ist: Zum Beispiel kann eine Führungskraft zwar achtsam gegenüber den gesundheitlichen Warnsignalen ihrer Mitarbeitenden sein und gesundheitsförderliche Arbeitsplatzbedingungen, wie eine flexible Pausengestaltung, wertschätzen und befürworten, allerdings kann sich erst die tatsächliche Umsetzung dieser Maßnahmen im Arbeitsalltag positiv auf das Wohlbefinden der Mitarbeitenden auswirken.

Die Verhaltenskomponente bei StaffCare beeinflusst die Mitarbeiter*innengesundheit am stärksten

Auch die gesundheitsförderliche Selbstführung (SelfCare) lässt sich in diese drei Komponenten untergliedern: Für die eigene Selbstfürsorge sind sowohl der Stellenwert,

Annahmen des
HoL-Modells
weitestgehend
empirisch
bestätigt

den eine Person ihrer Gesundheit beimisst (Wichtigkeit), als auch die Wahrnehmung und Achtsamkeit für eigene Gesundheitssignale relevant. Das konkrete gesundheitsförderliche Verhalten könnte dann beinhalten, eine ausgewogene Balance zwischen Arbeit und Privatleben herzustellen, sich Unterstützung zu suchen, wenn man überlastet ist und für ausreichend Erholung zu sorgen. Diese verschiedenen Komponenten von gesundheitsförderlicher Mitarbeiter*innenführung und Selbstführung sowie die theoretisch angenommenen Zusammenhänge des HoL-Modells wurden in empirischen Studien weitestgehend bestätigt (für einen Überblick siehe z.B. Krick & Felfe, 2022).

Merke

Das Modell gesundheitsförderlicher Führung (health-oriented leadership model; HoL) unterscheidet die gesundheitsförderliche Mitarbeiter*innenführung (StaffCare) von der gesundheitsförderlichen Selbstführung der Mitarbeitenden und Führungskräfte (Self-Care). Es handelt sich jeweils um multidimensionale Konstrukte, welche (1) die gesundheitsbezogene Achtsamkeit, (2) die Wichtigkeit von Gesundheit sowie (3) konkretes gesundheitsspezifisches (Führungs-)Verhalten beinhalten.

Erinnern Sie sich noch an Patricia, die Start-up-Chefin? Patricia möchte das Thema Gesundheit in ihrem Unternehmen mehr in den Fokus rücken, denn für sie hat das Wohlbefinden ihrer Mitarbeitenden eine hohe Priorität (Wichtigkeitskomponente bei StaffCare). Aber nicht nur die Gesundheit ihrer Mitarbeitenden ist ihr sehr wichtig, sondern für sie ist auch ihre eigene Gesundheit relevant (Wichtigkeit bei SelfCare). In der letzten Zeit hat sie gemerkt, dass sie stark unter Druck steht und häufig gestresst ist. Früher waren ihr solche Belastungssymptome gar nicht bewusst, aber jetzt beobachtet sie diese immer deutlicher: Sie wird dann hektisch, reagiert schnell gereizt und macht auch mehr Flüchtigkeitsfehler. Das heißt, Patricia ist achtsam gegenüber eigenen Gesundheitssignalen geworden (Achtsamkeit bei SelfCare). Auch bei ihren Mitarbeitenden hat sie gelernt, solche Stresssymptome wahrzunehmen. Mittlerweile kennt sie ihre Kolleginnen und Kollegen schon recht gut und weiß, welche Situationen die einzelnen Mitarbeitenden stressen, und merkt anhand bestimmter Warnsignale, wenn diese überlastet sind (Achtsamkeit bei StaffCare). Erik wird zum Beispiel oft laut und meckert, wenn er gestresst ist, während Emily sich eher zurückzieht und immer stiller wird, wenn sie überfordert ist. Patricia versucht, ihre Mitarbeitenden so gut wie möglich gesundheitsförderlich zu unterstützen. So achtet sie darauf, dass Pausen eingehalten werden, und ermöglicht eine flexible Arbeitszeitgestaltung, um die Vereinbarkeit von Beruf und Privatleben zu fördern. Damit zeigt sie konkretes gesundheitsförderliches Führungsverhalten (Verhaltenskomponente auf der StaffCare-Ebene). Auch ihre eigenen Belastungen versucht sie zu reduzieren, indem sie beispielsweise sicherstellt, dass sie auch mal ungestört arbeiten kann und für ausreichend Erholung sorgt, sich in ihrer Freizeit mit Freunden trifft und regelmäßig Sport treibt. Das heißt, Patricia zeigt auch gesundheitsförderliche Verhaltensweisen im Rahmen der eigenen Selbstfürsorge (Verhalten bei SelfCare).

Das HoL-Modell verdeutlicht, dass gesundheitsorientierte Führung mehr als das gute Zureden der Führungskräfte in stressigen Zeiten oder die Bereitstellung von Obst oder ergonomischen Bürostühlen ist. Solche konkreten gesundheitsförderlichen Führungsverhaltensweisen sind an sich nicht verkehrt und können sicherlich hilfreich sein. Aber sie sind häufig nicht ausreichend; Führungspersonen müssen um die Wichtigkeit von körperlicher und psychischer Gesundheit am Arbeitsplatz wissen und sie sollten ein umfassendes Verständnis und Bewusstsein für Gesundheitsthemen entwickeln. Das heißt, auch die Haltung der Führungskräfte hinsichtlich Gesundheit am Arbeitsplatz ist wichtig.

Gleichzeitig zeigt das HoL-Modell auch, dass eine gesundheitsförderliche Führung allein nicht ausreichend ist, sondern auch die persönliche gesundheitsförderliche Selbstführung sowohl der Führungskräfte als auch der Mitarbeitenden entscheidend sind. Führungspersonen und Mitarbeitende tragen eine Eigenverantwortung für ihre eigene Gesundheit und nur wenn sie sich selbst um ihr persönliches Wohlbefinden kümmern, gelingt ein gesundes Arbeiten.

2.2.4 Wie gesundheitsförderliche Führung die Mitarbeiter*innengesundheit beeinflussen kann

Führungskräfte haben die Möglichkeit, auf unterschiedlichen Wegen Einfluss auf die Gesundheit ihrer Mitarbeitenden zu nehmen. Zum einen können sie *direkt* das Wohlbefinden der Mitarbeitenden beeinflussen. Sie können in den alltäglichen Interaktionen mit ihren Mitarbeitenden versuchen, Belastungen und Stress zu vermeiden oder zu reduzieren und die Gesundheit zu fördern (vgl. Gurt et al., 2011). Zum Beispiel, indem sie dafür sorgen, dass es nach einer stressigen Phase wieder ruhiger zugeht oder sicherstellen, dass die Mitarbeitenden ungestört ihre Arbeit erledigen können. Auch können Führungskräfte die Gesundheit ihrer Mitarbeitenden aktiv fördern, indem sie sie zu einer gesunden Arbeitsweise (und vielleicht auch Lebensweise) anregen, wie beispielsweise auf die Einhaltung von Pausen zu achten. Daneben können sie die Mitarbeitenden dazu anhalten, Urlaub nicht verfallen zu lassen, sondern diesen für die Erholung und Entspannung zu verwenden. Zudem können Führungspersonen belastete Mitarbeitende aktiv ansprechen und gemeinsam mit ihnen nach Lösungen suchen. Erinnern Sie sich noch an das Arbeitsanforderungen-Arbeitsressourcen-Modell von Demerouti und Kolleg*innen (z.B. Demerouti & Nachreiner, 2019), welches ich Ihnen in Abschnitt 2.1.7 vorgestellt habe? Im Rahmen dieses Modells kann gesundheitsförderliche Führung eine Ressource für Mitarbeitende darstellen und somit einen direkten Einfluss auf das Wohlbefinden der Mitarbeitenden haben.

Direkter Einfluss von Führungskräften auf das Mitarbeiter*innenwohlbefinden

Auch Arbeitsbedingungen und die Unterstützung von Maßnahmen der betrieblichen Gesundheitsförderung sind wichtig

Daneben können Führungskräfte auch einen *indirekten Einfluss* auf die Mitarbeiter*innengesundheit nehmen, etwa durch die Gestaltung des Arbeitskontextes (vgl. Wegge et al., 2014). Die Herstellung einer gesundheitsförderlichen Arbeitsumgebung wird

Indirekter Einfluss durch eine gesundheitsförderliche Arbeitsplatzgestaltung

als ein weiterer Aspekt von gesundheitsförderlicher Führung gesehen (Franke et al., 2014). Laut Franke (2012) können Führungspersonen die Belastungen der Mitarbeitenden unter anderem durch eine Verbesserung der Arbeitsbedingungen und -zeiten reduzieren. Beispielsweise können Führungskräfte geeignete Aufgaben und Arbeitsmittel zur Verfügung stellen oder die Arbeitsbedingungen optimieren, indem sie für eine ergonomische Schreibtischausstattung sorgen (z. B. Verfügbarkeit von höhenverstellbaren Schreibtischen). Gleichzeitig können Führungskräfte auch zu einer Verbesserung der Arbeitszeiten beitragen, unter anderem durch die Ermöglichung von Gleitzeiten und das Vermeiden von Überstunden. Auch wenn Führungspersonen für eine klare Aufgabenverteilung sorgen oder den Handlungs- und Entscheidungsspielraum der Mitarbeitenden erweitern, kann dies das Wohlbefinden der Mitarbeitenden verbessern. Studien zeigen, dass, wenn Führungskräfte die Ressourcen ihrer Mitarbeitenden stärken und die Belastungen reduzieren, dies das Wohlbefinden der Mitarbeitenden stärken kann (für einen Überblick siehe u. a. Krick & Felfe, 2022).

Indirekter Einfluss durch die Unterstützung der Teilnahme an Gesundheitsförderungsangeboten
Einen weiteren Aspekt von gesundheitsförderlicher Führung stellt die Unterstützung und Realisierung von Maßnahmen der betrieblichen Gesundheitsförderung dar (siehe z. B. Wilde et al., 2009). Stadler und Spieß (2005) schlagen vor, dass Führungskräfte auch betriebliche und außerbetriebliche Gesundheitsförderungsmaßnahmen der Mitarbeitenden unterstützen können, um so die individuellen Möglichkeiten der Mitarbeitenden mit Stress und Belastungen umzugehen, zu optimieren. Dies wiederum sollte sich dann positiv auf die Mitarbeiter*innengesundheit auswirken. Zum Beispiel können Führungspersonen ihre Mitarbeitenden über Angebote der Gesundheitsförderung informieren und sie motivieren, daran teilzunehmen, beispielsweise indem sie eine Teilnahme während der Arbeitszeit erlauben. Dadurch können Mitarbeitende ihre individuelle Selbstfürsorge ausbauen, wodurch ebenfalls ihr Wohlbefinden gefördert werden kann.

Führungskräfte sind Gesundheitsvorbilder

Vorbildfunktion hinsichtlich des Umgangs mit Gesundheit am Arbeitsplatz
Einen weiteren indirekten Einfluss auf die Mitarbeiter*innengesundheit können Führungskräfte durch ihre *Vorbildfunktion* nehmen (Wegge et al., 2014): Mitarbeitende orientieren sich an den Einstellungen und Verhaltensweisen der Führungspersonen (S. A. Haslam et al., 2011), wenn diese angemessenes und erwünschtes Verhalten am Arbeitsplatz aufzeigen. Führungspersonen sind dabei nicht nur Rollenmodell hinsichtlich Leistung, sondern auch in Bezug auf Gesundheit. Durch ihr gesundheitsförderliches Führungsverhalten und auch ihren Umgang mit der eigenen Gesundheit sind Führungskräfte wichtige Vorbilder (Franke & Felfe, 2011; Kranabetter & Niessen, 2016). Verschiedene Studien zeigen, dass Mitarbeitende ein gesundheitsförderliches (Führungs-)Verhalten der Vorgesetzten übernehmen und sich selbst gesundheitsförderlicher am Arbeitsplatz verhalten, wenn dies die Führungspersonen auch tun (z. B. Franke, 2012). „Wer also eine gesundheitsförderliche Führungskraft hat, verhält sich auch selbst gesünder" (Elprana et al., 2016, S. 148). Stellen Sie sich eine Führungskraft vor, die selbst häufig eigene Belastungsgrenzen ignoriert, auch abends und am Wochenende arbeitet und trotz Krankheit am Arbeitsplatz erscheint – wie glaubwürdig wäre eine solche Führungsperson, wenn sie ihre

Mitarbeitenden zu einer gesunden Arbeitsweise ermutigt? Eine Führungskraft, die auf ihre eigene Gesundheit achtet, verstärkt damit auch (indirekt) solch ein Verhalten bei den Mitarbeitenden. Beschäftigte verhalten sich dann selbst vermehrt gesundheitsförderlich am Arbeitsplatz, was sich wiederum positiv auf ihre Gesundheit auswirkt (Franke & Felfe, 2011).

Wie der Gesundheitszustand der Führungskräfte die Mitarbeiter*innengesundheit beeinflussen kann

Eine weitere Annahme des HoL-Modells ist, dass das eigene Wohlbefinden und das Stresslevel der Führungskräfte sich (indirekt) auf den Gesundheitszustand der Mitarbeitenden auswirken kann (Krick & Felfe, 2022; Pischel et al., 2023). Dieser Effekt wird auch als *Cross-over-Effekt* bezeichnet (Köppe et al., 2018; Pischel et al., 2023). Gesunde und fitte Führungskräfte fördern und motivieren ihre Mitarbeitenden mehr und kümmern sich auch vermehrt um die Mitarbeiter*innengesundheit, das heißt zeigen mehr gesundheitsorientierte Führung, was dann zu einem besseren Wohlbefinden der Mitarbeitenden beitragen kann (z.B. Köppe et al., 2018). Führungskräfte, die dagegen selbst erschöpft und stark beansprucht sind, haben gegebenenfalls nicht mehr die Kapazitäten, ihre Mitarbeitenden ausreichend zu unterstützen, sondern neigen schlimmstenfalls dazu, den Druck und Stress an ihre Mitarbeitenden weiterzugeben, worunter auch deren Gesundheit leiden kann (A.J. Kaluza, Boer et al., 2020; Krick, Wunderlich & Felfe, 2022). Die bisherige Forschung zeigt, dass dieser Cross-over-Effekt von der Gesundheit der Führungspersonen auf den Gesundheitszustand der Mitarbeitenden eher indirekt, durch ein entsprechendes Führungsverhalten vermittelt, zu sein scheint (für einen Überblick siehe Krick & Felfe, 2022; Pischel et al., 2023). Gleichzeitig kann der Cross-over-Effekt auch in die umgekehrte Richtung erfolgen, also von Mitarbeitenden auf Führungskräfte: Zum Beispiel fanden Wirtz und Kolleg*innen (2017) heraus, dass das Arbeitsengagement der Mitarbeitenden sich auf das Arbeitsengagement ihrer Führungspersonen übertragen kann (Wirtz et al., 2017). Das heißt, der Gesundheitszustand von Führungskräften kann sich auf den der Mitarbeitenden auswirken und umgekehrt, insbesondere dann, wenn Führungskräfte und Mitarbeitende eng zusammenarbeiten.

Zusammengefasst kann gesundheitsförderliche Führung das Wohlbefinden der Mitarbeitenden also auf verschiedene Weise beeinflussen. Zunächst einmal kann durch eine *direkte* gesundheitsförderliche Interaktion und Kommunikation die Gesundheit der Mitarbeitenden geschützt und gefördert werden. Der zweite Weg kann *indirekt* durch eine gesundheitsförderliche Gestaltung der Arbeitsumgebung erfolgen oder indem Führungspersonen ihre Mitarbeitenden bei der Teilnahme an Angeboten des (betrieblichen) Gesundheitsmanagements unterstützen. Zudem haben Führungskräfte eine *Vorbildfunktion* durch ihren Umgang mit Gesundheitsthemen am Arbeitsplatz. Und zuletzt kann auch der *Gesundheitszustand der Führungskräfte* sich (indirekt) auf die Gesundheit der Mitarbeitenden auswirken.

Marginalien:

Gesundheit der Führungskräfte beeinflusst (indirekt) das Mitarbeiter*innenwohlbefinden

Cross-over-Effekte von Mitarbeiter*innen- und Führungskräftegesundheit

Merke

Gesundheitsförderliche Führung kann das Wohlbefinden der Mitarbeitenden auf verschiedenen Wegen beeinflussen:

1. *direkt* in der Interaktion und Kommunikation zwischen Führungsperson und Mitarbeitenden (z.B. Mitarbeitende zu einer gesunden Arbeitsweise anregen, belastete Mitarbeitende ansprechen und nach einer Lösung suchen),
2. *indirekt* durch eine gesundheitsförderliche Arbeitsplatzgestaltung (z.B. flexible Arbeitszeiten ermöglichen) und indem Führungskräfte die Teilnahme an Angeboten der (betrieblichen) Gesundheitsförderung unterstützen,
3. durch eine *Vorbildfunktion* der Führungskräfte hinsichtlich des Umgangs mit Gesundheit am Arbeitsplatz,
4. indem der *eigene Gesundheitszustand der Führungskräfte* sich (indirekt) auf die Mitarbeiter*innengesundheit auswirkt.

3 Aktuelle Forschungsergebnisse: Gesundheitsförderliche Führung im Kontext

Nachdem ich im vorherigen Kapitel auf die theoretischen Grundlagen eingegangen bin, beschäftigt sich dieses Kapitel mit aktuellen Ergebnissen aus der Forschung. Wie eingangs erwähnt, sollte sich gesundheitsförderliche Führung nicht auf den Zusammenhang von Führungsverhalten und Mitarbeiter*innengesundheit beschränken. Um eine erfolgreiche und langfristige Gesundheitsförderung im Arbeitskontext zu bewirken, sollte diese die Gesundheit auf allen Hierarchieebenen adressieren und damit eine Gemeinschaftsaufgabe für Mitarbeitende, Führungskräfte und die Unternehmensleitung darstellen (Wieland & Görg, 2009). In diesem Kapitel möchte ich Ihnen drei ausgewählte wissenschaftliche Arbeiten meiner Forschung vorstellen, welche unterschiedliche Aspekte auf den verschiedenen organisationalen Ebenen im Zusammenhang mit gesundheitsorientierter Führung untersuchen.

Drei Forschungsarbeiten zu verschiedenen Aspekten in Zusammenhang mit gesundheitsförderlicher Führung

In der ersten Arbeit liegt der Fokus auf den Mitarbeitenden und wie ihre Einstellungen, Verhaltensweisen und Kognitionen den Führungs-Gesundheits-Zusammenhang beeinflussen können. Anhand von mehreren Studien werde ich der Frage nachgehen, welche Rolle die Erwartungen bzw. Idealvorstellungen der Mitarbeitenden bezüglich einer gesundheitsorientierten Führung spielen sowie die eigene Selbstfürsorge der Mitarbeitenden betrachten.

Die zweite Arbeit wendet sich den Führungspersonen zu: Basierend auf einer theoretischen Übersichtsarbeit und den Ergebnissen einer Metaanalyse (d.h. einer Zusammenfassung bisheriger empirischer Arbeiten) werde ich den Zusammenhang zwischen dem eigenen Wohlbefinden der Führungskräfte und ihrem (gesundheitsorientierten) Führungsverhalten näher beleuchten.

Die dritte Arbeit richtet den Blick auf die Unternehmensleitung und das durch sie geprägte organisationale Gesundheitsklima, also inwieweit die Unternehmensleitung die Gesundheit der Beschäftigten fördert und Gesundheitsthemen als relevant einstuft. Anhand von zwei Studien werde ich zeigen, welche Bedeutung das Gesundheitsklima im Zusammenhang mit gesundheitsförderlicher Führung hat.

3.1 Die wichtige Rolle der Mitarbeiter*innen-erwartungen – warum das Gießkannenprinzip bei gesundheitsorientierter Führung (nicht) geeignet ist

Gesundheitsthemen werden (meist) als das Privatleben betreffend und deswegen häufig als persönliche Angelegenheit gesehen (Oyserman et al., 2014). Dabei unterscheiden sich Menschen in ihrem Bedürfnis, inwieweit sie solche privaten Themen am

Arbeitsplatz einbringen möchten. Wie ist das bei Ihnen, inwiefern möchten Sie mit Ihren Kolleginnen und Kollegen über Ihren Gesundheitszustand sprechen? Und wie sieht das bei Ihren Kollegen und Kolleginnen aus? Wahrscheinlich kennen Sie einige Personen, die gerne über ihre gesundheitlichen Sorgen und Probleme sprechen, während wir bei anderen davon nichts mitbekommen. Zusätzlich unterscheiden sich Menschen auch in ihrem Wunsch nach Unterstützung durch andere (Beehr et al., 2010). Während einige Personen gerne über eigene gesundheitliche Themen reden und bei gesundheitlichen Schwierigkeiten Unterstützung und Rat bei anderen suchen, möchten andere gesundheitliche Probleme lieber für sich behalten und nicht über diese am Arbeitsplatz sprechen. Es ist daher anzunehmen, dass Unterschiede zwischen Mitarbeitenden existieren, wie viel Gesundheitsunterstützung sie von ihren Führungskräften wünschen. Für einige Mitarbeitende ist eine gesundheitsförderliche Unterstützung durch Führungskräfte möglicherweise wünschenswert, zum Beispiel, dass diese sie ansprechen, wenn sie merken, dass sie überlastet sind oder es ihnen gesundheitlich nicht gut geht. Andere könnten es dagegen als eine unerwünschte Einmischung in Privatangelegenheiten betrachten, wenn die Führungsperson Nachfragen zur Gesundheit stellt. Auch könnten diese Mitarbeitende eine Stigmatisierung oder negative Konsequenzen befürchten.

Unterscheiden sich Mitarbeitende in ihren Erwartungen an gesundheitsförderliche Führung? Und was sind die Auswirkungen?

Beeinflussen diese unterschiedlichen Erwartungen und Wünsche der Mitarbeitenden an die gesundheitsförderliche Unterstützung ihrer Führungskräfte die Art und Weise, wie effektiv gesundheitsförderliche Führung ist? In insgesamt drei Studien sind wir der Frage nachgegangen, welche Bedeutung die Erwartungen der Mitarbeitenden, das heißt ihre Idealvorstellungen hinsichtlich gesundheitsorientierter Führung, haben. In diesem Abschnitt stelle ich Ihnen diese Befunde zusammengefasst vor, die detaillierten Studienergebnisse dieser Forschungsarbeit finden sich in A. J. Kaluza et al. (2021).

Drei Studien untersuchen die Erwartungen/ Idealvorstellungen bzgl. gesundheitsförderlicher Führung

3.1.1 Implizite Führungstheorien – Erwartungen, wie Führungskräfte sein sollten

Auch wenn es auf den ersten Blick eindeutig erscheint, dass Mitarbeitende sich Führungspersonen wünschen, die ihrer Gesundheit Beachtung schenken und sie bei gesundheitlichen Themen unterstützen, besitzen Menschen doch unterschiedliche Vorstellungen, wie eine Führungskraft idealerweise sein sollte (Schyns & Schilling, 2011). Während einige Mitarbeitende sich zum Beispiel klare Anweisungen und genaue Aufgabenbeschreibungen wünschen, ist anderen die Beziehung zur Führungskraft wichtiger, dass diese sich um sie kümmert, warmherzig und ansprechbar ist (Schurer Lambert et al., 2012).

Jede Person besitzt implizite Idealvorstellungen, wie Führungskräfte sein sollten

Implizite Führungstheorien (engl. *implicit leadership theories*, kurz ILTs) gehen davon aus, dass Mitarbeitende unterschiedliche implizite (Ideal-)Vorstellungen von Personen in Führungsrollen entwickeln (siehe z. B. Junker & van Dick, 2014). Das heißt, jede Person, unabhängig von ihrem Alter und ihren Erfahrungen mit Führungspersonen, hat eine Vorstellung oder ein Idealbild davon, wie eine Führungskraft sein sollte und wie nicht. Im Alltag sind uns diese Idealvorstellungen meist nicht bewusst, weswegen sie als implizit bezeichnet werden. Diese Idealvorstellungen, wie eine Führungsperson sein soll, werden als Prototypen gespeichert, also als ein ideales, repräsentatives Beispiel für eine Person in einer Führungsrolle. Diese Führungskräfte-Prototypen dienen dann als Maßstab bei der Wahrnehmung und Bewertung von „tatsächlichen" Führungskräften. Wenn wir also eine Person in einer Führungsposition treffen, vergleichen wir automatisch und unbewusst, inwieweit diese Person mit unserem impliziten Führungskräfte-Prototyp und den dazugehörigen Eigenschaften und Verhaltensweisen übereinstimmt. So sind beispielsweise häufige implizite Erwartungen an Führungskräfte, dass diese durchsetzungsfähig, ehrgeizig, stressresistent und kompetent sind. Die bisherige Forschung hat gezeigt, dass Führungspersonen, die mit diesen impliziten (Ideal-)Vorstellungen übereinstimmen, bevorzugt, stärker respektiert und als kollegialer wahrgenommen werden, Mitarbeitende identifizieren sich stärker mit ihnen und vertrauen ihnen mehr (z.B. Epitropaki & Martin, 2005; van Quaquebeke et al., 2011). Das heißt, je höher die Übereinstimmung zwischen den Erwartungen der Mitarbeitenden und dem tatsächlichen Verhalten ihrer*ihres Vorgesetzten ist, desto offener sind die Mitarbeitenden gegenüber dem Einfluss dieser Führungskraft (Junker & van Dick, 2014).

Die Übereinstimmung von Idealvorstellung und tatsächlicher Führung hat positive Effekte

Merke

Implizite Führungstheorien nehmen an, dass Mitarbeitende (implizit) subjektive (Ideal-)Vorstellungen und Erwartungen bilden, wie Führungskräfte sein sollten. Diese Prototypen einer Führungsperson werden dann bei der Wahrnehmung und Beurteilung der tatsächlichen Führungskraft verwendet. Eine Übereinstimmung der Führungskraft mit den impliziten Erwartungen und Wünschen der Mitarbeitenden hat positive Konsequenzen, wie zum Beispiel eine bessere Führungskräfte-Mitarbeiter*innen-Beziehung und mehr Respekt der Mitarbeitenden gegenüber der Führungskraft.

In unserer Forschungsarbeit haben wir die Annahmen der impliziten Führungstheorien auf gesundheitsorientierte Führung übertragen und vermutet, dass Mitarbeitende sich auch bezüglich ihrer (Ideal-)Vorstellungen unterscheiden, wie Führungskräfte gesundheitsorientiert führen sollten. Gerade für gesundheitsorientierte Führung ist es denkbar, dass Mitarbeitende unterschiedliche Erwartungen hinsichtlich der gesundheitsförderlichen Unterstützung durch ihre Führungskräfte haben. Viele gesundheitsorientierte Verhaltensweisen von Führungspersonen sind nicht vertraglich festgelegt, das heißt gehören nicht zum Standardrepertoire von Führungskräften (obwohl sie es sollten). Stattdessen unterstützen Führungspersonen ihre Mitarbeitenden über die „normalen" Aufgaben hinaus, zum Beispiel indem sie auf Gesundheitssignale der Mitarbeitenden achten und eingreifen, wenn sie bemerken, dass die Mitarbeitenden überlastet sind (Pundt & Felfe, 2017). Gleichzeitig betrifft solch ein Führungsverhalten den privaten Bereich der Mitarbeitenden, das heißt, dies ist nicht direkt mit der Arbeitsaufgabe verknüpft, sondern bedarf der Akzeptanz der Mitarbeitenden und der Offenheit über diese Themen zu sprechen (Pischel & Felfe, 2023).

Implizite Idealvorstellungen auch für gesundheitsorientierte Führung

Daher nahmen wir in unserer Forschungsarbeit an, dass Personen unterschiedliche (implizite) gesundheitsorientierte Führungskräfte-Prototypen besitzen und diese impliziten Idealvorstellungen dann die Effektivität von gesundheitsorientierter Führung

Beeinflussen die Idealvorstellungen von gesundheitsförderlicher Führung deren Effektivität?

beeinflussen: Je mehr ein*eine Mitarbeiter*in solch ein gesundheitsorientiertes Füh-rungsverhalten erwartet, desto wahrscheinlicher wirkt sich das tatsächlich gezeigte gesundheitsförderliche Verhalten der Führungskräfte bei dieser*diesem Mitarbei-ter*in positiv aus. Mitarbeitende, die solch ein Führungsverhalten als ideal oder wün-schenswert ansehen, sind vermutlich offener für dieses Führungskräfteverhalten und profitieren dementsprechend auch mehr davon. Während andere Mitarbeitende, die nicht erwarten oder wünschen, von ihren Führungskräften gesundheitsorientiert unterstützt zu werden, gesundheitsorientiertes Führungsverhalten nicht schätzen und dementsprechend voraussichtlich weniger von solch einem Führungsverhalten beein-flusst werden.

Welche Bedeutung die Selbstfürsorge der Mitarbeitenden und die Beziehungsqualität zwischen Mitarbeitenden und Führungskräften haben

Gesundheits-förderliche Führung kann die Selbstfürsorge fördern

Wie in Kapitel 2 erklärt, kann nach dem HoL-Modell (Franke et al., 2014) gesundheits-orientierte Führung entweder direkt das Mitarbeiter*innenwohlbefinden beeinflussen oder indirekt, etwa durch die Stärkung der eigenen Selbstfürsorge der Mitarbeitenden. Wenn Führungspersonen den Fokus auf Gesundheit legen und sich aktiv für das Wohl-befinden der Mitarbeitenden einsetzen, dann übernehmen Mitarbeitende häufig solch ein Verhalten und kümmern sich auch vermehrt um ihre eigene Gesundheit, zum Bei-spiel indem sie mehr auf Pausen achten und gesundheitliche Warnsignale ernst neh-men (siehe z. B. A. J. Kaluza & Junker, 2022; Santa Maria et al., 2019). Allerdings ist es wahrscheinlich, dass dies von den Erwartungen und (impliziten) Idealvorstellungen

Ist der Einfluss auf die Selbst-fürsorge abhängig von den Ideal-vorstellungen?

der Mitarbeitenden abhängt: Diejenigen, die Gesundheit am Arbeitsplatz wichtig fin-den und auch gerne möchten, dass sich die Führungsperson ihrer Gesundheit annimmt, werden vorraussichtlich eher solch ein Verhalten übernehmen und mehr auf ihre Selbst-fürsorge achten. Im Gegensatz dazu wird bei denjenigen Mitarbeitenden, die gesund-heitsorientierte Führung nicht als Bestandteil einer Führungsrolle ansehen (d. h. nied-rige Erwartungen haben), gesundheitsorientiertes Führungsverhalten wahrscheinlich nicht zu einer Verbesserung der Selbstfürsorge führen. Möglicherweise finden sie es sogar belastend, wenn sie sich selbst gar nicht um ihre Gesundheit kümmern möch-ten, ihre Führungskraft aber ein sehr gesundheitsförderliches Verhalten zeigt. For-schungsergebnisse zeigen, dass Personen, die weniger Unterstützung suchen oder be-nötigen, auch meist weniger von der Unterstützung profitieren, die sie erhalten (z. B. Beehr et al., 2010; Deelstra et al., 2003). Das Gleiche, so ist zu vermuten, trifft auch auf gesundheitsförderliche Unterstützung durch Führungskräfte zu – eine Hypothese, die wir in dieser Forschungsarbeit untersucht haben.

Dabei beeinflusst das Führungsverhalten nicht nur individuelle Aspekte der Mitarbei-tenden (z. B. ihr Wohlbefinden oder ihre Selbstfürsorge), sondern wirkt sich auch auf die Qualität der Beziehung zwischen Mitarbeitenden und Führungskräften aus (z. B. Dulebohn et al., 2012). Vor allem beziehungsorientierte Führungsverhaltensweisen, wie beispielsweise Unterstützung, Anerkennung und auch das Interesse am Wohl-ergehen der Mitarbeitenden, begünstigen eine gute Führungskräfte-Mitarbeiter*in-nen-Beziehung. Wenn Führungspersonen sich explizit um die Mitarbeiter*innenge-sundheit sorgen, zum Beispiel auf spezifische gesundheitsorientierte Bedürfnisse der

Mitarbeitenden eingehen, dann zeigen sie ein Verhalten, dass über die vertraglich definierten Verpflichtungen hinausgeht und somit zur Schaffung zwischenmenschlicher Bindungen beitragen kann. Das heißt, wenn Führungskräfte das Wohlbefinden der Mitarbeitenden priorisieren und aktiv fördern, kann dies zu einer positiven Beziehung zwischen Mitarbeitenden und Führungskräften beitragen. Dies lässt sich mit der *leader-member exchange theory* (kurz LMX) erklären (für diese Theorie existiert kein einheitlich verwendeter deutscher Name, weswegen ich auf die englische Bezeichnung zurückgreife). Nach der LMX-Theorie beeinflusst die Wahrnehmung, wie viel der oder die andere zu einer Beziehung beiträgt, die Entwicklung einer positiven Beziehungsqualität (z. B. Graen & Uhl-Bien, 1995, siehe auch den nachfolgenden Kasten). Wenn Mitarbeitende also wahrnehmen, dass Führungspersonen sich um ihre Gesundheit kümmern, dann kann dies als ein positiver Beitrag zur Führungskräfte-Mitarbeiter*innen-Beziehung gesehen werden, was sich positiv auf die Beziehungsqualität auswirken kann.

> **Gesundheitsorientierte Führung kann zu einer positiven Führungskräfte-Mitarbeiter*innen-Beziehung beitragen**

Leader-member exchange theory

Es existiert eine Vielzahl an unterschiedlichen Arten und Konzeptualisierungen von Führungsstilen. Ein bedeutsamer Ansatz in der Führungsforschung beschäftigt sich mit der Beziehung zwischen den Führungskräften und ihren Mitarbeitenden. Eine sehr bekannte Theorie ist in diesem Bereich die *leader-member exchange theory* (kurz LMX; Graen & Uhl-Bien, 1995). Sie postuliert, dass Führungspersonen unterschiedliche Beziehungen mit einzelnen Mitarbeitenden entwickeln, die gekennzeichnet sind durch einen dyadischen Austauschprozess. Führungskräfte können u. a. Ressourcen, wie Unterstützung, Fairness, Aufmerksamkeit und Anerkennung, den Mitarbeitenden geben, während Mitarbeitende die Möglichkeit haben, durch ihren Arbeitseinsatz, ihr Engagement und ihre Motivation zu der Beziehung beizutragen. So entwickelt sich zwischen jedem*jeder einzelnen Mitarbeitenden und der Führungsperson eine individuelle Beziehung, wobei eine positive Beziehungsqualität gekennzeichnet ist durch gegenseitiges Vertrauen, Loyalität und Unterstützung. Dies kann zur Bildung von In- und Outgroups führen, bei denen Mitarbeitenden der Ingroup ein stärkeres Vertrauen und mehr Verantwortung von der Führungskraft entgegengebracht wird, was wiederum als Reaktion bei den Mitarbeitenden eine erhöhte Leistungsbereitschaft oder vermehrte Anstrengung als Ausgleich auslösen kann. Verschiedene Studien zeigen, dass die Beziehungsqualität nicht nur Auswirkungen auf die Leistung und das Engagement der Mitarbeitenden hat, sondern auch die Arbeitszufriedenheit und das Wohlbefinden der Beschäftigten positiv beeinflusst (z. B. Dulebohn et al., 2012).

Allerdings sind auch hier die Erwartungen wieder wichtig: Die Bewertung, ob die andere Person positiv zu der Beziehung beiträgt oder nicht, hängt von den Erwartungen an die jeweilige Rolle des Gegenübers ab (van Gils et al., 2010). Das heißt, Mitarbeitende verwenden auch hier ihre impliziten Vorstellungen einer (idealen) Führungsperson und vergleichen diese mit dem tatsächlichen Führungsverhalten. Stimmt dies überein, dann finden Mitarbeitende ihre Führungskraft nicht nur sympathischer (Nye

Ist der
Einfluss auf
die Beziehungs-
qualität
abhängig von
den Ideal-
vorstellungen?

& Forsyth, 1991), sondern nehmen auch die Beziehungsqualität als positiver wahr (Epitropaki & Martin, 2005). In unserer Forschungsarbeit untersuchten wir daher, ob dies auch auf gesundheitsorientierte Führung zutrifft: Wenn Mitarbeitende, die die gesundheitsförderliche Unterstützung der Führungskräfte sehr schätzen, mit einer Führungskraft zusammenarbeiten, die gesundes Verhalten am Arbeitsplatz fördert, werden die Mitarbeitenden die Beziehung zu ihrer Führungskraft vermutlich als besser bewerten. Im Gegensatz dazu, so nahmen wir an, beeinflusst gesundheitsorientierte Führung bei solchen Mitarbeitenden, die dies nicht als Teil der Führungsrolle sehen, nicht oder weniger die Beziehungsqualität. Hier sind vielleicht andere Aspekte, wie zum Beispiel die Übereinstimmung in den (Arbeits-)Zielen oder in anderen wichtigen Werten, relevanter.

Idealvor-
stellungen bzgl.
gesundheits-
orientierter
Führung als
Moderator im
Untersuchungs-
modell

Das heißt, zusammengefasst nahmen wir in dieser Forschungsarbeit an, dass die Erwartungen bzw. Idealvorstellungen der Mitarbeitenden hinsichtlich gesundheitsorientierter Führung den Zusammenhang zwischen dem gesundheitsorientierten Führungsverhalten, welches die Führungskraft tatsächlich zeigt, und dem Selbstfürsorgeverhalten der Mitarbeitenden sowie der Beziehungsqualität zwischen Mitarbeitenden und Führungskraft verändert, das heißt moderiert (siehe das Untersuchungsmodell in Abbildung 4 auf S. 49). Wie dies konkret im Alltag aussehen kann, können Sie im nachfolgenden Fallbeispiel nachlesen.

Lassen Sie uns als Beispiel einmal die Mitarbeitenden der Start-up-Chefin Patricia betrachten: Tarek findet es wichtig, dass Führungskräfte nicht nur Leistungsziele im Blick haben, sondern sich auch aktiv um das Wohlergehen der Mitarbeitenden sorgen. Das heißt, für ihn ist ein gesundheitsorientiertes Führungsverhalten Bestandteil der Führungsrolle. Die neuen Ansätze seiner Chefin, sich vermehrt um die Gesundheit im Unternehmen zu kümmern und für dieses Thema zu sensibilisieren, begrüßt er – es entspricht seinen Erwartungen an eine Führungsperson. Daher macht er auch gerne mit und achtet jetzt auch selbst vermehrt darauf, wie er gesund arbeiten kann, zum Beispiel sorgt er in seinen Pausen für ausreichend Abwechslung und auch nach Feierabend geht er jetzt öfter noch eine Runde Joggen. Das beeinflusst auch seine Beziehung zu seiner Chefin: Er wertschätzt, dass sie sich um solche Themen kümmert und sieht es als eine hilfreiche Unterstützung an. Wenn wir ihn fragen würden, würde er die Beziehung zu Patricia jetzt vielleicht etwas besser einschätzen als vorher.

Emily dagegen erwartet solch ein gesundheitsorientiertes Führungsverhalten nicht, für sie gehört es nicht zum Bild einer guten Führungsperson, dass diese sich um ihre Gesundheit kümmert. Deswegen ist Emilys eigene Selbstfürsorge auch unabhängig von den neuen Ansätzen im Unternehmen: Sie hat sich schon immer um ausreichend Erholung, eine gesunde Ernährung und Bewegung gekümmert und auch jetzt führt sie dies weiter. Und bei der Einschätzung der Beziehungsqualität zu ihrer Chefin sieht sie ganz andere Dinge als wichtig an. Zum Beispiel ist ihr ein nachhaltiges und umweltbewusstes Verhalten wichtig. Da Patricia dies auch wertschätzt, versteht sie sich gut mit ihr – unabhängig von ihren Erwartungen und der Übereinstimmung hinsichtlich Gesundheitsthemen am Arbeitsplatz.

Anders sieht es bei Erik aus: Er macht sich nicht viel aus Sport, ihm sind gutes Essen und Zeit mit seiner Familie und Freunden wichtiger – da darf dann auch mal das weniger gesunde Essen und reichlich Alkohol aufgetischt werden. Dementsprechend erwartet er auch von Patricia nicht, dass sie sich als seine Vorgesetzte um seine Gesundheit kümmert. Die neuen Ideen von Patricia findet er daher eher lästig: Er würde lieber auf die Fitnesspause mit Yogakurs verzichten und weiterhin das Schnitzel mit Pommes frites beim Sommerfest essen. Hier hat also das gesundheitsförderliche Führungsverhalten von Patricia keinen Einfluss auf Eriks Selbstfürsorge und verbessert auch nicht die Qualität der Beziehung zwischen Erik und seiner Chefin Patricia.

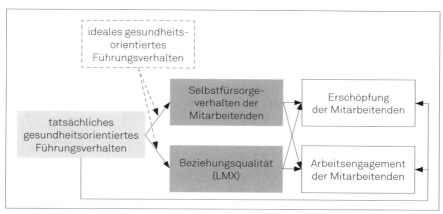

Abbildung 4:   Theoretisches Untersuchungsmodell für den Zusammenhang von tatsächlichem gesundheitsorientiertem Führungsverhalten mit dem Wohlbefinden der Mitarbeitenden (Erschöpfung und Arbeitsengagement), vermittelt über das Selbstfürsorgeverhalten der Mitarbeitenden und die Beziehungsqualität (LMX) zwischen Mitarbeitenden und Führungskraft, abhängig von den Erwartungen der Mitarbeitenden an ein ideales gesundheitsorientiertes Führungsverhalten (Moderation durch das ideale gesundheitsorientierte Führungsverhalten mit gestrichelten Linien dargestellt, siehe A.J. Kaluza et al., 2021)

Indirekte Effekte auf das Mitarbeiter*innenwohlbefinden – das Untersuchungsmodell

Die eigene Selbstfürsorge der Mitarbeitenden wirkt sich positiv auf die Gesundheit der Beschäftigten aus – so lautet eine Grundannahme des HoL-Modells (z. B. Franke et al., 2014). Wenn Mitarbeitende ihre Stressoren reduzieren, für ausreichend Erholung sorgen oder an Gesundheitsförderungsprogrammen am Arbeitsplatz teilnehmen, sprich, ein positives Gesundheitsverhalten zeigen, dann sind sie weniger schnell erschöpft und gesundheitlich belastet. Zum Beispiel berichten Personen, die eine hohe Selbstfürsorge angeben, weniger emotionale und kognitive Überbeanspruchung, weniger Erschöpfung und eine bessere Gesundheit (z. B. A.J. Kaluza & Junker, 2022; Klug et al., 2019). Gleichzeitig haben solche Menschen mehr Kraft und Energie, um motiviert und enga-

Selbstfürsorge und Beziehungsqualität gehen mit einem besseren Wohlbefinden einher

giert ihre Arbeit auszuführen. Auch eine positive Beziehung zwischen Mitarbeitenden und Führungskräften kann sich förderlich auf die Mitarbeiter*innengesundheit auswirken, wie bisherige Studien zeigen: Personen, die eine gute Beziehung zu ihren Vorgesetzten haben, berichten über weniger arbeitsbedingte Erschöpfung und weniger gesundheitliche Beschwerden (z. B. Gregersen et al., 2016; Probst et al., 2016).

Indirekte Effekte auf das Wohlbefinden im Untersuchungsmodell

Aufbauend auf diesen theoretischen Überlegungen und empirischen Befunden nahmen wir in dieser Forschungsarbeit an, dass ein gesundheitsorientiertes Führungsverhalten indirekt das Wohlbefinden der Mitarbeitenden beeinflusst, nämlich vermittelt über das Selbstfürsorgeverhalten der Mitarbeitenden und die Beziehungsqualität zwischen Mitarbeitenden und Führungskräften (siehe das Untersuchungsmodell in Abbildung 4 auf S. 49). Als Wohlbefindensindikatoren betrachteten wir Erschöpfung

Erschöpfung und Arbeitsengagement als Wohlbefindensindikatoren

(als Hauptkomponente von Burnout) und Arbeitsengagement – zwei wichtige arbeitsplatzbezogene Gesundheitsvariablen, die ich im vorherigen Kapitel schon vorgestellt habe. Gleichzeitig nahmen wir – wie oben bereits beschrieben – in dem Untersuchungsmodell an, dass nicht alle Mitarbeitenden gleichermaßen von einer gesundheitsorientierten Führung profitieren, sondern vor allem diejenigen, die dieses Führungsverhalten erwarten und wünschen. Das heißt, wir untersuchten, ob der Zusammenhang abhängig von den Erwartungen der Mitarbeitenden bezüglich gesundheitsorientierter Führung ist, das heißt von diesen moderiert wird.

3.1.2   Studiendurchführung und Ergebnisse

Kombination aus querschnittlichen Feldstudien und Experiment

Wir testeten das Untersuchungsmodell in insgesamt drei Studien. Bei der ersten Studie handelte es sich um eine Feldstudie, in welcher eine Stichprobe von Berufstätigen befragt wurde. Da die Befragung nur zu einem Zeitpunkt stattfand, spricht man hier von einer Querschnittserhebung. Um die Ergebnisse weiter zu überprüfen, führten wir eine zweite Studie durch, bei welcher die Teilnehmenden an zwei aufeinanderfolgenden Messzeitpunkten befragt wurden. In beiden Studien schätzten die Teilnehmenden sowohl das Führungsverhalten und die Qualität der Beziehung mit ihrer/ ihrem direkten Vorgesetzten als auch ihre eigene Selbstfürsorge sowie ihre Erschöpfung und ihr Arbeitsengagement selbst ein. Die Ergebnisse von Studie 1 und Studie 2 können uns damit Auskunft geben, ob die Zusammenhänge wie angenommen bestehen, allerdings sind kausale Aussagen, das heißt über die Richtung der Zusammenhänge, nur eingeschränkt möglich. Damit lässt sich schwer sagen, ob das Führungsverhalten wirklich die Beziehungsqualität und die Selbstfürsorge beeinflusst oder ob die Wirkrichtung umgekehrt ist, also die Qualität der Beziehung zwischen Mitarbeitenden und Führungskraft und die Selbstfürsorge der Mitarbeitenden vielleicht auch einen Einfluss auf das Führungsverhalten haben. Deswegen führten wir in der dritten Studie ein Experiment durch, in welchem wir das Ausmaß der gesundheitsorientierten Führung manipulierten, das heißt künstlich im Rahmen der Studie veränderten. Dadurch konnten wir testen, ob die Veränderung der einen Variablen (also ein hohes oder niedriges Ausmaß an gesundheitsorientierter Führung) zu Veränderungen in einer anderen Variablen (nämlich im Selbstfürsorgeverhalten oder in der Beziehungsqualität) führt (siehe erster Pfad in dem Untersuchungsmodell, Abbildung 4 auf S. 49). Da der zweite Pfad des Untersuchungsmodells, also der Einfluss des

Selbstfürsorgeverhaltens der Mitarbeitenden und der Beziehungsqualität zwischen Mitarbeitenden und Führungskräften auf verschiedene Gesundheitsvariablen, wie Erschöpfung und Arbeitsengagement, schon in anderen Studien gezeigt wurde, untersuchten wir in dieser experimentellen Studie nur den ersten Pfad unseres Modells.

Studie 1: Querschnittliche Feldstudie

In dieser Studie wurden 307 Mitarbeitende aus unterschiedlichen Organisationen und Branchen in Deutschland online befragt. Insgesamt waren 73 % der Teilnehmenden weiblich und im Durchschnitt waren sie 33 Jahre alt (Standardabweichung, $SD=10.95$).

Die Teilnehmenden gaben zunächst ihre *Idealvorstellung von einem gesundheitsorientierten Führungsverhalten* an. Dafür formulierten wir die sieben Aussagen (sog. Items) der Kurzversion der Verhaltens-Skala des *Health-oriented Leadership-Instruments* von Pundt und Felfe (2017) um, sodass sie die Erwartungen an eine ideale Führungsperson abfragten. Beispielaussagen sind „Meine ideale Führungskraft soll dafür sorgen, dass das Thema Gesundheit bei uns nicht zu kurz kommt." und „Meine ideale Führungskraft soll durch Verbesserungen im Bereich Arbeitszeit dafür sorgen, dass meine Belastungen reduziert werden, z.B. Pausen einhalten, Überstunden vermeiden, Urlaub nicht verfallen lassen." (siehe auch Franke et al., 2014, oder den nachfolgenden Kasten für weitere Beispielitems). Auf einer fünfstufigen Skala (1=„trifft nicht zu" bis 5=„trifft zu") konnten die Teilnehmenden ihre Erwartungen bezüglich gesundheitsorientiertem Führungsverhalten angeben.

Beschreibung der verwendeten Skalen

Wie sehen Ihre Idealvorstellungen von einer gesundheitsorientierten Führung aus?

Wissen Sie, wie Ihr Prototyp einer gesundheitsorientierten Führungsperson aussieht? Überlegen Sie gerne einmal kurz, was Ihrer Meinung nach eine Führungskraft hinsichtlich der Gesundheitsförderung am Arbeitsplatz unternehmen sollte, und was nicht. Würden Sie den Aussagen in Tabelle 1 zustimmen oder eher nicht?

Tabelle 1: Beispielitems zur Erfassung der Idealvorstellungen von einem gesundheitsorientierten Führungsverhalten (A.J. Kaluza et al., 2021, adaptiert von Pundt & Felfe, 2017)

Inwiefern treffen die folgenden Aussagen auf Sie zu?	1 trifft nicht zu	2	3	4	5 trifft zu
Meine ideale Führungskraft soll mich dazu auffordern, sie auf gesundheitliche Risiken an meinem Arbeitsplatz hinzuweisen.	1	2	3	4	5
Meine ideale Führungskraft soll regelmäßig über Sicherheitsvorschriften und Maßnahmen zur Gesundheitsprävention informieren.	1	2	3	4	5

Tabelle 1:   Fortsetzung

Inwiefern treffen die folgenden Aussagen auf Sie zu?	1 trifft nicht zu	2	3	4	5 trifft zu
Meine ideale Führungskraft soll dafür sorgen, dass das Thema Gesundheit bei uns nicht zu kurz kommt.	1	2	3	4	5
Meine ideale Führungskraft soll durch Verbesserungen im Bereich Arbeitszeit dafür sorgen, dass meine Belastungen reduziert werden (z.B. Pausen einhalten, Überstunden vermeiden, Urlaub nicht verfallen lassen).	1	2	3	4	5

Anschließend wurden dann mehrere Fragen zu anderen Themen gestellt, die für die Studie nicht relevant waren, um die Teilnehmenden etwas abzulenken. Danach wurde das *gesundheitsorientierte Führungsverhalten der derzeitigen Führungskraft* abgefragt mit den sieben Aussagen der *HoL-Verhaltens-Kurzskala* (Franke et al., 2014). Auf der fünfstufigen Skala konnten die Teilnehmenden angeben, in welchem Ausmaß ihre aktuelle Führungskraft gesundheitsorientiert führt (z.B. „Meine Führungskraft sorgt durch die Förderung eines positiven Umgangs untereinander dafür, dass meine Belastungen reduziert werden." oder „Meine Führungskraft fordert mich dazu auf, sie auf gesundheitliche Risiken an meinem Arbeitsplatz hinzuweisen."). Im Anschluss bewerteten die Teilnehmenden anhand von fünf Fragen ihr *Selbstfürsorgeverhalten* (z.B. „Ich versuche, meine Belastungen zu reduzieren, indem ich für ein ausgewogenes Verhältnis zwischen Arbeit und Privatleben sorge, z.B. nicht am Wochenende arbeiten." oder „Ich sorge dafür, dass ich ausreichend Entspannung und Erholung finde."; HoL-Instrument: Franke et al., 2014), ebenfalls auf der fünfstufigen Skala. Zudem wurden sie anhand von sieben Fragen nach der *Beziehungsqualität* zu ihrer derzeitigen Führungskraft gefragt (z.B. „Wie würden Sie das Arbeitsverhältnis zu Ihrem*Ihrer Vorgesetzten beschreiben?" nach dem *LMX Questionnaire*; Graen & Uhl-Bien, 1995; fünfstufige Skala). Zur Erfassung von *Erschöpfung* wurden acht Items des *Oldenburg Burnout Inventory* verwendet (Demerouti et al., 2003). Auf einer vierstufigen Skala (1 = „völlig unzutreffend" bis 4 = „völlig zutreffend") konnten die Teilnehmenden Aussagen zustimmen, wie zum Beispiel „Nach der Arbeit fühle ich mich in der Regel schlapp und abgespannt." oder „Nach der Arbeit brauche ich jetzt oft längere Erholungszeiten als früher, um wieder fit zu werden.". Das *Arbeitsengagement* wurde mit neun Items der *Utrecht Work Engagement Scale* erfasst (Schaufeli et al., 2006). Die Teilnehmenden konnten auf einer siebenstufigen Skala (1 = „nie" bis 7 = „jeden Tag") angeben, wie häufig verschiedene Aussagen auf sie zutreffen, beispielsweise „Ich bin von meiner Arbeit begeistert." oder „Wenn ich morgens aufstehe, freue ich mich auf meine Arbeit.".

Geschlecht und Kontaktintensität als Kontrollvariablen Da Frauen häufig mehr Gesundheitsverhalten als Männer zeigen (z.B. Liang et al., 1999) und anders auf gesundheitsförderliche Führung reagieren bzw. ihr Führungsverhalten auch als gesundheitsorientierter eingeschätzt wird (z.B. Vincent, 2012), verwendeten wir in unseren Untersuchungen das Geschlecht der Mitarbeitenden und

Führungskräfte als sogenannte Kontrollvariablen, das heißt überprüften, ob dies die Ergebnisse beeinflusst. Da es gerade bei einer gesundheitsförderlichen Unterstützung relevant sein könnte, inwieweit Führungspersonen die Mitarbeitenden kennen und wie nahe sie ihnen stehen, erfragten wir zudem auch noch die Kontaktintensität zwischen Mitarbeitenden und Führungskräften und verwendeten sie als weitere Kontrollvariable.

Die Ergebnisse dieser ersten Studie sahen wie folgt aus: In Übereinstimmung mit den Annahmen des Untersuchungsmodells konnte gesundheitsorientiertes Führungsverhalten das Selbstfürsorgeverhalten und die Beziehungsqualität signifikant vorhersagen. Das heißt, wenn Mitarbeitende wahrnahmen, dass ihre Führungskraft gesundheitsorientiert führt, dann berichteten sie auch mehr Selbstfürsorgeverhalten und bewerteten die Beziehung zu ihrer Führungskraft als besser. Dieser Zusammenhang war jedoch abhängig von den Erwartungen der Mitarbeitenden: Wie angenommen moderierten die Idealvorstellungen der Mitarbeitenden den Zusammenhang, was in Abbildung 5 grafisch veranschaulicht wird. Wenn Mitarbeitende gesundheitsorientierte Führung als Bestandteil der Führungsrolle ansahen (d.h. hohe Erwartungen bezüglich gesundheitsorientiertem Führungsverhalten hatten), dann war der Zusammenhang von gesundheitsorientiertem Führungsverhalten mit dem Selbstfürsorgeverhalten der Mitarbeitenden stärker (gestrichelte Linie in Abbildung 5), als wenn Mitarbeitende solch ein Führungsverhalten nicht erwarteten (durchgezogene Linie in Abbildung 5, hier ist kein signifikanter Zusammenhang vorhanden).

Ergebnisse der 1. Studie

Zusammenhang von Führung und Selbstfürsorge war bei hohen Erwartungen stärker

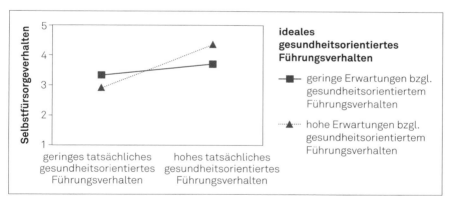

Abbildung 5:   Ergebnisse in Studie 1: Zusammenhang zwischen tatsächlichem gesundheitsorientiertem Führungsverhalten und dem Selbstfürsorgeverhalten der Mitarbeitenden in Abhängigkeit von ihren Erwartungen bzw. Idealvorstellungen bzgl. gesundheitsorientiertem Führungsverhalten (A.J. Kaluza et al., 2021)

Auch für die Beziehungsqualität zeigten sich solche Moderationseffekte, allerdings wurden sie nur marginal signifikant (d.h. es war eine Tendenz zu erkennen, aber sie erreichten nicht die statistische Signifikanzgrenze).

Das Selbstfürsorgeverhalten der Mitarbeitenden und die Beziehungsqualität zeigten wiederum negative Zusammenhänge mit Erschöpfung, aber nur die Beziehungsqualität hing positiv mit Arbeitsengagement zusammen. Diese Ergebnisse deuteten auf indirekte Zusammenhänge hin: Wenn Führungskräfte gesundheitsorientiert führten (und das auch von den Mitarbeitenden wahrgenommen und als wünschenswert angesehen wurde), dann ging dies mit einer erhöhten Selbstfürsorge und einer verbesserten Beziehungsqualität einher, was wiederum mit weniger Erschöpfung und mehr Arbeitsengagement (für die Beziehungsqualität) zusammenhing.

Damit bestätigten die Ergebnisse der ersten Studie das theoretische Untersuchungsmodell größtenteils. Allerdings waren nicht alle Zusammenhänge wie erwartet und signifikant und aufgrund der methodischen Probleme bei Querschnittsanalysen – die ich oben schon kurz angerissen habe – hielten wir es für sinnvoll, die Befunde noch einmal in einer weiteren Studie zu überprüfen.

Studie 2: Feldstudie mit zwei Messzeitpunkten

Zwei Messungen mit einer Woche Abstand

Für die zweite Studie wurden Mitarbeitende in einem ersten Online-Fragebogen nach ihren Idealvorstellungen von einem gesundheitsorientierten Führungsverhalten sowie dem tatsächlichen gesundheitsorientierten Führungsverhalten ihrer derzeitigen Führungskraft befragt. In einer zweiten Befragung, die eine Woche nach der ersten stattfand, schätzten dann die Teilnehmenden ihr Selbstfürsorgeverhalten, die Beziehungsqualität zu ihrer Führungskraft sowie ihre Erschöpfung und ihr Arbeitsengagement ein. Für die Erfassung der verschiedenen Konstrukte verwendeten wir die gleichen Messinstrumente wie in der ersten Studie. Die insgesamt 144 Teilnehmenden kamen aus unterschiedlichen Branchen und waren im Durchschnitt 39 Jahre alt ($SD=11.33$). Die meisten Teilnehmenden waren männlich (60 %).

Ergebnisse der 2. Studie

Die Ergebnisse dieser Studie bestätigten das Untersuchungsmodell und die (marginal signifikanten) Befunde aus der ersten Studie für die Beziehungsqualität: Mitarbeitende, die ein hohes Ausmaß an gesundheitsorientiertem Verhalten bei ihrer Führungskraft berichteten, bewerteten die Beziehung zu ihrer Führungskraft als besser und eine bessere Beziehungsqualität wiederum ging mit weniger Erschöpfung und mehr Arbeitsengagement einher. Wie angenommen, waren aber die Erwartungen der Mitarbeitenden entscheidend: Wie Abbildung 6 zeigt, war der Zusammenhang zwischen gesundheitsorientiertem Führungsverhalten und der Beziehungsqualität wieder für diejenigen Mitarbeitenden stärker, die solch ein Führungsverhalten auch als ideal ansahen und erwarteten (gestrichelte Linie in Abbildung 6). Wenn Mitarbeitende solch ein Führungsverhalten dagegen nicht wünschten und erwarteten, dann war der Zusammenhang deutlich schwächer und nicht mehr signifikant (durchgezogene Linie in Abbildung 6).

Zusammenhang von Führung und Beziehungsqualität war bei hohen Erwartungen stärker

Für das Selbstfürsorgeverhalten konnte allerdings das Untersuchungsmodell in dieser Studie nicht bestätigt werden: Ein gesundheitsorientiertes Führungsverhalten zeigte weder Zusammenhänge mit dem Selbstfürsorgeverhalten, noch wurde der Zusammenhang durch die Erwartungen der Mitarbeitenden moderiert. Wie auch in der ersten Studie hing ein besseres Selbstfürsorgeverhalten aber mit weniger Erschöpfung, allerdings nicht mit mehr Arbeitsengagement zusammen.

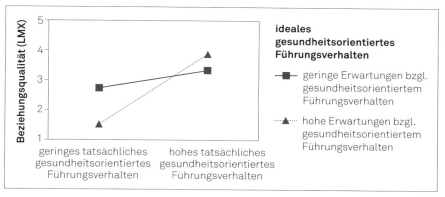

Abbildung 6:   Ergebnisse in Studie 2: Zusammenhang zwischen tatsächlichem gesundheitsorientiertem Führungsverhalten und der Beziehungsqualität (LMX)
zwischen Mitarbeitenden und Führungskräften in Abhängigkeit von den Erwartungen bzw. Idealvorstellungen der Mitarbeitenden bzgl. gesundheitsorientiertem Führungsverhalten (A.J. Kaluza et al., 2021)

Zusammengefasst bestätigten also die Ergebnisse dieser zweiten Studie das Untersuchungsmodell teilweise. Wie auch in der ersten Studie ist allerdings auch hier die Frage
nach der Kausalität nicht eindeutig zu beantworten, daher führten wir eine dritte, experimentelle Studie durch.

Studie 3: Experimentelle Studie

Die dritte Studie bestand aus einem Online-Experiment, an welchem 173 Personen
teilnahmen. Im Durchschnitt waren sie 35 Jahre alt ($SD=11.82$) und 78 % der Teilnah-
menden waren weiblich. Den Teilnehmenden wurde gesagt, dass die Online-Umfrage
aus zwei unabhängigen Studien bestehen würde, was als Ablenkung dienen sollte. Im
vorgeblich ersten Teil fragten wir die Idealvorstellungen der Teilnehmenden hinsichtlich gesundheitsorientierter Führung ab. Im zweiten Teil wurden die Teilnehmenden
dann randomisiert (d. h. zufällig) in drei Gruppen eingeteilt und erhielten eine kurze
Beschreibung einer Führungsperson. Sie sollten sich vorstellen, dass sie mit einer Führungskraft zusammenarbeiten, welche entweder (1. Gruppe) sich aktiv um die Gesundheit der Mitarbeitenden kümmert (viel gesundheitsorientierte Führung), oder
(2. Gruppe) sich gar nicht um ihre Gesundheit kümmert (wenig gesundheitsorientierte
Führung). Die übrigen Teilnehmenden (3. Gruppe) erhielten keinerlei Information
über das gesundheitsorientierte Verhalten der Führungskraft, sondern das Führungsverhalten wurde – wie auch in den beiden anderen Gruppen – als generell positiv beschrieben (keinerlei Information zu gesundheitsorientierter Führung). Diese dritte
Gruppe diente somit als Kontrollgruppe. Die Teilnehmenden sollten sich weiterhin
vorstellen, an diesem Arbeitsplatz zu arbeiten und dann einschätzen, wie sehr sie sich
selbst um ihre Gesundheit an diesem Arbeitsplatz kümmern würden (d. h. ihr eigenes
Selbstfürsorgeverhalten) und wie sie die Beziehung zu der jeweiligen Führungskraft

**Im Online-
Experiment
wurde das
Ausmaß an
gesundheits-
orientierter
Führung
manipuliert**

beurteilen würden. Wir verwendeten wieder dieselben Messinstrumente wie in Studie 1 und 2, um die verschiedenen Variablen zu erfassen.

Bei der Auswertung der Daten überprüften wir zunächst, ob die drei Beschreibungen der Führungskräfte, die ein unterschiedliches Ausmaß an gesundheitsorientierter Führung zeigten, verständlich waren und auch wie von uns gedacht von den Teilnehmenden wahrgenommen wurden. Dafür testeten wir, ob sich die Teilnehmenden in diesen drei Gruppen in der Einschätzung vom gesundheitsorientierten Verhalten der vorgestellten Führungskraft unterschieden, was der Fall war: Personen in Gruppe 1, in welcher die Führungskraft als sehr gesundheitsorientiert beschrieben wurde, bewerteten das Führungsverhalten als gesundheitsförderlicher als Personen in den anderen beiden Gruppen (Gruppe 2 und 3).

Im nächsten Schritt testeten wir dann unser Untersuchungsmodell. Die Ergebnisse bestätigten die Befunde aus den ersten beiden Studien für die Beziehungsqualität: Personen in der Gruppe, in der die Bedingung galt, dass die Führungsperson viel gesundheitsorientierte Führung zeige (Gruppe 1), schätzten die Beziehungsqualität zur Führungskraft als besser ein, als die Personen, die die Information erhielten, die Führungskraft übe wenig gesundheitsorientierte Führung aus (Gruppe 2) bzw. die keine Information zum gesundheitsorientierten Führungsverhalten erhalten hatten (Gruppe 3). Wie oben bereits erwähnt, wurde in dieser dritten Gruppe das Führungsverhalten zwar nicht als gesundheitsförderlich dargestellt, das heißt die vorgestellte Führungskraft kümmerte sich nicht explizit um Gesundheitsthemen und achtete nicht konkret auf die Gesundheit ihrer Mitarbeitenden, aber es wurde ebenfalls als konstruktiv beschrieben – nämlich als transformational (diesen konstruktiven Führungsstil kennen Sie ja schon aus Kapitel 2). Diese dritte Gruppe war wichtig als Kontrollgruppe, da sie zeigte, dass der gefundene Effekt nicht einfach auf die positive Beschreibung der Führungsperson zurückzuführen war (denn als positiv wurde die Führungskraft in allen drei Gruppen beschrieben), sondern, dass insbesondere dann, wenn die Führungsperson spezifische gesundheitsförderliche Verhaltensweisen zeigte (Gruppe 1), die Führungskräfte-Mitarbeiter*innen-Beziehung als besser bewertet wurde.

Ergebnisse der
Kontrollgruppe
zeigten, dass
die explizite
Beachtung von
Gesundheit
wichtig ist

Idealvor-
stellungen als
Moderator bei
Beziehungs-
qualität
bestätigt

Entscheidend waren aber auch hier – wie von uns angenommen – die Erwartungen bzw. Idealvorstellungen der Mitarbeitenden bezüglich gesundheitsorientierter Führung: Vor allem bei denjenigen Teilnehmenden mit hohen Erwartungen, das heißt die ein gesundheitsorientiertes Führungsverhalten auch wünschten und als Bestandteil der Führungsrolle ansahen, hatte das Ausmaß an gesundheitsorientierter Führung (also die Gruppenzugehörigkeit) einen Einfluss auf die Einschätzung der Beziehungsqualität. Beispielsweise bewerteten diejenigen Personen in der Gruppe, in welcher die Führungsperson als wenig gesundheitsförderlich beschrieben wurde, die Beziehung zu ihrer Führungskraft als deutlich schlechter, wenn sie vorab angegeben hatten, dass sie solch ein Verhalten von ihrer Führungskraft erwarten und als ideal ansehen – im Vergleich zu Personen, die solch ein Führungsverhalten nicht erwarten und wünschen.

Ähnlich wie in Studie 2 konnte das Modell für das Selbstfürsorgeverhalten allerdings nicht bestätigt werden. Hier hatte die experimentelle Bedingung keinen Einfluss auf die intendierte Selbstfürsorge, das heißt wie stark sich die Teilnehmenden an dem fiktiven Arbeitsplatz um ihre eigene Gesundheit kümmern würden. Und auch die Erwartungen bezüglich gesundheitsorientierter Führung der Teilnehmenden moderierten den Zusammenhang nicht.

Insgesamt bestätigten die Ergebnisse dieser dritten experimentellen Studie unser Untersuchungsmodell für die Beziehungsqualität, allerdings nicht für das Selbstfürsorgeverhalten der Mitarbeitenden. Durch das experimentelle Design (wir veränderten das gesundheitsförderliche Führungsverhalten in den drei Gruppen und prüften dann, inwiefern dies die Wahrnehmung der Beziehungsqualität und die Absicht, selbst Selbstfürsorge auszuüben, beeinflusste), war es möglich, bessere Aussagen über die Kausalität zu treffen, das heißt zu schlussfolgern, dass das Führungsverhalten einen Einfluss auf die Beziehung zwischen Mitarbeitenden und Führungskräften hat, und nicht umgekehrt (weitere Informationen zum Thema Kausalität finden Sie im Kasten „Kausalität der Zusammenhänge" auf S. 35).

Das experimentelle Design ermöglichte Schlussfolgerungen über die Kausalität

---

Zusammenfassung der Ergebnisse

Die empirischen Ergebnisse der drei Studien zeigen, dass gesundheitsorientierte Führung zu einer Verbesserung der Beziehung zwischen Mitarbeitenden und Führungskraft beitragen kann, vor allem bei den Mitarbeitenden, die solch ein Führungsverhalten auch erwarten und als ideal und wünschenswert ansehen. Eine gute Führungskräfte-Mitarbeiter*innen-Beziehung wiederum wirkt sich positiv auf das Wohlbefinden der Mitarbeitenden aus, zum Beispiel reduziert es die Erschöpfung und fördert das Arbeitsengagement der Mitarbeitenden.

Die Ergebnisse der drei Studien bezüglich des Selbstfürsorgeverhaltens sind gemischt: Bei dem Einfluss von gesundheitsorientierter Führung auf die eigene Selbstfürsorge der Mitarbeitenden scheinen die Erwartungen bzw. Idealvorstellungen der Mitarbeitenden bzgl. gesundheitsorientiertem Führungsverhalten weniger relevant zu sein.

3.1.3   Welche Implikationen haben diese Ergebnisse für den Alltag?

An dieser Stelle ließen sich unterschiedliche Aspekte der Ergebnisse diskutieren, zum Beispiel in Bezug auf die beiden Wohlbefindensvariablen, die wir verwendet haben (Warum sind die Zusammenhänge teilweise mit Erschöpfung, teilweise mit Arbeitsengagement stärker?) oder auch bezüglich der nicht immer konsistenten Ergebnisse (Warum konnte das Untersuchungsmodell nicht in allen Studien vollständig bestätigt werden?). Ich möchte gerne zwei Aspekte herausgreifen, welche ich besonders relevant für die Praxis finde.

Der erste Punkt betrifft die Beziehungsqualität zwischen Mitarbeitenden und Führungskräften: Das HoL-Modell (z.B. Franke et al., 2014) und bisherige Studien zu diesem Modell legten den Fokus vor allem auf individuelle Aspekte von Mitarbeitenden (und Führungspersonen), wie zum Beispiel ihre Selbstfürsorge. Unsere Ergebnisse allerdings zeigen, dass ein gesundheitsorientiertes Führungsverhalten nicht nur oder nicht immer die Selbstfürsorge der Mitarbeitenden beeinflusst, sondern dass solch ein Führungsverhalten auch sehr relevant für die Beziehung zwischen Mitarbeitenden und

*Gesundheitsorientierte Führung beeinflusst die Führungskräfte-Mitarbeiter*in-nen-Beziehung*

Führungskräften ist. Wenn Führungspersonen sich aktiv um die Gesundheit ihrer Mitarbeitenden kümmern, dann bewerten die Mitarbeitenden die Qualität der Beziehung zu ihrer Führungskraft als besser. Und unsere Ergebnisse verdeutlichen auch, dass gesundheitsorientierte Führung indirekt, vermittelt über die Beziehungsqualität (und in Studie 1 auch über das Selbstfürsorgeverhalten der Mitarbeitenden) das Wohlbefinden der Mitarbeitenden beeinflussen kann, nämlich zum Beispiel Erschöpfung reduziert und Arbeitsengagement steigert. Aber eine gute Beziehung ist nicht nur für das Wohlbefinden der Mitarbeitenden wichtig, sondern hat auch darüber hinaus eine Reihe von positiven Konsequenzen, wie beispielsweise eine bessere Leistung, mehr Einsatzbereitschaft sowie geringere Kündigungsabsichten und weniger Kündigungen der Mitarbeitenden, wie die Forschung zeigt (z. B. Dulebohn et al., 2012).

Ergebnisse bestätigen die Wichtigkeit der Mitarbeitererwartungen bzgl. gesundheitsorientierter Führung

Der zweite, für Praktiker interessante Aspekt bezieht sich auf die Erwartungen der Mitarbeitenden bezüglich einer gesundheitsorientierten Führung: Die positiven Folgen eines gesundheitsförderlichen Führungsverhaltens sind vor allem dann zu beobachten, wenn die Mitarbeitenden solch ein Führungsverhalten auch erwarten und als ideal einschätzen, das heißt als wesentliches Element der Führungsrolle sehen. Bei Personen, die nicht von ihrer Führungskraft bei Gesundheitsthemen unterstützt werden möchten oder dies nicht erwarten, ist der positive Einfluss von gesundheitsorientierter Führung auf die Beziehungsqualität weniger stark bzw. nicht vorhanden, aber er ist auch nicht negativ. Das heißt, Führungskräfte können vor allem diejenigen Mitarbeitenden, die dies erwarten und wünschen, mit einem gesundheitsorientierten Führungsstil unterstützen, aber sie können auch bei den anderen Mitarbeitenden nichts „falsch" machen, schlimmstenfalls ist solch ein Führungsverhalten einfach nur wirkungslos.

Anwendungsideen für Sie als Führungskraft

Sicherlich haben Sie sich jetzt gefragt, was diese Studienergebnisse für Sie als Führungskraft bedeuten. Zum einen heißt das für Sie: Kümmern Sie sich aktiv um die Gesundheit Ihrer Mitarbeitenden! Solch ein Führungsverhalten kann die Beziehungsqualität zu den Mitarbeitenden sowie auch die eigene Selbstfürsorge der Mitarbeitenden verbessern, was wiederum der Mitarbeiter*innengesundheit zugutekommt. Wie genau Sie gesundheitsorientierte Führung im Alltag umsetzen können, schauen wir uns im Detail in Kapitel 4 an.

Außerdem: Vermitteln Sie Ihren Mitarbeitenden, dass solch ein gesundheitsorientiertes Führungsverhalten normal ist (d.h. dass es für Sie selbstverständlich ist, sich um die Gesundheit Ihrer Mitarbeitenden zu kümmern), eine wesentliche Aufgabe einer Führungskraft darstellt und positive Konsequenzen für die Mitarbeitenden selbst hat. Je mehr Mitarbeitende solch ein Führungsverhalten erwarten und als ideal einstufen, desto mehr profitieren sie auch davon. Reden Sie mit Ihren Mitarbeitenden über deren Erwartungen: Wie wollen Ihre Mitarbeitenden von Ihnen als Führungskraft hinsichtlich ihrer Gesundheit unterstützt werden? Was wünschen sie sich? Was möchten sie lieber nicht? Je besser Sie wissen, was Ihre Mitarbeitenden brauchen, desto mehr können Sie Ihr Verhalten dementsprechend anpassen – und das hat positive Konsequenzen für die Mitarbeiter*innengesundheit. Aber nicht nur das, sondern je mehr Führungskräfte mit den Erwartungen der Mitarbeitenden übereinstimmen, desto mehr vertrauen, respektieren und wertschätzen die Mitarbeitenden ihre Führungskraft (wie die Ergebnisse zu impliziten Führungstheorien zeigen, siehe z. B. Junker & van Dick, 2014). Das heißt, am Ende steht nicht nur eine bessere Mitarbeiter*innengesundheit, sondern auch Sie als Führungskraft profitieren davon, da dies langfristig die Leistungsfähigkeit und Produktivität Ihres Teams positiv beeinflussen kann.

Und wie können Sie die Erwartungen Ihrer Mitarbeitenden herausfinden? Das kann in regelmäßigen Einzelgesprächen geschehen, zum Beispiel können Sie es als festen Bestandteil Ihrer monatlichen oder quartalsmäßigen Gespräche mit Ihren Mitarbeitenden integrieren. Aber Sie können es auch als Teil der Teamagenda einbauen und zum Beispiel im gesamten Team mit allen Mitarbeitenden die (unterschiedlichen) Erwartungen herausarbeiten. Wie genau dies aussehen könnte und weitere Ansatzpunkte für die Praxis können Sie in Kapitel 4 finden.

Die Erwartungen der Mitarbeitenden erfragen

Zusammenfassend lässt sich an dieser Stelle sagen, dass gesundheitsförderliche Führung vor allem für diejenigen Mitarbeitenden positiv ist, welche solch ein Führungsverhalten auch erwarten und wünschen. Für Mitarbeitende, die solch ein Führungsverhalten nicht als Teil der Führungsrolle sehen, hat gesundheitsförderliche Führung weniger positive bis keine Auswirkungen – aber auch keine negativen Effekte. Das heißt: Nehmen Sie Ihre Gießkanne mit einem ordentlichen Schwall gesundheitsförderlicher Führung, aber gießen Sie vor allem diejenigen, die solch ein Verhalten auch wünschen!

> **Merke**
>
> Wenn Mitarbeitende gesundheitsförderliche Führung erwarten und wünschen, d.h. es Bestandteil ihrer Idealvorstellungen einer Führungsperson ist, dann verstärkt dies den positiven Einfluss solch eines Führungsverhaltens, zum Beispiel auf die Beziehungsqualität zwischen Mitarbeitenden und Führungskräften.

3.2   Wie steht es um die Gesundheit der Führungskräfte selbst? Wie das Wohlbefinden der Führungskräfte mit ihrem Führungsverhalten zusammenhängt

Der vorherige Abschnitt hat sich in erster Linie mit der Gesundheit der Mitarbeitenden beschäftigt. Aber was ist mit der Gesundheit der Führungskräfte selbst? Gibt man bei Google den Suchbegriff „gesunde Mitarbeitende" ein, erhält man ungefähr 82 Millionen Treffer. Die Suche nach „gesunde Führungskraft" liefert dagegen nur ca. 16 Millionen Ergebnisse. Ähnlich sieht es bei anderen Suchbegriffen aus („gesunde Vorgesetzte": knapp 6 Millionen Ergebnisse; „gesunde Chefs": ca. 24 Millionen Resultate; Stand jeweils Mai 2024). Diese Ergebnisse sind zunächst verwunderlich, decken sich aber mit der Forschung in diesem Bereich, in welcher häufig die Zusammenhänge zwi-

Häufig wird die Führungskräftegesundheit vernachlässigt

schen Führung und Mitarbeiter*innenwohlbefinden betrachtet werden, jedoch nur wenige Studien die Führungskräftegesundheit untersuchen.

Verschiedene Gründe, warum Führungs- personen gesünder sind bzw. erscheinen

Eine Vermutung könnte sein, dass Führungskräfte gesünder sind und deswegen ihr Wohlbefinden keine so große Rolle spielt. Das stimmt ein Stück weit: Führungsper- sonen berichten im Allgemeinen über eine bessere Gesundheit und weniger Beschwer- den als Mitarbeitende (z.B. Keloharju et al., 2023; Sherman et al., 2012). Dies lässt sich zum einen dadurch erklären, dass Gesundheit mit gesellschaftlichem Status und Ausbildung korreliert (vgl. Hollmann & Hanebuth, 2011). Zum anderen ist es mög- lich, dass Personen mit einem besseren Gesundheitszustand eher in Führungsposi- tionen aufsteigen (Keloharju et al., 2023; Sherman et al., 2012) und es sich somit um einen selektiven Prozess handelt. Und eine weitere Erklärung wäre, dass die mit einer Führungsposition einhergehenden Ressourcen, wie vermehrte Autonomie und Hand- lungsspielraum oder auch ein Machtgefühl, positiv wirken (z.B. Korman et al., 2022) und den negativen Einfluss von Arbeitsanforderungen abmildern können (im Sinne des Arbeitsanforderungen-Arbeitsressourcen-Modells, siehe Abschnitt 2.1.7; Deme- routi & Nachreiner, 2019). Möglicherweise liegt es aber auch daran, dass wir nicht er- warten, dass Führungskräfte auch gesundheitlich belastet und erschöpft sind, das heißt es nicht unserem (impliziten) Rollenverständnis von Führungspersonen ent- spricht. Das könnte Führungskräfte daran hindern, über eigene Belastungen und Stress zu sprechen, um nicht als ungeeignet für die Führungsrolle zu erscheinen.

Der Gesund- heitszustand der Führungs- personen hat relevante Auswirkungen

Auch wenn diese Argumente zu einem gewissen Maß erklären, warum Führungsperso- nen oft als weniger gestresst und erschöpft erscheinen, weist die Forschung darauf hin, dass die Gesundheit der Führungskräfte nicht unrelevant ist. Zum Beispiel zeigt eine langjährige Studie von mehr als 1.000 Managern und anderen Angestellten, dass Füh- rungspersonen mit hoher Führungsverantwortung im Durchschnitt drei bis fünf Jahre früher starben als Mitarbeitende auf niedrigeren organisationalen Ebenen (Nicho- las, 2023). Aber der Gesundheitszustand der Führungskräfte wirkt sich nicht nur auf ihre Sterblichkeit aus, sondern beeinflusst auch ihre Leistung(sfähigkeit), Motivation und Kreativität (u.a. Sonnentag, 2015) und hat auch Folgen für die Mitarbeitenden: Beispielsweise zeigen Gutermann und Kolleg*innen (2017), dass das Arbeitsengage- ment der Führungspersonen beeinflusst, wie sie die Beziehung zu ihren Mitarbeiten- den gestalten (also die Beziehungsqualität, siehe Kasten „Leader-member exchange theory" auf S. 47) und dies wiederum hat Auswirkungen auf das Arbeitsengage- ment, aber auch auf die Leistung und die Kündigungsabsichten der Mitarbeitenden (Gutermann et al., 2017).

Beeinflusst der Gesundheits- zustand der Führungskräfte ihr Führungs- verhalten?

Wenn Sie es nicht schon vorher gewusst haben, dann haben diese Forschungsbefunde Ihnen vielleicht (noch einmal) verdeutlicht, dass es ebenfalls wichtig ist, die Gesund- heit der Führungskräfte zu betrachten. Es stellen sich die Fragen, was passiert, wenn Führungspersonen selbst ausgebrannt sind, unter körperlichen Beschwerden leiden oder psychische Probleme haben? Beeinflusst das ihr Verhalten gegenüber ihren Mit- arbeitenden und damit ihren Führungsstil? Oder umgekehrt, können gesunde Vorge- setzte besser (gesundheitsförderlich) führen als ungesunde? Wie bereits in Kapitel 2 vorgestellt, ist laut den theoretischen Annahmen des HoL-Modells die Gesundheit der Führungskräfte ein (indirekter) Weg, wie Führungskräfte Einfluss auf die Mitarbeiter*innengesundheit nehmen können (z. B. Krick, Wunderlich & Felfe, 2022). Aber was sagen die Forschungsergebnisse diesbezüglich?

In diesem Abschnitt beschreibe ich die wesentlichen Ergebnisse einer Metaanalyse (das heißt einer Zusammenfassung von bisherigen empirischen Arbeiten) zu der Frage, welcher Zusammenhang zwischen dem Wohlbefinden der Führungskräfte und ihrem (gesundheitsorientierten) Führungsverhalten besteht. Die detaillierten Ergebnisse finden Sie in der Originalveröffentlichung (A. J. Kaluza, Boer et al., 2020).

> **Metaanalyse zum Zusammenhang von Führungskräftegesundheit und Führungsverhalten**

3.2.1   Theoretische Erklärungen zum Zusammenhang von Führungsverhalten und Führungskräftegesundheit

Während einige Führungsforschende annehmen, dass das Wohlbefinden der Führungspersonen sich auf ihr Führungsverhalten auswirkt (z. B. Jin et al., 2016; Lam et al., 2017), postulieren andere, dass der Führungsstil die eigene Gesundheit der Führungskräfte beeinflusst (z. B. Arnold et al., 2017). Mit der schwierigen Frage nach der Kausalität haben wir uns schon in Hinblick auf den Zusammenhang von Führung und Mitarbeiter*innengesundheit beschäftigt (siehe u. a. den Kasten „Kausalität der Zusammenhänge" auf S. 35). Auch bei der Führungskräftegesundheit ist die Richtung der Zusammenhänge nicht eindeutig geklärt und bisherige empirische Arbeiten betrachten überwiegend Korrelationsstudien, die keine eindeutigen kausalen Aussagen über die Wirkungsrichtung zulassen. Es ist allerdings anzunehmen, dass sich das Wohlbefinden der Führungspersonen und ihr Führungsverhalten wechselseitig beeinflussen, das heißt also beide Wirkungsrichtungen vorliegen. Dies lässt sich gut mit verschiedenen Theorien erklären, von denen ich Ihnen an dieser Stelle gerne einige ausgewählte vorstellen möchte (eine vollständige Übersicht über die verschiedenen Theorien, die zur Erklärung des Zusammenhangs von Führungsverhalten und der Führungskräftegesundheit verwendet werden, finden Sie bei A. J. Kaluza, Boer et al., 2020).

> **Führungsforschende sind sich über die Richtung der Zusammenhänge uneins**

Wie die Gesundheit der Führungskräfte ihr Führungsverhalten beeinflussen kann

Eine wichtige Theorie zur Erklärung von Stress und Wohlbefinden ist die *Theorie der Ressourcenerhaltung* (engl. *conservation of resources theory*, kurz COR; z. B. Hobfoll, 1989). Die Theorie geht davon aus, dass Menschen aktiv versuchen, ihre Ressourcen zu erhalten und zu schützen (Hobfoll, 1989, 2001). Bei Ressourcen kann es sich um Objekte (z. B. Auto, Haus), persönliche Eigenschaften (z. B. Selbstwertgefühl), Bedingungen (z. B. Festanstellung) oder Energien (z. B. Zeit, Wissen) handeln, die von der Person geschätzt werden (Hobfoll, 1989). Kennen Sie Ihre eigenen Ressourcen? Welche Gegenstände, Fähigkeiten oder Gegebenheiten geben Ihnen Kraft, sind eine Energiequelle und tragen zu Ihrem Wohlbefinden bei?

Die Theorie der Ressourcenerhaltung nimmt an, dass wir bei einem tatsächlichen oder einem potenziellen Verlust von Ressourcen, oder wenn es uns nicht gelingt, nachdem wir unsere Fähigkeiten und Kräfte investiert haben, neue Ressourcen zu gewinnen, Stress empfinden (Hobfoll et al., 1990). Weiterhin sagt die Theorie, dass bei einem

> **Stress als Folge eines (potenziellen) Ressourcenverlusts**

Verlust- und Gewinnspiralen von Ressourcen

Ressourcenverlust die Person versucht, diesen zu minimieren und andere Energiequellen nutzt, um den Verlust auszugleichen. Wenn nicht mehr genügend dieser Kräfte vorhanden sind, um einen Ressourcenverlust aufzufangen, oder wenn die Ressourcen nicht wieder aufgefüllt werden können, kann sich eine *Verlustspirale* entwickeln, die zu einem weiteren Entzug von Ressourcen und zu negativem Wohlbefinden führt. Im Gegensatz dazu erleben Menschen ein positives Wohlbefinden, wenn sie einen Überschuss an Ressourcen besitzen. Durch den Einsatz anderer Kräfte und Energiequellen können Personen ihre Ressourcen kurz- und langfristig erweitern. In diesem Sinne können die Ressourcen auch additiv sein, was zu einer *Gewinnspirale* führt (Hobfoll, 1989). Das heißt, die Investition von Ressourcen kann dazu beitragen, neue Ressourcen zu erwerben, die es leichter machen, schwierige Situationen in der Zukunft gut zu bewältigen.

Ein positives Wohlbefinden als Ressource für die Ausübung konstruktiver Führung

Klingt abstrakt? Das ist es auch! Lassen Sie uns diese Annahmen daher einmal in Bezug auf unsere Fragestellung konkretisieren. Neben den verschiedenen Anforderungen an Führungspersonen, welche wir oben schon betrachtet haben, setzt insbesondere die Führung von Mitarbeitenden komplexe Verhaltensstrategien voraus, die ausreichend (persönliche) Ressourcen erfordern (Byrne et al., 2014). Das können beispielsweise individuelle Eigenschaften der Führungspersonen sein, wie ein gutes Selbstwertgefühl oder Gewissenhaftigkeit. Auch ein positives Wohlbefinden kann als eine Ressource fungieren (Hobfoll, 2001) und Führungskräfte dabei unterstützen, ihre Mitarbeitenden gut zu führen, das heißt die Mitarbeitenden zu inspirieren, ihre Arbeit wertzuschätzen und auf die einzelnen Mitarbeitenden einzugehen. Empirische Studien bestätigen, dass die persönlichen Ressourcen von Führungskräften wie Hoffnung, Optimismus und Resilienz sowie ein hohes Maß an Wohlbefinden (z. B. Engagement, positive Stimmung) mit einem konstruktiven, unterstützenden und motivierenden Führungsverhalten einhergehen (z. B. Courtright et al., 2014; Rubin et al., 2005). Das heißt, Führungspersonen, die sich wohlfühlen und gesund sind, können dies als Ressource nutzen, um ihre Mitarbeitenden gut zu führen.

Fehlende Ressourcen bei negativem Wohlbefinden begünstigen destruktive Führung

Im Gegensatz dazu besteht bei Führungskräften mit einem negativen Wohlbefinden die Gefahr, dass sie ihren Stress und ihre Überlastung durch ihr Führungsverhalten an ihre Untergebenen weitergeben. Forschungsarbeiten zeigen, dass emotional erschöpfte Führungspersonen eher zu einem passiven, laissez-fairen Führungsverhalten neigen, das heißt ihren Mitarbeitenden viel Spielraum lassen und ihre Führungsrolle nicht wirklich wahrnehmen, zum Beispiel selten ansprechbar sind oder die Mitarbeitenden weniger unterstützen und ermutigen (z. B. Courtright et al., 2014; ten Brummelhuis et al., 2014). Auch bieten überlastete Führungspersonen ihren Mitarbeitenden weniger gesundheitsförderliche Unterstützung an (Klebe, Felfe & Klug, 2022; Krick, Felfe et al., 2022). Die Theorie der Ressourcenerhaltung legt nahe, dass Menschen, die einen Verlust von Ressourcen (z. B. ein niedriges Wohlbefinden) erleben, eine defensive Haltung einnehmen, um die verbleibenden Ressourcen zu schützen (Hobfoll, 2001) und sogar kontraproduktive oder selbstschädigende Verhaltensweisen anwenden (Hobfoll, 1989). Im Falle eines negativen Wohlbefindens fehlt es den Führungskräften möglicherweise nicht nur an Energie und Kapazität, um mit den Anforderungen an ihre Führungsposition umzugehen und sie zeigen als Folge ein passives Führungsverhalten, sondern es besteht zudem das Risiko, dass sie sogar aktiv destruktive Verhaltensweisen anwenden, um ihre verbleibenden Ressourcen zu schützen. In diesem Fall könnten aggressive und andere aktiv destruktive Führungsverhaltensweisen ein Ausdruck eines Mangels an Ressourcen sein, den die Führungspersonen nicht kompensieren können, weil ihnen nicht ausreichend Ressourcen zur Verfügung stehen. Ganz ähnlich argumentiert auch eine andere Theorie, die sogenannte *Theorie der regulatorischen Ressourcen* (engl. *ego depletion theory*; z. B. Hagger et al., 2010). Nach diesem Ansatz führt ein Ressourcenmangel zu einer Reduktion der Selbstkontrolle, was dazu beitragen kann, dass erschöpfte und ausgelaugte Führungskräfte eher destruktiv führen oder auch inkonsistentes Führungsverhalten zeigen (siehe z. B. Klebe, Klug & Felfe, 2022).

Merke

Das Wohlbefinden der Führungskräfte kann sich direkt oder indirekt auf ihr Führungsverhalten auswirken: Sind Führungskräfte gesund und geht es ihnen gut, besitzen sie ausreichend Ressourcen, um konstruktiv zu führen, zum Beispiel transformationale Führungsverhaltensweisen anzuwenden. Wenn Führungspersonen dagegen erschöpft und ausgelaugt sind, fehlen ihnen die notwendigen Kapazitäten und Ressourcen. Dies kann dazu führen, dass sie ihre Führungsaufgaben nicht wahrnehmen, also passive Führung zeigen. Darüber hinaus könnte der mit einem schlechten Wohlbefinden einhergehende Ressourcenmangel ihre Selbstbeherrschung reduzieren, wodurch es Führungskräften schwerer fällt, destruktive Verhaltensweisen zurückzuhalten.

Wie das Verhalten von Führungskräften ihr Wohlbefinden beeinflussen kann

Aber auch umgekehrt kann das Verhalten in der Führungsposition die Gesundheit der Führungskräfte beeinflussen, entweder direkt oder indirekt: Stellen Sie sich eine Führungskraft vor, die mit ihrem Team an einem herausfordernden Projekt gearbeitet hat und es durch eine konstruktive Zusammenarbeit mit allen Teammitgliedern zu einem erfolgreichen Abschluss führen konnte. Diese Führungsperson wird sich sicherlich über die Teamleistung, aber auch über ihre eigene Leistung in der Führungsrolle freuen und stolz auf den erfolgreichen Projektabschluss sein. Nach der Theorie der Ressourcenerhaltung können das Erleben von Erfolg und das Erreichen von Zielen, der Stolz auf die eigenen Leistungen und das Gefühl, für andere wertvoll zu sein, als Ressourcen fungieren (Hobfoll, 2001). Es ist wahrscheinlich, dass unterstützende und motivierende Führungspersonen aufgrund ihres Führungsverhaltens über diese Ressourcen verfügen, die sich dann wiederum positiv auf ihr eigenes Wohlbefinden auswirken und sogar weiteres positives Führungsverhalten fördern können. Es ist also anzunehmen, dass konstruktive Führungsstile durch die damit einhergehenden vermehrten Ressourcen positive Auswirkungen auf die Führungskräftegesundheit haben.

Ein indirekter Wirkmechanismus ist, dass das Ausüben von positivem Führungsverhalten wichtige psychologische Grundbedürfnisse der Führungskräfte erfüllt und so indirekt das Wohlbefinden der Führungskräfte beeinflussen kann (z. B. Lanaj et al., 2016). Nach der *Selbstbestimmungstheorie* (engl. *self-determination theory*, kurz SDT; Deci & Ryan, 2000) besitzen Menschen drei angeborene psychologische Bedürfnisse: das Be-

Konstruktive
Führung
beeinflusst das
Wohlbefinden
durch die
Erfüllung
psychologischer
Bedürfnisse

dürfnis nach Kompetenz, nach sozialer Eingebundenheit und nach Autonomie. Das heißt, wir Menschen möchten uns als erfolgreich und effektiv erleben, bedeutsam für andere Personen sein und frei über unser Verhalten entscheiden können. Die Erfüllung dieser Bedürfnisse geht mit einem besseren Wohlbefinden einher. Forschungsergebnisse zeigen, dass konstruktives Führungsverhalten sich teilweise indirekt durch die Befriedigung dieser Bedürfnisse auf das Wohlbefinden der Führungskräfte auswirkt (beispielsweise zu einer Verbesserung der Stimmung führt; Lanaj et al., 2016). Zum Beispiel kann eine konstruktiv führende Führungsperson ihr Bedürfnis nach Verbundenheit erfüllen, indem sie eine wertschätzende Beziehung zu ihren Mitarbeitenden herstellt (vgl. beziehungsorientierte Führung im Kasten „Führung" auf S. 32), oder sie kann dem Bedürfnis nach Autonomie nachkommen, indem sie selbst gesetzte Ziele verfolgt und sich kongruent zu ihren eigenen Werten verhält (siehe Lanaj et al., 2016).

Gleichzeitig kann nach der Theorie der Ressourcenerhaltung die Ausführung von anspruchsvollem Führungsverhalten auch die Ressourcen der Führungspersonen erschöpfen, was sich dann wiederum negativ auf das Wohlbefinden auswirken kann. In einer Studie von Zwingmann und Kolleg*innen wurde beispielsweise gezeigt, dass transformationale Führung kurzfristig gesundheitsförderliche Effekte für Führungskräfte hat, aber langfristig die Ressourcen der Führungspersonen verbraucht und zu vermehrter Erschöpfung führen kann (Zwingmann et al., 2016).

Destruktive
Führung
verbraucht
Ressourcen und
beeinträchtigt
das Wohl-
befinden

Destruktive Führung sollte – basierend auf der Theorie der Ressourcenerhaltung – sich negativ auf das Wohlbefinden der Führungskräfte auswirken. Aktiv destruktive Führung beinhaltet Verhaltensweisen, die eine Verlustspirale in Gang setzen können: Aktive negative Verhaltensweisen verbrauchen Ressourcen und lösen zusätzlich negative emotionale Reaktionen aus (bei einem selbst, aber auch bei anderen Personen) und können der Arbeitsleistung entgegen wirken. Dies kann zu einer weiteren Reduktion von Ressourcen führen, was wiederum dann das Wohlbefinden beeinträchtigen kann. Stellen Sie sich zum Beispiel eine Führungskraft vor, die ihre Mitarbeitenden beleidigt, anschreit, ignoriert oder kränkende Bemerkungen äußert – wie werden die Mitarbeitenden wohl auf diese Führungsperson reagieren? Sicherlich werden sie nicht besonders zufrieden und motiviert sein, ihre Produktivität und Leistung wird höchstwahrscheinlich nachlassen und sie werden sich eventuell selbst aggressiver gegenüber Kolleg*innen oder sogar der Führungskraft selbst verhalten. Kurz gesagt, unter destruktiver Führung leidet nicht nur die Arbeitsleistung, sondern auch das Teamklima, was sich dann auf das Wohlbefinden der Führungskräfte auswirken kann.

Merke

Sowohl konstruktive als auch destruktive Führung kann sich direkt oder indirekt auf die Führungskräftegesundheit auswirken: Unterschiedliches Führungsverhalten ist mit mehr oder weniger Ressourcen verbunden, zum Beispiel dem Gefühl, andere zu fördern und von ihnen geschätzt zu werden bei einer konstruktiven Führung vs. dem Rückgang des Vertrauens und der Mitarbeit der Mitarbeitenden bei einer destruktiven Führung. Dies kann direkte Auswirkungen auf das Wohlbefinden der Führungskräfte haben. Daneben kann ein konstruktives Führungsverhalten grundlegende psychologische Bedürfnisse der Führungspersonen (beispielsweise nach Verbundenheit) erfüllen, was dann indirekt zu einem positiven Wohlbefinden der Führungskräfte beiträgt. Anspruchsvolle Führung dagegen ist ressourcenintensiv und kann (langfristig) zu einem Ressourcenabbau und damit einer Reduktion des Führungskräftewohlbefindens führen.

Was wir in der Metaanalyse untersucht haben

Unabhängig von der Richtung der Zusammenhänge deuten diese theoretischen Überlegungen darauf hin, dass konstruktives Führungsverhalten positiv mit dem Wohlbefinden von Führungskräften zusammenhängt, während destruktive Führung negativ mit der Führungskräftegesundheit verknüpft ist. Diese Annahmen (und weitere Hypothesen zu unterschiedlichen Wohlbefindensformen und verschiedenen konstruktiven und destruktiven Führungsverhaltensweisen) untersuchten wir in einer Metaanalyse. Dafür haben wir bisherige Forschungsarbeiten zum Zusammenhang von Führung und Führungskräftewohlbefinden zusammengetragen, die Daten dieser Studien statistisch zusammengefasst und ausgewertet. Dieses Vorgehen erlaubt es, den aktuellen Forschungsstand eines Forschungsfeldes umfassend darzustellen. Zum Beispiel können wir somit Aussagen über die Höhe der Zusammenhänge zwischen verschiedenen Indikatoren von Wohlbefinden (beispielsweise positiv vs. negativ oder kurz- vs. langfristig; siehe auch Abschnitt 2.1.1) und unterschiedlichen Führungsstilen (z. B. beziehungsorientierte, veränderungsorientierte oder destruktive Führung) treffen. Einzelne Primärstudien haben oft nur einen oder wenige Wohlbefindensindikatoren oder Führungsstile erfasst, sodass solche Vergleiche nicht möglich sind. Im Gegensatz zu einer systematischen (narrativen) Übersichtsarbeit (auch Review genannt), können mit einer Metaanalyse statistische Kennwerte geliefert werden, da es sich hierbei um eine quantitative Kombination der Ergebnisse mehrerer Studien handelt. Bei einem Review dagegen werden die früheren Forschungsergebnisse nur beschreibend dargestellt, also qualitativ zusammengefasst.

Hängt konstruktive Führung positiv und destruktive Führung negativ mit dem Führungskräftewohlbefinden zusammen?

Daten bisheriger Studien wurden in der Metaanalyse zusammengefasst und ausgewertet

Merke

Eine Metaanalyse ermöglicht es, die Ergebnisse einzelner empirischer Arbeiten (Primärstudien), welche dieselbe Fragestellung in einem wissenschaftlichen Forschungsgebiet adressieren, quantitativ zusammenzufassen und zu bewerten. Dadurch kann der aktuelle Forschungsstand in einem Forschungsbereich umfassend dargestellt werden.

3.2.2   Studiendurchführung und Ergebnisse

Im ersten Schritt führten wir eine Literaturrecherche in verschiedenen wissenschaftlichen Datenbanken durch, um bisherige Studien, welche den Zusammenhang von verschiedenen Führungsverhaltensweisen und diversen Wohlbefindensindikatoren untersuchen, zu identifizieren. Dabei kombinierten wir unterschiedliche Stichwörter zum Begriff Führung (z. B. „leadership style", „leadership behavior") mit verschiedenen Stichwörtern zum Begriff Wohlbefinden (z. B. „exhaustion", „health"). Zusätzlich kontaktierten wir Wissenschaftler*innen, welche in diesem Forschungsgebiet aktiv sind, um auch

Die umfassende Literaturrecherche lieferte Daten von 95 Stichproben mit insg. 12.617 Teilnehmenden

unpublizierte Arbeiten zu erhalten, oder auch bei fehlenden Informationen in den publizierten Artikeln (siehe Kasten „Publikationsverzerrung"). Die Studien wurden nach folgenden Kriterien ausgewählt: Sie sollten (1) das von Führungskräften oder Mitarbeitenden eingeschätzte Führungsverhalten erfassen, (2) das Wohlbefinden der Führungskräfte messen (hierbei beschränkt auf die Selbsteinschätzung der Führungspersonen, da die Fremdbewertung durch andere zu einer verzerrten Darstellung führen kann) und (3) ausreichend statistische Informationen bieten (z. B. Korrelations- oder Regressionskoeffizienten), sodass wir die empirischen Daten in unsere Metaanalyse einfließen lassen konnten. Wir begannen mit der Literaturrecherche im Jahr 2015 und schlossen sie nach mehrfachen Aktualisierungen im Juli 2018 ab. Insgesamt fanden wir 88 Artikel und unveröffentlichte Arbeiten, die Daten von 95 unabhängigen Stichproben mit insgesamt 12.617 Teilnehmenden (mittlere Stichprobengröße = 132) lieferten.

Publikationsverzerrung

Eine *Publikationsverzerrung* (auch *Publikationsbias,* engl. *publication bias,* genannt; Field, 2005; Lipsey & Wilson, 2001) bezeichnet das Problem, dass erwünschte und signifikante Ergebnisse bevorzugt und häufiger veröffentlicht werden, was zu einer verzerrten Darstellung der Datenlage, vor allem im Rahmen von Ergebniszusammenfassungen wie bei einer Metaanalyse, führen kann. Signifikante Ergebnisse lassen sich in der Regel leichter publizieren als nicht signifikante Befunde, was dazu führt, dass Wissenschaftler*innen häufig nicht signifikante Ergebnisse gar nicht erst zur Veröffentlichung einreichen (was auch als *Schubladenproblem,* engl. *file drawer problem,* bezeichnet wird; siehe Rosenthal, 1979).

Eine Gegenmaßnahme ist der Einschluss von unveröffentlichten Arbeiten in eine Metaanalyse. Auch statistisch existieren bei Metaanalysen verschiedene Möglichkeiten eine Publikationsverzerrung zu erkennen bzw. für diese zu korrigieren. Außerdem werden im Rahmen der Open-Science-Bewegung, also der „offenen Wissenschaft", immer mehr sogenannte Präregistrierungen für Studien erstellt, in denen schon vorab vor der Durchführung der Studie festgehalten wird, welche Fragestellungen die Wissenschaftler*innen untersuchen möchten und auf welche Art und Weise, also die Methode und die Analysestrategien. Diese Präregistrierungen sollen dabei helfen, dass kleine oder nicht signifikante Effekte ebenfalls veröffentlicht werden können, zum Beispiel weil vorab schon von den Reviewern einer Zeitschrift (das sind diejenigen, welche mitentscheiden, ob ein Artikel publiziert wird oder nicht) die Studie als sinnvoll und methodisch angemessen eingeschätzt wird und daher einer Veröffentlichung schon vor dem Vorliegen der finalen Ergebnisse zugestimmt wird. Zudem soll eine Präregistrierung verhindern, dass Forschende ihre Daten nach signifikanten Ergebnissen „absuchen" und dabei nicht signifikante Ergebnisse einfach unterschlagen.

Kodierung der gefundenen Studien

Im nächsten Schritt haben wir die gefundenen Studien kodiert, also alle relevanten Studiencharakteristika, die wir für die metaanalytischen Berechnungen benötigten, aus den gefundenen Artikeln abstrahiert und zusammengetragen. Um die Qualität der Kodierungen zu überprüfen, kodierten wir 27 % der Studien doppelt, das heißt zwei Wissenschaftlerinnen haben unabhängig voneinander einen Teil der Studien durchgesehen und die relevanten Angaben herausgesucht. Die Ergebnisse der beiden Wissenschaftlerinnen verglichen wir dann und berechneten die Übereinstimmung: Diese lag bei 95 % und war demnach recht hoch, sodass wir auf eine sorgfältige Kodierung schließen konnten (Spearmans $r = 0.92$, kappa $= 0.91$).

Um Unterschiede zwischen verschiedenen Wohlbefindensindikatoren untersuchen zu können, unterschieden wir zwischen folgenden drei Wohlbefindensdimensionen: (a) Valenz, d. h. positivem und negativem Wohlbefinden (z. B. Glück, Lebenszufriedenheit vs. Depression, Krankheit), (b) temporäre Stabilität, d. h. kurz- und langfristigem Wohlbefinden (z. B. temporäres, momentanes Wohlbefinden wie aktueller Affekt vs. stabiles, dauerhaftes Wohlbefinden wie Lebenszufriedenheit) und (c) Domainspezifität, d. h. arbeitsbezogenem und generellem Wohlbefinden (z. B. Arbeitsengagement, Arbeitszufriedenheit vs. allgemeiner Stress, Glück; siehe Abbildung 7). Sicherlich ist Ihnen bei der Auflistung der Beispiele aufgefallen, dass einige Wohlbefindensindikatoren sich mehreren Kategorien zuordnen lassen, beispielsweise kann Lebenszufriedenheit sowohl als positiv als auch als stabil und generell klassifiziert werden. Zusätzlich zu diesen verschiedenen Kategorien berechneten wir auch noch einen Wert für das Gesamtwohlbefinden, wofür wir den Gesamtwert aller Wohlbefindensindikatoren bildeten. Dabei invertierten wir die negativen Indikatoren, das heißt drehten sie sozusagen um, sodass höhere Werte ein besseres Wohlbefinden bedeuteten und niedrigere Werte ein schlechteres Wohlbefinden darstellten.

Unterscheidung von drei Wohlbefindensformen

Bei den Führungsstilen unterschieden wir zwischen fünf verschiedenen Führungsverhaltensweisen (siehe Abbildung 7), welche entweder der konstruktiven oder der destruktiven Führung zugeordnet werden können (siehe auch Abschnitt 2.2 zu den Führungsstilen): Bei den konstruktiven Führungsstilen differenzierten wir zwischen (a) aufgabenorientierter Führung (z. B. Setzen von klaren Zielvorgaben und Feedback geben), (b) beziehungsorientierter Führung (z. B. Unterstützung und Eingehen auf die Bedürfnisse der Mitarbeitenden) und (c) veränderungsorientierter Führung (z. B. Motivation der Mitarbeitenden, über ihr Selbstinteresse und das Normalmaß hinaus etwas für die Organisation zu tun, beispielsweise durch transformationale Führung). Bei den destruktiven Führungsstilen grenzten wir die (d) passive Führung (Führungskräfte geben keine Vorgaben, sind aber auch nicht für Mitarbeitende da, wenn diese sie brauchen) von der (e) aktiv destruktiven Führung (z. B. intentionale Demütigung der Mitarbeitenden) ab.

Unterscheidung von fünf Führungsstilen

Vorgehen bei den statistischen Analysen

Im darauffolgenden Schritt werteten wir dann die Daten aus. Diese Berechnungen führten wir basierend auf dem sogenannten *Modell zufallsbedingter Effekte* (engl. *random-effects model*) durch. Dieses statistische Verfahren geht davon aus, dass unterschiedliche Effekte in den verschiedenen Primärstudien möglich sind. Zum Beispiel können sich die Stichproben in verschiedenen Studien unterscheiden, beispielsweise wenn in einer Studie vor allem Beschäftigte der Automobilbranche befragt wurden, während Teilnehmende einer anderen Studie vor allem aus Pflege- und Gesundheitsberufen kamen. Dies kann zu unterschiedlichen Ergebnissen führen, was durch das

Führungskräftewohlbefinden	Führungskräfteverhalten
Valenz	**konstruktiv**
• **positiv:** Glück, Lebenszufriedenheit, positiver Affekt etc. • **negativ:** emotionale Erschöpfung, Depression, Krankheit etc.	• **aufgabenorientiert:** direktiv, bürokratisch, transaktional, z.B. *contingent reward, initiating structure* • **beziehungsorientiert:** demokratisch, partizipativ, unterstützend, z.B. *consideration, leader-member exchange (LMX)* • **veränderungsorientiert:** transformational, charismatisch, visionär, z.B. *idealized influence, inspirational motivation, intellectual stimulation*
temporäre Stabilität	
• **kurzfristig:** temporäres, momentanes Wohlbefinden, z.B. aktueller Affekt • **langfristig:** stabiles, dauerhaftes Wohlbefinden, z.B. Lebenszufriedenheit	
Domainspezifität	**destruktiv**
• **arbeitsbezogen:** Arbeitsengagement, Arbeitszufriedenheit, berufsbezogener Stress, Burnout etc. • **generell:** allgemeiner Stress, Lebenszufriedenheit, Glück etc.	• **passiv:** passiv, vermeidend, z.B. *laissez-faire, management-by-exception passive* • **aktiv destruktiv:** beleidigend, zwingend, autokratisch, z.B. *abusive supervision*

Anmerkung: Bezeichnungen von Führungsstilen bzw. Skalen von Messinstrumenten zur Erfassung von Führungsstilen sind durch kursive Schreibung gekennzeichnet.

Abbildung 7:   Übersicht über die in der Metaanalyse untersuchten Dimensionen des Führungskräftewohlbefindens und die verschiedenen Formen von Führungsverhalten (A.J. Kaluza, Boer et al., 2020)

Modell zufallsbedingter Effekte berücksichtigt wird. Dieses Verfahren wird oft als Methode der Wahl für Studien im Feld (d.h. in realen Situationen) gesehen und deswegen für publizierte Studien mit heterogenen Stichproben empfohlen (z.B. Borenstein et al., 2009; Field & Gillett, 2010) – so wie es bei unserer Meta-Analyse der Fall war.

Berechnung der meta-analytischen Effektstärken Das Ziel einer Metaanalyse ist es, den mittleren Effekt sowie die vorhandene Varianz der Effekte über die verschiedenen Studien hinweg zu berechnen und zu erklären. Dabei werden jedoch nicht einfach die Effekte der verschiedenen Studien gemittelt, sondern bei der Bestimmung der gemittelten metaanalytischen Effektstärken werden zum Beispiel auch die unterschiedlichen Stichprobengrößen in den verschiedenen Studien beachtet (zum Beispiel durch eine Gewichtung mit dem sog. *inverse variance weight*; Lipsey & Wilson, 2001). Damit soll sichergestellt werden, dass beispielsweise Studien mit sehr kleinen Stichproben aber großen Effekten keinen unverhältnismäßig starken Einfluss auf die gemittelte metaanalytische Effektstärke haben. Sind die Effekte in den Primärstudien sehr heterogen, kann mithilfe von weiteren Analysen getestet werden, ob sich zum Beispiel Subgruppen in den Effektstärken unterscheiden (beispielsweise Männer vs. Frauen).

Um zu überprüfen, ob sich die Zusammenhänge der verschiedenen Führungsverhaltensweisen mit den unterschiedlichen Wohlbefindensindikatoren unterscheiden, führten wir sogenannte (multivariate) *Relative-Weight-Analysen* durch. Dabei wird beachtet, dass die verschiedenen Variablen (z. B. die Führungsverhaltensweisen oder auch die Wohlbefindensindikatoren) korreliert sind, das heißt miteinander zusammenhängen und nicht vollkommen unabhängig voneinander sind (Tonidandel & LeBreton, 2015). Zum Beispiel wird eine Führungskraft, welche ihre Mitarbeitenden motiviert und inspiriert (d. h. eine veränderungsorientierte Führung zeigt), auch eher beziehungsorientiert führen (d. h. die beiden Führungsverhaltensweisen sind positiv korreliert) und weniger passiv führen (d. h. hier liegt eine negative Korrelation vor). Ähnlich verhält es sich auch mit den Wohlbefindensformen: Zum Beispiel hängt die Zufriedenheit mit dem Job (arbeitsbezogenes Wohlbefinden) auch mit der generellen Zufriedenheit im Leben (generelles Wohlbefinden) zusammen.

Vielleicht schwirrt Ihnen jetzt der Kopf angesichts dieser vielen statistischen Erklärungen. Keine Sorge, das müssen Sie nicht alles lernen, um sich selbst und Ihre Mitarbeitenden gesund am Arbeitsplatz zu führen. Aber da metaanalytische Berechnungen keine alltäglichen Analysen sind (und viele Wissenschaftler*innen selbst auch keine Metaanalysen durchführen) und es doch ein paar Unterschiede und Feinheiten bei der Auswertung gibt, halte ich es für wichtig, an dieser Stelle kurz die wesentlichen Schritte der Literaturrecherche und Datenauswertung unserer Metaanalyse zu erklären. Aber jetzt geht es auch schon zu den Ergebnissen! Interessierte Lesende, die gerne noch mehr über die Methode und die Datenauswertung erfahren möchten, können dies gerne in dem Originalartikel (A. J. Kaluza, Boer et al., 2020) nachlesen.

Metaanalytische Ergebnisse

In Abbildung 8 sind die metaanalytischen Effektstärken, das heißt die über alle Studien gemittelte Höhe der Zusammenhänge, für die verschiedenen Führungsverhaltensweisen und die verschiedenen Wohlbefindensformen dargestellt. Eine metaanalytische Effektstärke von 0 würde bedeuten, dass im Mittel über alle inkludierten Studien hinweg kein Zusammenhang zwischen diesem Führungsverhalten und der bestimmten Wohlbefindenskategorie besteht. Bewegen sich die Effektstärken im positiven Bereich, zeigt dies, dass ein positiver Zusammenhang zwischen Führung und Wohlbefinden besteht: Je mehr eine Führungskraft das spezifische Führungsverhalten zeigt, desto höhere Werte berichtet sie auch bei dem entsprechenden Wohlbefindensindikator – oder umgekehrt, je stärker diese Art des Wohlbefindens ausgeprägt ist, desto mehr von dem spezifischen Führungsverhalten zeigt die Führungskraft. Negative Werte weisen dagegen auf einen negativen Zusammenhang hin: Eine Zunahme dieser Wohlbefindensform geht mit einer Reduktion des entsprechenden Führungsverhaltens einher bzw. eine Steigerung in einem bestimmten Führungsverhalten hängt mit einer Verringerung in der entsprechenden Wohlbefindensform zusammen.

Positive Effektstärken bedeuten einen positiven, negative Effektstärken einen negativen Zusammenhang

Konstruktive Führung hing positiv mit dem Gesamtwohlbefinden der Führungskräfte zusammen

Schauen wir uns zunächst einmal die Befunde für die konstruktiven Führungsstile an: Insgesamt bestätigten die Ergebnisse der Metaanalyse unsere Annahmen, dass alle drei konstruktiven Führungsstile (aufgabenorientierte, beziehungsorientierte und veränderungsorientierte Führung) positiv mit dem Gesamtwohlbefinden der Führungskräfte zusammenhängen. Wie oben bereits angesprochen, haben die meisten Studien nur querschnittliche Daten erhoben, wodurch kausale Aussagen über die Richtung der Zusammenhänge erschwert werden. Aber auf Grundlage der theoretischen Überlegungen ist anzunehmen, dass Führungspersonen dann konstruktiv führen, wenn es ihnen gesundheitlich gut geht und gleichzeitig solch ein Führungsverhalten auch bei den Führungskräften selbst positiv zu ihrem Wohlbefinden beiträgt. Wie in Abbildung 8 zu sehen, zeigte veränderungsorientierte Führung die stärksten Zusammenhänge, beziehungsorientierte Führung die zweitstärksten Korrelationen und aufgabenorientierte Führung eher geringere Zusammenhänge mit dem Führungskräftewohlbefinden (hier bewegen sich die Effektstärken näher an der 0). Das heißt, vor allem diejenigen Führungskräfte, welche ihre Mitarbeitenden motivierten und inspirierten und für eine gute Beziehung sorgten, fühlten sich wohl und waren zufrieden am Arbeitsplatz. Umgekehrt zeigten gesunde Führungskräfte eher solch ein Führungsverhalten.

Veränderungsorientierte Führung zeigte die stärksten Zusammenhänge bei den konstruktiven Führungsstilen

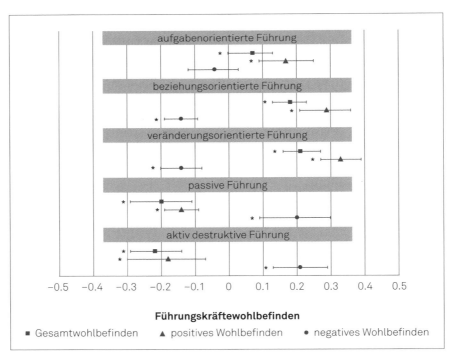

Anmerkung: * = signifikanter Zusammenhang zwischen dem Führungsverhalten und der Wohlbefindensform.

Abbildung 8:   Übersicht über ausgewählte Ergebnisse der Metaanalyse zum Zusammenhang von verschiedenen Führungsverhaltensweisen und verschiedenen Formen des Wohlbefindens von Führungskräften (Darstellung der metaanalytischen Effektstärken; siehe A.J. Kaluza, Boer et al., 2020)

Und wie sieht das Wohlbefinden von Vorgesetzten mit einem destruktiven Führungsstil aus? Beide destruktiven Führungsverhaltensweisen (aktiv destruktive sowie passive Führung) wiesen negative Zusammenhänge mit der Führungskräftegesundheit auf, wobei hier aktiv destruktive Führung stärker (negativ) mit dem Gesamtwohlbefinden zusammenhing als passive Führung. Dass Vorgesetzte, die aktiv destruktiv führten, das heißt beispielsweise autokratische und despotische Verhaltensweisen zeigten, eher unter einem schlechten Wohlbefinden litten bzw. gestresste und erschöpfte Führungskräfte auch eher zu solch einem Führungsstil tendierten, erscheint vor dem Hintergrund der theoretischen Ausführungen oben plausibel. Bemerkenswert ist, dass auch passive Führung negativ mit der Führungskräftegesundheit zusammenhing und diese Zusammenhänge von der Höhe her vergleichbar waren mit denen der anderen Führungsstile. Das heißt, ein passives Führungsverhalten war keineswegs neutral, sondern führte ebenfalls dazu, dass es Führungspersonen gesundheitlich schlecht ging bzw. gesundheitlich belastete Vorgesetzte neigten eher zu solch einem passivem Verhalten gegenüber ihren Mitarbeitenden.

Destruktive Führung war negativ mit dem Gesamtwohlbefinden der Führungskräfte verbunden

Auch passive Führung hing negativ mit dem Führungskräftewohlbefinden zusammen

Die bisherigen Ergebnisse beziehen sich auf das Gesamtwohlbefinden der Führungskräfte. Aber inwiefern unterscheiden sich die verschiedenen Formen von Wohlbefinden hinsichtlich der Zusammenhänge mit den unterschiedlichen Führungsstilen? Bei der Betrachtung der verschiedenen Facetten der Führungskräftegesundheit zeigte sich, dass das positive Wohlbefinden (z. B. Glück oder Freude) bedeutsamer für die konstruktiven Führungsstile war, während das negative Wohlbefinden (z. B. Krankheit oder Erschöpfung) stärker mit den destruktiven Führungsstilen verknüpft war. Langfristige Indikatoren von Gesundheit (z. B. stabile Lebenszufriedenheit) und arbeitsbezogene Wohlbefindensaspekte (z. B. Arbeitsengagement oder berufsbezogener Stress) zeigten stärkere Zusammenhänge mit konstruktiver Führung, während kurzfristige Wohlbefindensformen (z. B. eine vorübergehende, momentane Stimmung) sowie generelle Gesundheitsfaktoren (z. B. allgemeiner Stress) eher mit destruktiver Führung zusammenhingen. Daraus lässt sich schlussfolgern, dass Führungspersonen mit einem positiven, langfristigen und arbeitsbezogenen Wohlbefinden eher konstruktiv führen (bzw. solch ein Führungsstil eher zu dieser Art von Wohlbefinden beiträgt) und umgekehrt, Vorgesetzte mit negativen, aktuellen und generellen Gesundheitsproblemen eher zu destruktivem Verhalten im Job neigen (bzw. destruktives Führungsverhalten zu solchen Wohlbefindensformen führt).

Unterschiedliche Ergebnisse für verschiedene Formen von Wohlbefinden

Und wie sieht das im Speziellen bei gesundheitsförderlicher Führung aus? In zusätzlichen Analysen untersuchten wir, inwieweit gesundheitsförderliches Führungsverhalten mit der Führungskräftegesundheit zusammenhängt (diese zusätzlichen Ergebnisse sind im Detail bei A. J. Kaluza, 2019, nachzulesen). Das Gebiet der gesundheitsorientierten Führung ist ein recht junges Forschungsfeld und auch wenn schon einige wissenschaftliche Arbeiten den Zusammenhang dieses Führungsverhaltens mit der Mitarbeiter*innengesundheit betrachtet haben, existieren nur wenige Forschungsarbeiten, welche das Wohlbefinden auf der Seite der Führungskräfte untersuchen. Aus diesem Grund konnten wir nur sieben Studien in diese zusätzlichen Analysen einschließen. Um weitreichende Aussagen zu treffen, wären selbstverständlich noch weitere Primärstudien zum Zusammenhang von gesundheitsförderlicher Führung und der Führungskräftegesundheit wünschenswert. Diese metaanalytischen Berechnun-

Zusätzliche Analysen für gesundheitsförderliche Führung

gen, basierend auf den sieben Studien, ermöglichen aber schon einmal ein erstes umfassenderes Bild als es einzelne Primärstudien liefern können.

Positiver
Zusammenhang
zwischen
gesundheits-
förderlicher
Führung und dem
Gesamtwohl-
befinden der
Führungskräfte

Wie angenommen zeigten die Ergebnisse einen positiven Zusammenhang zwischen gesundheitsförderlicher Führung und dem Gesamtwohlbefinden der Führungskräfte. Das heißt, die eigene Gesundheit der Führungspersonen und damit auch eine gesundheitsförderliche Selbstfürsorge können die Ausübung solch eines Führungsstils begünstigen (so wie auch im HoL-Modell angenommen, z. B. Franke et al., 2014). Gleichzeitig ist, ähnlich wie bei beziehungsorientierter Führung, davon auszugehen, dass das Geben von gesundheitsförderlicher Unterstützung zu einem positiven Wohlbefinden der Führungskräfte beitrug.

Vergleich von
gesundheits-
förderlicher
Führung
mit anderen
Führungsstilen

Eine detaillierte Analyse der verschiedenen Wohlbefindensindikatoren verdeutlichte, dass vor allem positive und arbeitsbezogene Formen von Wohlbefinden mit gesundheitsförderlicher Führung zusammenhingen. Der Vergleich mit den anderen Führungsstilen zeigte, dass gesundheitsförderliche Führung mehr Varianz im Gesamtwohlbefinden aufklärte als die anderen konstruktiven Führungsstile – das heißt als bedeutsamer für das Wohlbefinden der Führungskräfte angesehen werden kann. Dies erscheint plausibel, da gesundheitsförderliche Führung – im Gegensatz zu anderen Führungsstilen – konkret auf die Förderung von Gesundheit am Arbeitsplatz ausgerichtet ist (Franke et al., 2014). Wenn Führungspersonen sich aktiv um die Gesundheit kümmern, achtsamer gegenüber Gesundheitsthemen sind und Gesundheitsaspekte priorisieren, beeinflusst dies stärker das Wohlbefinden der Führungskräfte als anderes Führungsverhalten, welches zum Beispiel eher auf die Arbeitsaufgabe oder die Beziehung zu den Mitarbeitenden gerichtet ist. Gleichzeitig können sich Führungspersonen vor allem dann um die Mitarbeiter*innengesundheit kümmern, wenn es ihnen gesundheitlich gut geht und sie sich wohlfühlen. Interessanterweise war ein aktiv destruktiver Führungsstil jedoch ein stärkerer Prädiktor für das Führungskräftewohlbefinden als gesundheitsförderliche Führung, das heißt hatte einen stärkeren Vorhersagewert. Dies zeigte noch einmal, wie negativ solch ein Führungsverhalten ist – nicht nur für die Mitarbeitenden (siehe z. B. Schyns & Schilling, 2013), sondern eben auch für die Gesundheit der Führungskräfte selbst.

Wir führten noch eine ganze Reihe weiterer Analysen durch, um die Ergebnisse besser zu verstehen. Zum Beispiel schauten wir uns die Kategorien der Führungsverhaltensweisen im Detail an und analysierten die Zusammenhänge der verschiedenen, in einer Führungskategorie eingeordneten Führungsstile mit dem Gesamtwohlbefinden. Außerdem testeten wir, ob sich die Zusammenhänge verändern, wenn wir Merkmale der Stichproben (z. B. durchschnittliches Alter, Geschlechtsverteilung, Hierarchielevel der Führungskräfte, Branche, kultureller Hintergrund) oder der Studie (z. B. publizierte vs. unpublizierte Arbeiten) beachten. Die einzelnen Ergebnisse dieser zusätzlichen Analysen würden den Rahmen hier sprengen, aber einen Befund möchte ich gerne herausgreifen: In der Kategorie der beziehungsorientierten Führungsverhaltensweisen

Authentische
Führung zeigte
die stärksten
Zusammenhänge
mit dem Gesamt-
wohlbefinden der
Führungskräfte

zeigte sich, dass eine authentische Führung (gemessen mit dem *Authentic Leadership Questionnaire,* Walumbwa et al., 2008) die stärksten Zusammenhänge mit dem Gesamtwohlbefinden der Führungskräfte aufwies im Vergleich zum Beispiel zur Beziehungsqualität (gemessen mit dem *Leader-Member Exchange Questionnaire,* Graen &

Uhl-Bien, 1995, siehe Kasten „Leader-member exchange theory" auf S. 47) oder dem individuellen Eingehen auf die Mitarbeitenden (einem Führungsstil, der als *consideration* bezeichnet wird; z. B. Judge et al., 2004). Das heißt, gerade für das Wohlbefinden der Führungspersonen scheint es relevant zu sein, dass diese sich nicht verstellen und sich anders geben, als sie eigentlich sind, sondern sie sollten sich authentisch, ehrlich und offen gegenüber den Mitarbeitenden verhalten und in Übereinstimmung mit ihren Überzeugungen und Werten handeln.

> **Zusammenfassung der Ergebnisse**
>
> Die Ergebnisse der Metaanalyse bestätigen einen klaren Zusammenhang zwischen dem Wohlbefinden der Führungskräfte und ihrem Verhalten gegenüber ihren Mitarbeitenden. Dabei existieren unterschiedlich hohe Zusammenhänge von verschiedenen konstruktiven und destruktiven Führungsverhaltensweisen mit verschiedenen Formen des Führungskräftewohlbefindens (z. B. positiv vs. negativ, arbeitsbezogen vs. generell). Da die meisten in der Metaanalyse inkludierten Primärstudien auf Querschnittsdaten beruhen, können keine eindeutigen Aussagen über die Kausalität der Zusammenhänge getroffen werden. Insgesamt lässt sich jedoch festhalten: Ein besseres Wohlbefinden der Führungsperson geht mit vermehrten konstruktiven (z. B. beziehungsorientierten, veränderungsorientierten) und verringerten destruktiven (z. B. passiven oder aktiv destruktiven) Führungsstilen einher oder anders ausgedrückt: Führungspersonen, die verstärkt konstruktiv und weniger destruktiv führen, zeigen eine bessere Gesundheit. Insbesondere gesundheitsförderliche Führung ist förderlich für das Wohlbefinden der Führungskräfte bzw. anders formuliert: Die eigene Gesundheit der Führungspersonen und ihr Umgang damit können solch ein gesundheitsorientiertes Führungsverhalten begünstigen.

3.2.3   Was bedeutet das für den (Führungs-)Alltag?

Haben Sie die Ergebnisse der Metaanalyse überrascht? Oder war Ihnen schon vorab bewusst, dass die Gesundheit der Führungskräfte und ihr Führungsverhalten zusammenhängen und wie diese Zusammenhänge aussehen? Vielleicht ist es Ihnen im Alltag schon einmal aufgefallen oder gegebenenfalls können Sie es jetzt, wenn Sie darauf achten, bemerken: Die Art und Weise, wie sich eine Person in der Führungsposition – vielleicht ja Sie selbst, wenn Sie Führungskraft sind – gegenüber den Mitarbeitenden verhält, ist abhängig vom Gesundheitszustand und Stresslevel dieser Person. Und umgekehrt, konnten Sie schon einmal beobachten, dass die Interaktion mit den Mitarbeitenden auch das Wohlbefinden der Führungsperson beeinflusst?

Den meisten Personen sind diese Zusammenhänge „schon irgendwie bewusst". Allerdings sind viele erstaunt, wie stark der Führungsstil und das Wohlbefinden der Führungspersonen doch verknüpft sind und sich gegenseitig beeinflussen können. Durch die detaillierte Darstellung und Einordnung der Höhe der Zusammenhänge können die Ergebnisse der Metaanalyse helfen, das Bewusstsein dafür zu schärfen, dass auch die Gesundheit der Führungskräfte eine wichtige Rolle spielt, da sie maßgeblich mit dem gezeigten Führungsverhalten zusammenhängt. Die Gesundheit der Führungspersonen hat demnach nicht nur Auswirkungen für die Führungspersonen selbst, sondern die Befunde der Metaanalyse deuten darauf hin, dass die Gefahr be-

Die Metaanalyse bestätigt, dass das Führungskräftewohlbefinden und -verhalten zusammenhängen

steht, dass erschöpfte und gestresste Führungskräfte nicht adäquat mit ihren Beschäftigten umgehen und somit die Belastung an die Mitarbeitenden weitergeben. Und der Umgang der Vorgesetzten mit ihren Beschäftigten wiederum ist relevant für eine Vielzahl von wichtigen Aspekten im Unternehmen, wie zum Beispiel die gezeigte Leistung, aber auch das Wohlbefinden der Mitarbeitenden (siehe z. B. Montano et al., 2017).

So viel zur Forschung, – aber was bedeuten diese Befunde für die Praxis, also ganz konkret für Ihren Alltag? An dieser Stelle sind sowohl die Unternehmen als auch die Führungskräfte selbst gefragt. Trotz der wachsenden Anzahl an Gesundheitsförderungsmaßnahmen in Unternehmen fehlt häufig der Blick auf die Führungskräfte als eigenständige Zielgruppe der betrieblichen Gesundheitsförderung (Barling & Cloutier, 2017; Steinmetz, 2011). Zudem wird das Thema Stress, Belastung und Gesundheit bei Führungspersonen oft als Tabuthema gesehen. Um sich in der Arbeitswelt behaupten zu können, sind oft spitze Ellenbogen und eine gute Selbstdarstellung nötig. Dabei ist wenig Raum für Führungskräfte, um über ihr eigenes Wohlbefinden und ihre Belastungen zu sprechen und sie zögern häufig, diese Themen zu äußern, um nicht als leistungsschwach und damit ungeeignet für die Führungsrolle zu erscheinen (vgl. Byrne et al., 2014). Betriebliche Maßnahmen sollten deswegen zum einen Führungspersonen bei ihrem Umgang mit Belastungen und dem Aufbau von Wohlbefinden unterstützen, zum Beispiel durch gezielte Trainings zur Stärkung der Führungskräftegesundheit. Zum anderen ist es sinnvoll, das Unternehmen die Kommunikation über Stress und Gesundheit von Führungskräften fördern und zu einer Selbstverständlichkeit machen. Die Enttabuisierung dieser Themen bei Personen in Führungspositionen ist eine wichtige Voraussetzung dafür, dass Führungspersonen betriebliche Gesundheitsförderungsmaßnahmen wahrnehmen und bei ersten Anzeichen von Überlastung und Erschöpfung frühzeitig Unterstützung suchen.

Betriebliche Gesundheitsförderungsmaßnahmen speziell für Führungspersonen

Anwendungsideen für Sie als Führungskraft

Die oben genannten Maßnahmen müssen vor allem von der Leitungsebene des Unternehmens initiiert und durchgeführt werden. Aber auch Sie als Führungsperson sollten sich nicht einfach zurücklehnen, sondern können ebenfalls aktiv werden: Ansatzpunkte sind hier zum Beispiel, nach speziellen Trainings und Unterstützungsmöglichkeiten für Führungskräfte im Unternehmen zu fragen und diese einzufordern. Oder sprechen Sie selbst über eigene Stresserlebnisse und Belastungserfahrungen und gehen so mit gutem Beispiel voran. Sie werden sehen, Ihre Kolleginnen und Kollegen werden dies wertschätzen und möglicherweise öffnen sie sich ebenfalls Ihnen gegenüber. Das kann ein vertrauensvolles und unterstützendes Klima schaffen, in dem es möglich ist, über eigene Schwierigkeiten und Herausforderungen offen zu sprechen und Unterstützung zu erhalten.

Tabu brechen: Als Führungskraft über Belastungen sprechen und Unterstützung einfordern

Auch sollten Sie sich als Führungsperson bewusst sein, dass die Art und Weise, wie Sie mit Ihren Mitarbeitenden umgehen, Ihr eigenes Wohlbefinden beeinflussen kann bzw. welche Auswirkungen Ihr Gesundheitszustand auf Ihr Führungsverhalten hat. Das Bewusstsein für und das Wissen über die Zusammenhänge von Wohlbefinden und Führungsverhalten können helfen, einen Führungsstil zu entwickeln, der nicht nur gute Leistung im Team fördert, sondern auch positiv zum eigenen Wohlbefinden beiträgt. Zum Beispiel verdeutlichen die Ergebnisse der Metaanalyse, dass passive und aktiv destruktive Führung negativ mit dem Führungskräftewohlbefinden zusammenhängen. Das heißt für Personen in Führungspositionen: Werden Sie aktiv (anstatt passiv zu bleiben) und nehmen Sie Ihre Führungsverantwortung wahr, zum Beispiel indem Sie Ihre Mitarbeitenden motivieren und miteinbeziehen. Und vor allem, vermeiden Sie destruktive Führungsverhaltensweisen, wie zum Beispiel die Mitarbeitenden (wenn auch nur subtil) zu beleidigen, bloßzustellen, zu ignorieren oder Vorwürfe zu machen. Sicherlich werden Sie jetzt denken, dass solche Verhaltensweisen bei Ihnen nie (oder nur ganz selten) vorkommen. Die Forschung zeigt aber, dass destruktive Führung keine Seltenheit ist und viele verschiedene Formen annehmen kann (z.B. Schyns & Schilling, 2013). Manchmal ist es uns gar nicht bewusst, dass wir mit unserem Verhalten eine andere Person demütigen oder verletzen. Häufig kann es schon helfen, sich dessen bewusst zu sein und achtsam sein eigenes Verhalten zu hinterfragen: Wie würde es mir gehen, wenn sich jemand mir gegenüber so verhalten würde? Möchte ich so behandelt werden? Oder wie könnte ich das Thema besser bei dem oder der Mitarbeitenden ansprechen?

Als Führungskraft aktiv werden und passives Führungsverhalten vermeiden

Hier ließen sich noch weitere Ideen und Ansatzpunkte nennen – aber dazu können Sie mehr in Kapitel 4 lesen, wenn es um konkrete Empfehlungen für die Praxis geht. An dieser Stelle können Sie sich folgendes Fazit der Metaanalyse merken: Führungskräfte, die gesund sind, führen „besser" und Führungskräfte, die „besser" führen, sind auch gesünder.

Merke

Die Ergebnisse der Metaanalyse verdeutlichen: Führungskräfte, die gesund sind, führen „besser" und Führungskräfte, die „besser" führen, sind auch gesünder.

3.3   „Der Fisch stinkt vom Kopf her" – die Rolle des organisationalen Gesundheitsklimas und der Unternehmensleitung

Bis hierhin haben wir zum einen die Ebene der Mitarbeitenden betrachtet und zum anderen die Ebene der Führungskräfte. Sie ahnen sicherlich schon, welche Ebene uns noch fehlt – genau, die Ebene der Unternehmensleitung. Wie die Führungsspitze eines Unternehmens mit Gesundheit umgeht, das heißt welchen Stellenwert sie Gesundheitsthemen einräumt und wie sehr sie die Gesundheit der Beschäftigten fördert, beeinflusst das allgemeine Gesundheitsklima in dem Unternehmen. Und damit wollen wir uns jetzt in diesem Abschnitt beschäftigen.

Erinnern Sie sich noch an Ben aus unserem ersten Fallbeispiel? Als Führungskraft hat Ben sich intensiv mit dem Thema gesunde Führung auseinandergesetzt, verschiedene Ratgeber gelesen und ein Seminar zu diesem Thema besucht. Voller

Tatendrang möchte er jetzt einige Punkte, die er gelernt hat, in seinem Team umsetzen. Zum Beispiel möchte er die Pausen- und Arbeitszeitregelungen seiner Teammitglieder gesundheitsförderlicher gestalten, indem er ihnen mehr Flexibilität ermöglicht. Die Unternehmensleitung begrüßt diesen Vorschlag und unterstützt ihn dabei. Ben merkt, dass der Unternehmensleitung das Thema Gesundheit wichtig ist und sie gesundheitsförderliche Maßnahmen gerne fördert – ein Element eines positiven organisationalen Gesundheitsklimas (siehe u. a. Ribisl & Reischl, 1993).

Positives vs. negatives organisationales Gesundheitsklima

Das ist aber keine Selbstverständlichkeit: Nicht in jedem Unternehmen wird auf die Gesundheit der Beschäftigten Rücksicht genommen und ein gesundheitsförderliches Arbeiten von der Unternehmensleitung gefördert. Ein positives Gesundheitsklima ist dadurch charakterisiert, „dass es als ‚normal' angesehen wird, Gesundheit bei Entscheidungen im betrieblichen Arbeitsalltag zu berücksichtigen, auf die eigene sowie die Gesundheit der Kollegen zu achten oder Arbeits- und Gesundheitsschutzrichtlinien einzuhalten" (Göpfert, 2013, S. 19). Im Gegensatz dazu werden in Unternehmen mit einem negativen Gesundheitsklima keine ausreichenden Ressourcen bereitgestellt, um ein gesundes Arbeitsverhalten zu fördern, oder nicht auf Gesundheitsprobleme reagiert, beispielsweise wenn Mitarbeitende erschöpft sind und an ihre Belastungsgrenze kommen. Das Gesundheitsklima beinhaltet auch die (manchmal nicht formal geregelten und impliziten) Normen und Vereinbarungen hinsichtlich Gesundheit im Unternehmen: Ist es gewünscht und erlaubt, bei Überlastung um Hilfe zu bitten? Oder sind Überstunden und Arbeit am Wochenende die Regel? Ist es üblich und akzeptiert, dass man bei Krankheit zu Hause bleibt? Oder erscheinen Führungskräfte und die Unternehmensleitung trotz Krankheit am Arbeitsplatz und signalisieren damit, dass sie dies auch von ihren Mitarbeitenden erwarten? All diese Punkte zusammen formen die Wahrnehmung der Mitarbeitenden und Führungskräfte, welchen Stellenwert die Mitarbeiter*innengesundheit in ihrem Unternehmen besitzt – dies wird als organisationales Gesundheitsklima bezeichnet (z. B. Zweber et al., 2016).

Welche Auswirkungen hat das das organisationale Gesundheitsklima für Führungskräfte und Mitarbeitende?

Zwei Studien untersuchen das organisationale Gesundheitsklima

Dass ein gutes Klima im Unternehmen nicht nur Einfluss auf die Arbeitsergebnisse, sondern auch auf die physische und psychische Gesundheit der Mitarbeitenden hat, ist mittlerweile schon in vielen Organisationen angekommen. Das Beispiel von Ben verdeutlicht, dass das organisationale Gesundheitsklima nicht nur das Wohlbefinden der Beschäftigten beeinflusst, sondern dass betriebliche Möglichkeiten auch (mit-) bestimmen können, ob und wie Führungspersonen gesundheitsförderlich führen (Pangert, 2011; Wilde et al., 2009). In zwei Studien mit Mitarbeitenden und Führungskräften haben wir untersucht, inwiefern das organisationale Gesundheitsklima mit dem Gesundheitsbewusstsein und gesundheitsförderlichen Führungsverhalten der Führungskräfte und dies wiederum mit der Mitarbeiter*innengesundheit zusammenhängt. In diesem Abschnitt fasse ich die wesentlichen Befunde dieser beiden Studien zusammen. Die ausführlichen Ergebnisse beider Studien finden Sie im Originalartikel (A. J Kaluza, Schuh et al., 2020).

3.3.1   Kaskadenmodell der Gesundheitsförderung in Unternehmen

Das Klima in einem Unternehmen beschreibt die Art und Weise, wie in diesem Unternehmen die Dinge angegangen werden (Guldenmund, 2000, S. 225). Es meint also das Verständnis der Beschäftigten, wie die Dinge in ihrem Unternehmen ablaufen und wie sich die Mitarbeitenden üblicherweise verhalten (sollten). Häufig wird das Klima von der Unternehmensleitung geprägt und beeinflusst. Zum Beispiel bestimmt die Unternehmensleitung, ob Ressourcen bereitgestellt werden, um ein gesundes Arbeitsverhalten zu fördern – eine Komponente des Gesundheitsklimas. In der Forschung zum Organisationsklima werden verschiedene Facetten des Unternehmensklimas unterschieden, wie zum Beispiel das Sicherheitsklima (z. B. Christian et al., 2009) oder das oben schon erwähnte Gesundheitsklima in einem Unternehmen (siehe z. B. Zweber et al., 2016).

Das Gesundheitsklima als eine Facette des organisationalen Klimas

Wir wollen an dieser Stelle das Gesundheitsklima einmal näher betrachten. Das Gesundheitsklima in einem Unternehmen beschreibt, welche Wichtigkeit der Mitarbeiter*innengesundheit beigemessen wird, in welchem Ausmaß (explizite und implizite) Gesundheitsrichtlinien in einer Firma gelten und wie sehr die Unternehmensleitung die Gesundheit der Beschäftigten fördert, zum Beispiel durch die Schaffung von gesundheitsförderlichen Arbeitsbedingungen (z. B. Ernsting et al., 2013; Mearns et al., 2010). Sie können an dieser Stelle gerne einmal überlegen, wie das bei Ihnen im Unternehmen aussieht: Fühlt sich Ihr Unternehmen oder Ihre Firma der Arbeitnehmergesundheit und dem Wohlbefinden der Mitarbeitenden verpflichtet? Unternimmt die Unternehmensleitung etwas, wenn sie erfährt, dass die Arbeit oder der Arbeitsplatz negative Auswirkungen auf die Mitarbeiter*innengesundheit hat? Diese Punkte (zusammen mit anderen Aspekten, siehe Kasten „Wie steht es um das Gesundheitsklima in Ihrem Unternehmen?" auf S. 85 zur Messung des Gesundheitsklimas) gestalten das Gesundheitsklima in einem Unternehmen.

Definition von organisationalem Gesundheitsklima

Merke

Das organisationale Gesundheitsklima beschreibt, welche Wichtigkeit der Mitarbeiter*innengesundheit beigemessen wird, in welchem Ausmaß (explizite und implizite) Gesundheitsrichtlinien in einer Firma gelten und wie sehr die Unternehmensleitung die Gesundheit der Beschäftigten fördert, zum Beispiel durch die Schaffung von gesundheitsförderlichen Arbeitsbedingungen.

Dabei kann sich Ihre Wahrnehmung des Gesundheitsklimas (mehr oder weniger) von dem Urteil Ihrer Kolleginnen und Kollegen unterscheiden. Hat zum Beispiel eine Person bereits sehr gute Unterstützung bei Gesundheitsproblemen erfahren, wird sie das Gesundheitsklima wahrscheinlich als positiver beurteilen als jemand, der bislang wenig Berührungspunkte mit dem organisationalen Gesundheitsmanagement gemacht hat. Diese subjektive Wahrnehmung und Einschätzung des Organisationsklimas wird auch als *psychologisches Klima* bezeichnet (Chan, 1998). Diese Konzeptualisierung bzw. Art der Erfassung berücksichtigt, dass Menschen innerhalb eines Unternehmens oder Arbeitsteams das Klima unterschiedlich wahrnehmen können. Und diese sub-

Die subjektive Bewertung des Organisationsklimas wird als psychologisches Klima bezeichnet

jektive Beurteilung des Organisationsklimas bestimmt dann auch die Wirkung, zum Beispiel für das Wohlbefinden einer Person – nicht das objektive (durch objektive Kriterien bestimmte oder von anderen gemessene) Klima. Beispielsweise kann das von Psycholog*innen und Arbeitsmediziner*innen erfasste Gesundheitsklima in einem Unternehmen im Allgemeinen zwar gut ausfallen (d.h. ein „objektiv" positives Gesundheitsklima vorhanden sein), aber ein*e einzelne*r Mitarbeitende*r könnte keinerlei oder wenig Unterstützung von der Unternehmensleitung bezüglich Gesundheitsthemen wahrnehmen (d.h. ein „subjektiv" negatives Gesundheitsklima empfinden) und somit wären hier eher negative Auswirkungen für das Wohlbefinden dieser oder dieses Mitarbeitenden zu erwarten. Aus diesem Grund gehen wir in diesem Abschnitt von der individuellen Wahrnehmung der einzelnen Mitarbeitenden und Führungskräfte bezüglich des organisationalen Gesundheitsklimas aus. Weitere Informationen zur Messung des organisationalen Klimas finden Sie im nachfolgenden Kasten.

Wie kann das Klima in einem Unternehmen oder einer Organisation gemessen werden?

In der Wissenschaft wird das Organisationsklima unterschiedlich definiert und gemessen (siehe z.B. James et al., 2008; Schneider et al., 2017). Einige Forscherinnen und Forscher messen das Organisationsklima als die von mehreren Beschäftigten geteilte Wahrnehmung innerhalb eines Arbeitsteams oder des gesamten Unternehmens (siehe z.B. Chan, 1998). Zum Beispiel aggregieren sie dafür die einzelnen Bewertungen der verschiedenen Mitarbeitenden und bilden somit einen Gesamtwert, welcher das über alle befragten Personen gemittelte Klima in einem Unternehmen oder Team beschreibt. Diese Art der Messung erfordert, dass bekannt ist, welche Personen in einem Team oder einer Organisation zusammenarbeiten, sodass man die Werte dieser Personen aggregieren kann. Diese Information ist jedoch häufig nicht gegeben, zum Beispiel weil Personen von vielen unterschiedlichen Organisationen befragt werden und Erhebungen nicht nur in einem einzelnen Unternehmen oder einer begrenzten Anzahl an Unternehmen durchgeführt werden.

Eine andere Möglichkeit, welche wir in der in diesem Abschnitt beschriebenen Arbeit verwenden, ist, die individuelle Wahrnehmung jedes Einzelnen zu erfassen, was *psychologisches Klima* genannt wird (Chan, 1998). Diese subjektive Messung des Organisationsklimas berücksichtigt, dass verschiedene Personen in einer Organisation oder einem Team das Klima auf unterschiedliche Weise wahrnehmen können. Häufig wird diese Variante verwendet, da angenommen wird, dass das organisationale Klima nur dann Einstellungen und Verhaltensweisen der Mitarbeitenden und Führungskräfte beeinflussen kann, wenn es von diesen wahrgenommen wird (z.B. James et al., 1978).

Beide Varianten (und es existieren zusätzlich noch andere Ansätze) haben ihre Vor- und Nachteile und lassen auch verschiedene Schlussfolgerungen zu. Wichtig finde ich für wissenschaftliche Studien, dass die Autoren transparent die von ihnen verwendete (Mess-)Methode erläutern, sodass die Lesenden die Ergebnisse entsprechend interpretieren können.

Verschiedene Studien zeigen, dass Mitarbeitende in Unternehmen, in welchen sie ein positives Gesundheitsklima wahrnehmen, sich gesünder verhalten (zum Beispiel ein besseres Ernährungsverhalten zeigen) und auch weniger körperliche und psychische Beschwerden berichten (z. B. Ribisl & Reischl, 1993; Zweber et al., 2016). Das heißt, das Gesundheitsklima hat unmittelbare Auswirkungen auf die Gesundheit der Beschäftigten.

Führungskräfte spielen dabei eine wichtige Rolle: Sie können zum einen das Gesundheitsklima mitgestalten und prägen. Wenn sie sich selbst gesundheitsförderlich verhalten und auf das Wohlbefinden ihrer Teammitglieder achten, dann tragen sie zu einem positiven Gesundheitsklima bei. Auf der anderen Seite werden Vorschriften und Standards, die zum Beispiel von der Unternehmensspitze im Rahmen der organisationalen Gesundheitspolitik formuliert werden, durch die Führungspersonen auf der mittleren und unteren Ebene umgesetzt. Legt die Unternehmensleitung den Fokus auf einen gesundheitsförderlichen Arbeitsplatz, zum Beispiel indem sie entsprechende Gesundheitsrichtlinien herausgibt, dann ist es die Aufgabe der Führungskräfte, diese in ihren Teams umzusetzen. Gleichzeitig gibt das von der Unternehmensleitung geprägte Gesundheitsklima auch den Handlungsspielraum vor, den Führungspersonen bei der Umsetzung von gesundheitsförderlichen Maßnahmen haben (Franke & Felfe, 2011). Zum Beispiel berichteten Führungskräfte in Unternehmen, in welchen gesundheitsorientierte Personalmanagementstrategien angeboten wurden, dass sie auch mehr gesundheitsorientierte Führung praktizieren (Krick, Felfe et al., 2022). Wenn die Leitung dagegen die Beschäftigten *nicht* ermutigt und unterstützt, Probleme, die die Gesundheit betreffen, anzusprechen und anzugehen, dann begrenzt dies auch die Möglichkeiten der Führungspersonen gesundheitsförderlich zu agieren. Und das wiederum hat dann Auswirkungen auf die Gesundheit der Mitarbeitenden, da – wie Sie ja schon wissen – gesundheitsförderliche Führung sich direkt und indirekt auf die Mitarbeiter*innengesundheit auswirkt. In dieser Forschungsarbeit nahmen wir daher an, dass Führungskräfte als quasi dazwischengeschaltete Hierarchieebene eine vermittelnde Rolle zwischen dem von der Unternehmensleitung geprägten Gesundheitsklima und dem Wohlbefinden der Beschäftigten haben.

Führungskräfte prägen das Gesundheitsklima und werden gleichzeitig durch dieses beeinflusst

Das Gesundheitsklima beeinflusst die Möglichkeiten, gesundheitsförderlich zu führen

Ohne (Gesundheits-)Bewusstsein kein gesundes Verhalten?
Die wichtige Rolle des Gesundheitsbewusstseins von Führungskräften

Gesundheitsförderliches Führungsverhalten setzt voraus, dass Führungskräfte für Belastungen am Arbeitsplatz und ihre gesundheitlichen Folgen sensibel sind und diese bewusst wahrnehmen. Erinnern Sie sich noch an die Annahmen des Modells gesundheitsförderlicher Führung (HoL-Modell), das ich Ihnen in Abschnitt 2.2.3 vorgestellt habe? Laut der HoL-Theorie beinhaltet gesundheitsförderliche Führung neben dem konkreten Verhalten auch, dass Führungspersonen ein Bewusstsein für Gesundheitsthemen am Arbeitsplatz besitzen („Achtsamkeit" im HoL-Modell genannt) sowie der Gesundheit am Arbeitsplatz Priorität beimessen (als „Wichtigkeit" im HoL-Modell bezeichnet; Franke et al., 2014). Nur wenn Führungskräfte auf gesundheitliche Warnsignale der Mitarbeitenden achten und diese bewusst wahrnehmen und erkennen (d.h. ein entsprechendes Gesundheitsbewusstsein haben),

Gesundheitsbewusstsein als Voraussetzung für gesundheitsförderliche Führung

können sie eingreifen und ihre Mitarbeitenden unterstützen, also gesundheitsförderliches Verhalten zeigen. Führungspersonen mit einem niedrigen Gesundheitsbewusstsein dagegen können Stresssignale der Mitarbeitenden, beispielsweise dass diese überlastet sind oder eine Erholungspause brauchen, nicht adäquat identifizieren und bemerken nicht, wenn Mitarbeitende ihre persönlichen Grenzen erreichen (Franke, 2012). Im HoL-Modell wird diese Komponente als Achtsamkeit bezeichnet. Sie beinhaltet das Bewusstsein der Führungskräfte für das Wohlbefinden ihrer Mitarbeitenden, was bedeutet, dass diese Befindensveränderungen ihrer Mitarbeitenden richtig einschätzen und bewerten (z. B. Franke et al., 2014). In diesem Abschnitt werde ich für diese HoL-Komponente den Begriff „Gesundheitsbewusstsein" verwenden, angelehnt an die Bezeichnung im Originalartikel („health mindset"; A. J. Kaluza, Schuh et al., 2020) und zur Abgrenzung gegenüber anderen Definitionen und Bedeutungen von „Achtsamkeit"[2].

Das Gesundheitsklima in einer Organisation stellt einen zentralen Faktor dar, der das Gesundheitsbewusstsein von Führungskräften prägen kann. Personen beobachten ihr Umfeld im Unternehmen und übernehmen dann in der Regel das Verhalten und die Denkweisen, welche als angemessen gesehen werden (James et al., 2008; Neal & Griffin, 2006), da diese meist auch belohnt und gefördert werden, zum Beispiel durch positives Feedback oder sogar Gehaltserhöhungen (vgl. Zohar & Luria, 2005). Daher vermuteten wir in unserer Forschungsarbeit, dass Führungskräfte, die wahrnehmen, dass die Unternehmensleitung Gesundheitsförderung am Arbeitsplatz unterstützt und befürwortet (d. h. ein positives Gesundheitsklima in dem Unternehmen vorliegt), ein stärkeres Bewusstsein für Gesundheitsthemen zeigen. Und gesundheitsbewusste Führungskräfte wiederum verhalten sich dann wahrscheinlich auch gesundheitsförderlicher gegenüber ihren Mitarbeitenden. Das bedeutet, in unserer Forschungsarbeit nahmen wir einen Kaskadeneffekt der Gesundheitsförderung an: Das von der Unternehmensspitze gestaltete Gesundheitsklima prägt das Gesundheitsbewusstsein und damit auch das gesundheitsförderliche Handeln der Führungskräfte, was dann wiederum Auswirkungen auf die Gesundheit der Mitarbeitenden hat, zum Beispiel auf ihre Erschöpfung und ihr Arbeitsengagement – zwei Wohlbefindensvariablen, die Sie schon aus den vorherigen Kapiteln kennen. Dieser sogenannte *Trickle-down-Effekt* von höheren Unternehmensebenen auf niedrigere Ebenen ist in Abbildung 9 dargestellt (mit durchgezogenen Linien).

Beeinflusst das Gesundheitsklima das Mitarbeiter*innenwohlbefinden vermittelt über das Gesundheitsbewusstsein und -verhalten der Führungspersonen?

Trickle-down-Effekt der Gesundheitsförderung im Untersuchungsmodell

---

2 Der Begriff „Achtsamkeit" im HoL-Modell unterscheidet sich von der Verwendung dieses Ausdrucks im therapeutischen Kontext oder in der Meditation, wo er eine absichtsvolle, auf den gegenwärtigen Moment gerichtete und nicht wertende Aufmerksamkeit beschreibt (z. B. Creswell, 2017; Grossman & Reddemann, 2016). Um diese verschiedenen Bedeutungen besser abzugrenzen, wird in diesem Abschnitt diese Komponente von gesundheitsförderlicher Führung als „Gesundheitsbewusstsein" bezeichnet (im englischen Originalartikel, der diesem Abschnitt zugrunde liegt, wird die Bezeichnung „health mindset" verwendet; A. J. Kaluza, Schuh et al., 2020).

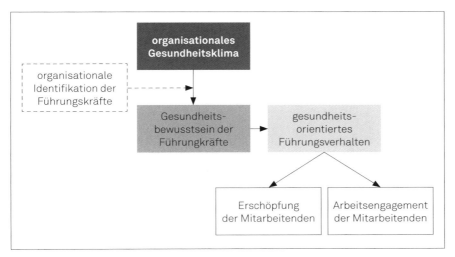

Abbildung 9: Theoretisches Untersuchungsmodell für den Zusammenhang zwischen organisationalem Gesundheitsklima und dem Wohlbefinden der Mitarbeitenden (Erschöpfung und Arbeitsengagement), vermittelt über das Gesundheitsbewusstsein und das gesundheitsorientierte Führungsverhalten der Führungskräfte, abhängig von der organisationalen Identifikation der Führungskräfte (Moderation durch die organisationale Identifikation der Führungskräfte mit gestrichelten Linien dargestellt; siehe A.J. Kaluza, Schuh et al., 2020)

Wann Führungskräfte eher organisationale (Gesundheits-)Richtlinien übernehmen und umsetzen – die Bedeutung der sozialen Identifikation

Sicherlich werden nicht alle Führungspersonen im gleichen Ausmaß die organisationalen Vorschriften und Standards adoptieren und in ihren Teams verwirklichen. Vielleicht kennen Sie das aus Ihrem eigenen Arbeitsalltag, dass einige Kolleginnen und Kollegen stärker die Richtlinien und (impliziten) Normen in ihrem Unternehmen leben, während andere dies nicht tun.

Ein wichtiger Faktor, der beeinflusst, in welchem Ausmaß wir (Gesundheits-)Normen und Werte einer Gruppe oder einer Organisation übernehmen, ist die soziale Identifikation (z.B. van Dick, 2017). Die soziale Identifikation beschreibt, wie stark wir uns einer sozialen Gruppe zugehörig fühlen (Ashforth & Mael, 1989). Basierend auf dem *Ansatz der sozialen Identität* (engl. *social identity approach*; z.B. S.A. Haslam, 2004, siehe auch den Kasten „Der Ansatz der sozialen Identität" auf S. 82) können wir uns mit verschiedenen Gruppen identifizieren, zum Beispiel mit unserer Familie, einer Freundesgruppe oder der Sportmannschaft, und auch mit unserem Arbeitsteam oder unserem Unternehmen. Wenn wir uns mit einer sozialen Gruppe verbunden fühlen, dann sehen wir uns selbst als Teil der Gruppe und sind froh, dieser Gruppe anzugehören (Doosje et al., 1995). Wir teilen mit den anderen Gruppenmitgliedern eine gemeinsame soziale Identität und erleben uns dabei eher als „Wir" anstatt als einzelne

Soziale Identifikation bezeichnet das Zugehörigkeitsgefühl zu einer Gruppe

„Ichs". Für Menschen, die sich stark mit einer Gruppe identifizieren, ist dieses Zugehörigkeitsgefühl zentral für ihr Selbstverständnis (Pratt, 1998) und trägt mit zu einem Bewusstsein bei, was bzw. wer sie sind. Im Arbeitsalltag kann eine hohe Identifikation so aussehen, dass, wenn jemand unser Team oder unser Unternehmen lobt, wir dies als ein persönliches Kompliment auffassen, während wir Kritik an dem Team oder dem Unternehmen als persönliche Beleidigung wahrnehmen. Personen, die sich nicht oder nur gering mit ihrem Team oder Unternehmen identifizieren, fühlen sich dagegen nicht mit den anderen (Team-)Mitgliedern verbunden und sehen zum Beispiel Teamerfolge oder -misserfolge auch nicht als eigene Erfolge oder Misserfolge an.

Abhängig vom Kontext kann eine bestimmte Gruppe und damit soziale Identität bedeutsam sein

Je nachdem, in welchem Kontext wir uns gerade bewegen, wird eine bestimmte soziale Identität wichtiger als eine andere oder auch als unsere persönliche Identität. Dies hat zur Folge, dass die Art und Weise, wie wir die Welt wahrnehmen und uns verhalten, weniger durch unsere persönlichen Werte und Eigenschaften beeinflusst werden, sondern vielmehr durch die Werte und Normen der entsprechenden Gruppe. Wenn sich eine Person als zugehörig zu einer Gruppe erlebt (und somit eher als „Wir" wahrnimmt), dann orientiert sie sich an den Regeln und Prinzipien der Gruppe und richtet (unbewusst) ihr Denken und Handeln danach aus. Das heißt, wenn wir uns am Arbeitsplatz mit dem Unternehmen oder dem Team verbunden fühlen und mit den anderen Kolleg*innen eine soziale Identität teilen, dann kann dies unser Verhalten, unser Erleben und unsere Einstellungen beeinflussen.

> Betrachten wir als Beispiel einmal Ben, der als Angestellter in einem Unternehmen arbeitet, Familienvater von zwei kleinen Kindern und ein passionierter Volleyballspieler ist. Diese verschiedenen Gruppen sind wichtige Bestandteile von Bens Identität und je nachdem, welche Gruppe gerade im Fokus steht – d. h. ob er im Meeting mit seinen Kolleg*innen sitzt, zu Hause mit seinen Kindern spielt oder mit seinem Volleyballteam trainiert – wird Ben sich anders verhalten, denken und fühlen. Wahrscheinlich wird er bei der Arbeit nicht in Sportklamotten erscheinen, die er sonst beim Training trägt. Und während es für Ben wichtig ist, bei einem Volleyballturnier zu gewinnen, steht dieses Ziel beim Spielen mit seinen Kindern weniger im Vordergrund.

Der Ansatz der sozialen Identität

Der *Ansatz der sozialen Identität* (engl. *social identity approach*; z. B. S. A. Haslam, 2004) baut auf zwei wichtigen sozialpsychologischen Theorien auf: der *Theorie der sozialen Identität* (engl. *social identity theory*; z. B. Tajfel & Turner 1979) und der *Selbstkategorisierungstheorie* (engl. *self-categorization theory*; Turner et al., 1987). Die Theorie der sozialen Identität nimmt an, dass wir uns nicht nur über unsere Individualität definieren, sondern auch über unsere Zugehörigkeit zu verschiedenen Gruppen. Und dies zusammen formt unser Selbstbild. Dabei streben wir ein positives Selbstbild an, was dazu führen kann, dass wir unsere eigene Gruppe gegenüber anderen Gruppen favorisieren. Während die Theorie der sozialen Identität die Folgen von sozialer Identifikation betrachtet, geht die Selbstkategorisierungstheorie darauf ein, warum und wann wir uns mit bestimmten Gruppen identifizieren. Abhängig vom Kontext, können wir uns zu Hause zum Beispiel der Familie zugehörig fühlen, bei der Arbeit als Teammitglied sehen und uns beim Sport mit den Mitspielenden identifizieren.

Laut dem Ansatz der sozialen Identität (z. B. S. A. Haslam & Reicher, 2006) übernehmen vor allem diejenigen Personen, die sich stark mit einer Gruppe oder Organisation identifizieren, die Denkweisen, Normen und Ziele dieser Gruppe und handeln auch dementsprechend. Daher gingen wir in unserer Forschungsarbeit davon aus, dass Führungspersonen, die sich stark mit ihrem Unternehmen verbunden fühlen, eher Einstellungen und Verhalten im Einklang mit dem organisationalen Klima und eben auch dem Gesundheitsklima zeigen. Das heißt, wir nahmen an, dass stark identifizierte Führungskräfte, welche wahrnehmen, dass der Unternehmensleitung Gesundheit und Gesundheitsförderung wichtig sind (positives Gesundheitsklima), ein stärkeres Bewusstsein für Gesundheitsthemen entwickeln. Wenn diese stark identifizierten Führungskräfte allerdings feststellen, dass die Unternehmensleitung keinen Wert auf Gesundheitsförderung legt (negatives Gesundheitsklima), dann werden sie wahrscheinlich auch selbst Gesundheitsthemen weniger Aufmerksamkeit schenken. Anders bei Führungspersonen, die ein geringes Zugehörigkeitsgefühl aufweisen: Hier vermuteten wir in unserer Forschungsarbeit, dass ihr Gesundheitsbewusstsein unabhängig(er) von den organisationalen Praktiken ist, da sie ihr eigenes Verhalten und Denken weniger an den Normen und Standards des Unternehmens ausrichten, sondern eher persönliche Werte zum Tragen kommen. Auf Basis dieser theoretischen Überlegungen untersuchten wir daher in unserer Forschungsarbeit, ob das Ausmaß, in welchem Führungskräfte ein Gesundheitsbewusstsein im Einklang mit dem organisationalen Gesundheitsklima zeigen, abhängig von ihrer Identifikation mit dem Unternehmen ist – wie dies konkret im Alltag aussehen könnte, können Sie im nachfolgenden Fallbeispiel nachlesen.

Stark identifizierte Personen übernehmen Normen und Verhalten dieser Gruppe

Beeinflusst die Identifikation den Zusammenhang von Gesundheitsklima und Gesundheitsbewusstsein?

Schauen wir uns diese theoretischen Überlegungen einmal am Beispiel von Ben an. Ben fühlt sich stark mit der Firma, in welcher er arbeitet, verbunden. Er steht hinter den Produkten und Dienstleistungen, welche das Unternehmen anbietet, identifiziert sich mit den Strategien und dem Auftreten des Unternehmens und arbeitet gerne mit den anderen Mitarbeitenden zusammen. Das heißt, Ben zeigt eine hohe organisationale Identifikation. Wie wir schon festgestellt haben, herrscht in seinem Unternehmen ein positives Gesundheitsklima: Die Unternehmensleitung fördert gesundheitsförderliche Maßnahmen, es gibt Gesundheitsrichtlinien und das betriebliche Gesundheitsmanagement wird ernst genommen. Aufgrund seiner hohen Identifikation mit dem Unternehmen übernimmt Ben diese gesundheitsbezogenen Denkweisen und Herangehensweisen. Auch er legt den Fokus auf die Gesundheitsförderung und unterstützt die Gesundheit seiner Teammitglieder, wo es ihm möglich ist. Würde dagegen in Bens Unternehmen ein negatives Gesundheitsklima herrschen, ist anzunehmen, dass Ben dieses ebenfalls übernehmen würde, da er sich stark mit den organisationalen Werten identifiziert.

Anders sieht es bei Bens Kolleg*innen Alejandro und Tamara aus, die ebenfalls ein Team leiten. Sie fühlen sich nicht mit dem Unternehmen verbunden – haben also eine geringe organisationale Identifikation. Und das bedeutet, dass ihr Gesundheitsbewusstsein und ihr Gesundheitshandeln unabhängig(er) davon ist, welche Werte und Normen in dem Unternehmen diesbezüglich vertreten werden. Stattdessen richten sie ihr Handeln und Denken an dem aus, was sie selbst für relevant erachten (oder was in einer anderen Gruppe, mit der sie sich stark identifizieren, für wichtig befunden wird). Alejandro findet eine Gesundheitsförderung bei der Arbeit wichtig, deswegen führt er seine Mitarbeitenden ebenfalls gesundheitsförderlich. Tamara dagegen findet dieses „Wohlfühl-Bohei" überflüssig und unterstützt deswegen ihre Mitarbeitenden nicht gesundheitsförderlich. Das heißt, das Führungsverhalten von diesen beiden wenig identifizierten Führungskräften Alejandro und Tamara ist unabhängig vom organisationalen Gesundheitsklima.

Organisationale Identifikation der Führungskräfte als Moderator im Untersuchungsmodell

Auf Basis der vorherigen Überlegungen erweiterten wir daher in unserer Forschungsarbeit das Kaskadenmodell der Gesundheitsförderung um die Komponente der organisationalen Identifikation der Führungskräfte (siehe gestrichelte Elemente in Abbildung 9) mit der Annahme, dass der Zusammenhang zwischen dem Gesundheitsklima und dem Gesundheitsbewusstsein der Führungspersonen durch die Identifikation der Führungskräfte mit ihrem Unternehmen moderiert wird.

Zusammenfassend untersuchten wir also in der Forschungsarbeit, ob das organisationale Gesundheitsklima indirekt das Wohlbefinden der Mitarbeitenden beeinflusst, vermittelt über das Gesundheitsbewusstsein und das gesundheitsförderliche Verhalten der Führungskräfte. Gleichzeitig nahmen wir an, dass der erste Zusammenhang vom organisationalen Gesundheitsklima zum Gesundheitsbewusstsein der Führungskräfte von ihrer organisationalen Identifikation abhängt. Wie auch schon in der ersten Arbeit (siehe Abschnitt 3.1) erfassten wir als Indikatoren für das Wohlbefinden der Mitarbeitenden ihre Erschöpfung (als Komponente von Burnout) und ihr Arbeitsengagement.

Erschöpfung und Arbeitsengagement als Wohlbefindensindikatoren

3.3.2   Studiendurchführung und Ergebnisse

Das theoretische Untersuchungsmodell (vgl. Abbildung 9) testeten wir in zwei Feldstudien. An der ersten Studie nahmen 65 Führungskräfte und 291 Mitarbeitende dieser Führungskräfte aus unterschiedlichen Organisationen teil. Für die zweite Studie wurden 401 Mitarbeiter*innen-Führungskräfte-Dyaden befragt.

Studie 1: Feldstudie mit Team-Daten

Die Stichprobe der ersten Studie bestand aus 65 Führungspersonen und 291 Mitarbeitenden aus verschiedenen Organisationen in China. Dabei wurden zwei bis sieben Mitarbeitende pro Führungsperson befragt (im Durchschnitt 4.48). Ein Großteil der Führungskräfte (77%) und der Mitarbeitenden (55%) waren männlich. Im Durchschnitt waren die Vorgesetzten 38.89 Jahre alt ($SD=4.54$) und die Mitarbeitenden 34.96 Jahre alt ($SD=5.83$). Im Mittel arbeiteten die Mitarbeitenden und Führungskräfte seit 5.16 Jahren zusammen ($SD=3.88$).

Die Führungspersonen wurden nach dem wahrgenommenen organisationalen Gesundheitsklima, ihrer organisationalen Identifikation und ihrem Gesundheitsbewusstsein befragt. Die Mitarbeitenden beurteilten das gesundheitsförderliche Verhalten ihrer Führungskräfte sowie ihre eigene Erschöpfung und ihr Arbeitsengagement. Die Wahrnehmung des *organisationalen Gesundheitsklimas* durch die Führungskräfte wurde mit vier Items erfasst (Zweber et al., 2016, siehe auch den nachfolgenden Kasten). Zum Beispiel wurden die Führungspersonen gefragt, wie sehr sie der folgenden Aussage zustimmen: „Mein Unternehmen stellt mir Gelegenheiten und Ressourcen bereit, um gesund zu bleiben.".

Beschreibung der verwendeten Skalen

Wie steht es um das Gesundheitsklima in Ihrem Unternehmen?

Sicherlich haben Sie sich beim Lesen der letzten Abschnitte schon Gedanken gemacht, wie es in Ihrem Unternehmen oder in Ihrer Firma mit dem Gesundheitsklima aussieht. Fühlen Sie sich bezüglich der Gesundheit am Arbeitsplatz unterstützt? Haben Sie den Eindruck, dass die Unternehmensleitung Gesundheit großschreibt?

Mit den nachfolgenden vier Aussagen in Tabelle 2 haben wir bei den Teilnehmenden unserer Studien die Wahrnehmung des organisationalen Gesundheitsklimas abgefragt. Sie dürfen gerne einmal die Aussagen durchgehen und für sich prüfen, ob Sie ihnen zustimmen oder eher nicht.

Tabelle 2:   Items zur Erfassung des organisationalen Gesundheitsklimas (Zweber et al., 2016; deutsche Übersetzung von A.J. Kaluza & Junker, 2017)

Inwiefern stimmen Sie den folgenden Aussagen zu?	1 stimme überhaupt nicht zu	2	3	4	5 stimme voll und ganz zu
Mein Unternehmen fühlt sich der Arbeitnehmergesundheit und dem Wohlbefinden der Mitarbeitenden verpflichtet.	1	2	3	4	5
Mein Unternehmen stellt mir Gelegenheiten und Ressourcen bereit, um gesund zu bleiben.	1	2	3	4	5
Wenn das Management erfährt, dass die Arbeit oder der Arbeitsplatz einen schlechten Effekt auf die Arbeitnehmergesundheit und das Wohlbefinden der Mitarbeitenden haben, dann unternimmt es etwas dagegen.	1	2	3	4	5
Mein Unternehmen ermutigt mich dazu, bei Problemen und Prioritäten, die die Arbeitnehmergesundheit und das Wohlbefinden der Mitarbeitenden betreffen, etwas zu sagen.	1	2	3	4	5

Die *organisationale Identifikation* der Führungskräfte wurde mit drei Items nach Doosje und Kolleg*innen (1995) gemessen. Die Führungspersonen schätzten ein, wie sehr sie Aussagen wie „Ich identifiziere mich mit meiner Organisation." oder „Ich sehe mich selbst als Teil meiner Organisation." zustimmen. Das *Gesundheitsbewusstsein* der Führungskräfte wurde durch drei Items der Achtsamkeits-Subskala des HoL-Messinstruments erfasst (Franke et al., 2014; Pundt & Felfe, 2017). Zwei Beispielitems sind „Ich merke es meinen Mitarbeitenden an, wenn sie gesundheitlich an ihre Grenzen stoßen." und „Ich merke rechtzeitig, wann meine Mitarbeitenden eine Erholungspause brauchen.".

Die Mitarbeitenden beurteilten das *gesundheitsförderliche Führungsverhalten* ihrer Vorgesetzten (mit vier Items basierend auf der Verhaltens-Subskala des HoL-Messinstruments; Pundt & Felfe, 2017). Zum Beispiel gaben sie an, inwieweit sie der Aussage „Meine Führungskraft informiert regelmäßig über Sicherheitsvorschriften und Maßnahmen zur Gesundheitsprävention." zustimmen. Für die Messung von Wohlbefinden wurden die *Erschöpfung* der Mitarbeitenden als eine Facette von Burnout (mit fünf Items des *Maslach Burnout Inventory*; Maslach et al., 1996) und ihr *Arbeitsengagement* erfasst (mit drei Items der *Utrecht Work Engagement Scale*; Schaufeli et al., 2017). Zum Beispiel gaben die Mitarbeitenden an, wie häufig die folgenden Aussagen auf sie zutreffen: „Ich fühle mich durch meine Arbeit ausgebrannt." (Erschöpfung) oder „Bei meiner Arbeit bin ich voll überschäumender Energie." (Arbeitsengagement).

Auswertung der Teamdaten mit Mehrebenen- analysen

Alle Items wurden auf einer Skala von 1 = „stimme gar nicht zu/nie" bis 5 = „stimme völlig zu/immer bzw. sehr oft" beurteilt. Da wir jeweils mehrere Mitarbeitende aus dem gleichen Team befragten, wurden für die Auswertung der Daten sogenannte *Mehrebenenanalysen* durchgeführt. In der (psychologischen) Forschung werden häufig mehrere Personen aus verschiedenen Gruppen befragt. Dabei kann es sich zum Beispiel um Schüler einer Schulklasse, Mitglieder einer Familie oder Mitarbeitende eines Teams handeln. Bei solch einer Datenerhebung kann es sein, dass sich Personen innerhalb einer Gruppe ähnlicher sind (zum Beispiel da sie die gleiche Lehrperson haben oder dieselbe Arbeitsumgebung teilen). Es kann davon ausgegangen werden, dass die Gruppenzugehörigkeit Auswirkungen auf die individuellen Werte der Personen hat, beispielsweise auf die Mathenote der Schüler*innen oder das Wohlbefinden der Mitarbeitenden. Um zu verhindern, dass so falsche Schlüsse aus den Daten gezogen werden, wird die Gruppenzugehörigkeit bei der Analyse der Daten beachtet. Dies geschieht dadurch, dass die Daten als „hierarchisch geschachtelt" modelliert werden, zum Beispiel im Rahmen von Mehrebenen-Strukturgleichungsmodellen, wie wir sie bei unseren Analysen verwendeten. Solche Analysemethoden werden empfohlen, wenn der *Intraklassenkorrelationskoeffizient* (engl. *intraclass correlation*, kurz ICC) ungleich 0 ist, da er angibt, wie ähnlich sich Personen innerhalb einer Gruppe im Vergleich zu Personen aus einer anderen Gruppe sind. Dies war in dieser Studie der Fall (ICC[1] = .04 und ICC[2] = .17), das heißt Mitglieder innerhalb eines Teams gaben ähnlichere Antworten als Mitglieder aus unterschiedlichen Teams. Wichtig ist an dieser Stelle noch anzumerken, dass wir gerichtete Hypothesen überprüften (d. h. wir testeten nicht nur, ob sich zwei Werte voneinander unterscheiden, sondern überprüften die Vermutung, dass ein Wert höher/niedriger als ein anderer ist) und wir aus diesem Grund die einseitigen p-Werte und Konfidenzintervalle für alle Hypothesentests verwendeten (was ein gängiges Vorgehen darstellt, siehe z. B. Ambrose et al., 2013; für eine Erklärung und Begründung siehe z. B. Field, 2009; Preacher et al., 2010).

Die Ergebnisse zeigten, dass das von den Führungskräften wahrgenommene Gesundheitsklima positiv mit ihrem Gesundheitsbewusstsein zusammenhing, welches wiederum positive Zusammenhänge mit dem gesundheitsförderlichen Führungsverhalten aufwies, und das wiederum konnte die Erschöpfung und das Arbeitsengagement der Mitarbeitenden signifikant vorhersagen (siehe Abbildung 10). Das bedeutet, wenn Führungspersonen ein positives Gesundheitsklima in ihrem Unternehmen wahrnahmen, dann schenkten sie auch selbst der Gesundheit am Arbeitsplatz mehr Aufmerksamkeit (höheres Gesundheitsbewusstsein). Führungskräfte mit einem ausgeprägteren Bewusstsein für Gesundheitsthemen wiederum zeigten mehr gesundheitsförderliches Führungsverhalten (was durch die Mitarbeitenden eingeschätzt wurde). Und Mitarbeitende von gesundheitsförderlichen Führungspersonen berichteten weniger Erschöpfung und mehr Arbeitsengagement.

Ergebnisse der 1. Studie bestätigten den Kaskadeneffekt

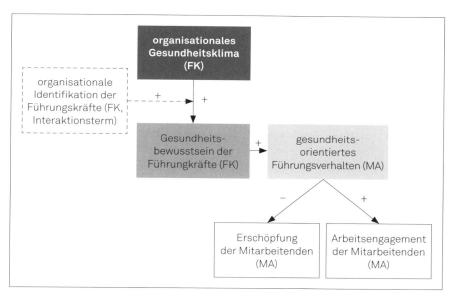

Anmerkungen: FK = durch die Führungskräfte eingeschätzt; MA = durch die Mitarbeitenden eingeschätzt; + = positiver Zusammenhang; – = negativer Zusammenhang. Bei der organisationalen Identifikation ist der Interaktionsterm von organisationalem Gesundheitsklima und organisationaler Identifikation der Führungskräfte abgebildet.

Abbildung 10:　Zusammenfassende Darstellung der Ergebnisse in Studie 1 (siehe A. J. Kaluza, Schuh et al., 2020)

Zudem war – wie angenommen – die Identifikation der Führungskräfte mit ihrem Unternehmen wichtig: Die Ergebnisse verdeutlichten, dass der Zusammenhang zwischen wahrgenommenem Gesundheitsklima und dem Gesundheitsbewusstsein der Führungspersonen durch ihre organisationale Identifikation moderiert wurde. In Abbildung 11 ist dieser Moderationseffekt zu sehen: Führungskräfte mit einer hohen

Zusammenhang von Gesundheitsklima und Gesundheitsbewusstsein war für stark identifizierte Führungskräfte stärker

organisationalen Identifikation berichteten in Organisationen mit einem positiven organisationalen Gesundheitsklima ein höheres Gesundheitsbewusstsein als in Unternehmen mit einem negativen Gesundheitsklima (gestrichelte Linie in Abbildung 11). Bei gering identifizierten Führungspersonen war dieser Zusammenhang deutlich schwächer und nicht signifikant (durchgezogene Linie in Abbildung 11). Das bedeutet, bei diesen Führungskräften, die sich weniger mit ihrem Unternehmen verbunden fühlten, war das Gesundheitsbewusstsein unabhängig von dem organisationalen Gesundheitsklima.

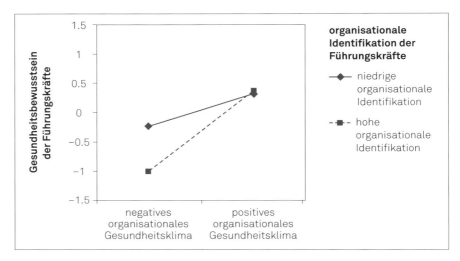

Abbildung 11:   Ergebnisse in Studie 1: Zusammenhang zwischen organisationalem Gesundheitsklima und dem Gesundheitsbewusstsein der Führungskräfte in Abhängigkeit von der organisationalen Identifikation der Führungskräfte (A. J. Kaluza, Schuh et al., 2020)

Unterschiede vor allem bei einem negativen Gesundheitsklima

Interessanterweise unterschieden sich die gering und stark identifizierten Führungskräfte vor allem bei einem negativen Gesundheitsklima im Unternehmen: Stark identifizierte Führungspersonen berichteten ein deutlich niedrigeres Gesundheitsbewusstsein im Einklang mit dem negativen Gesundheitsklima im Unternehmen, während gering identifizierte Führungskräfte dies nicht taten. Das heißt, eine hohe Identifikation mit dem Unternehmen kann die Gefahr bergen, dass bei einem negativen Gesundheitsklima diese Nicht-Beachtung von Gesundheit ebenfalls von denjenigen Führungskräften übernommen wird, die sich mit den Werten und (impliziten) Normen des Unternehmens verbunden fühlen, das heißt stark identifiziert sind.

Insgesamt bestätigten damit die Ergebnisse der ersten Studie das Kaskadenmodell: Gesundheitsprozesse können von der Unternehmensspitze, vermittelt durch die Führungskräfte, zu den Mitarbeitenden „heruntertröpfeln". Allerdings scheint dies nicht für alle Führungspersonen zu gelten: Nur diejenigen Führungskräfte, die sich stark mit ihrem Unternehmen identifizierten, übernahmen auch ein Gesundheitsbewusstsein entsprechend dem organisationalen Gesundheitsklima.

Studie 2: Feldstudie mit Dyaden-Daten

An der zweiten Studie nahmen 401 Mitarbeiter*innen- und Führungskräfte-Dyaden aus verschiedenen Branchen und Unternehmen in China teil. Die Führungspersonen waren im Durchschnitt 38.00 Jahre alt (SD=5.40) und die Mitarbeitenden waren durchschnittlich 28.49 Jahre alt (SD=3.82). Der Großteil der Vorgesetzten war männlich (84 %) und bei den Mitarbeitenden war die Hälfte (50 %) weiblich und die Hälfte männlich. Die Mitarbeitenden und Führungspersonen arbeiteten im Mittel seit 3.10 Jahren (SD=2.58) zusammen. Wir verwendeten dieselben Messinstrumente und Analysemethoden wie in der ersten Studie.

Die Ergebnisse dieser Studie bestätigten das theoretische Modell größtenteils: Je positiver das von den Führungskräften eingeschätzte Gesundheitsklima im Unternehmen war, desto höher war ihr Gesundheitsbewusstsein. Ein höheres Gesundheitsbewusstsein der Führungspersonen ging mit einem höheren Ausmaß an gesundheitsförderlichem Führungsverhalten einher. Und je mehr das Verhalten der Führungskräfte als gesundheitsförderlich durch die Mitarbeitenden bewertet wurden, desto weniger Erschöpfung und mehr Arbeitsengagement berichteten die Mitarbeitenden. Allerdings konnte in dieser Studie die Moderation durch die organisationale Identifikation der Führungspersonen nicht bestätigt werden. Das heißt, hier zeigten sich keine Unterschiede zwischen gering und stark identifizierten Führungskräften, inwiefern sie organisationale Gesundheitswerte und -normen übernahmen und ein Gesundheitsbewusstsein im Einklang mit dem Gesundheitsklima berichteten.

Ergebnisse der 2. Studie bestätigten den Kaskadeneffekt, aber nicht den Moderationseffekt

Insgesamt konnten wir somit in der zweiten Studie die Ergebnisse der ersten Studie hinsichtlich des Kaskadeneffekts – von dem organisationalen Gesundheitsklima über die Führungskräfte zum Wohlbefinden der Mitarbeitenden – replizieren. Allerdings moderierte die organisationale Identifikation der Führungspersonen nicht den Zusammenhang zwischen dem Gesundheitsklima und dem Gesundheitsbewusstsein der Führungskräfte. Das deutet zum Beispiel darauf hin, dass eventuell andere Faktoren auch eine Rolle spielen, ob und in welchem Ausmaß Führungspersonen organisationale Gesundheitspolitik übernehmen und umsetzen.

Zusammenfassung der Ergebnisse

Die beiden empirischen Studien bestätigen einen Kaskadeneffekt der Gesundheitsförderung in Unternehmen: Wenn Führungskräfte wahrnehmen, dass in ihrem Unternehmen Gesundheit wichtig ist (positives organisationales Gesundheitsklima), dann zeigen sie ein stärkeres Bewusstsein für Gesundheitsthemen und auch mehr gesundheitsförderliches Führungsverhalten. Und solch ein gesundheitsförderliches Führungsverhalten wiederum geht mit einem besseren Wohlbefinden der Mitarbeitenden einher, wie zum Beispiel reduzierter Erschöpfung und vermehrtem Arbeitsengagement.

Allerdings ist der Zusammenhang von Gesundheitsklima und Gesundheitsbewusstsein nicht für alle Führungspersonen gleich stark: Vor allem Führungskräfte, die sich besonders mit ihrem Unternehmen identifizieren, berichten in Studie 1 (nicht aber in Studie 2) ein höheres Gesundheitsbewusstsein bei einem positiven Gesundheitsklima, aber auch ein niedrigeres Gesundheitsbewusstsein, wenn in dem Unternehmen ein negatives Gesundheitsklima vorherrscht.

3.3.3 Wie können Sie diese Ergebnisse in Ihrem Arbeitsalltag nutzen?

Sind Ihnen beim Lesen dieser beiden Studien Beispiele aus Ihrem eigenen Arbeitsalltag eingefallen, beispielsweise inwieweit das Gesundheitsklima in Ihrem Unternehmen oder Team mit Ihrem eigenen Gesundheitsbewusstsein übereinstimmt? Oder kennen Sie in Ihrem Kollegen- oder Bekanntenkreis Personen, die sich stark mit ihrem Unternehmen identifizieren, und bei denen Sie beobachtet haben, dass diese Personen Werte und Normen des Unternehmens im besonderen Maß verinnerlicht und umgesetzt haben? Oder vielleicht haben Sie ja auch darüber nachgedacht, wie stark Sie sich selbst mit verschiedenen sozialen Gruppen in Ihrem Leben identifizieren – sei es im Arbeitskontext oder im privaten Bereich?

Ergebnisse zeigen die Relevanz des organisationalen Gesundheitsklimas auf

Wie auch bei den anderen vorgestellten Forschungsarbeiten ließen sich an dieser Stelle verschiedene Punkte diskutieren. Ich möchte im Folgenden auf drei Aspekte näher eingehen: Zum einen verdeutlichen die Ergebnisse, wie wichtig das organisationale Gesundheitsklima und damit die Unternehmensleitung bzw. die Führungskräfte der Chefetage sind. Die Forschungsarbeiten in den beiden vorherigen Abschnitten konzentrieren sich vor allem auf die Führungskräfte und die Mitarbeitenden. Die Ergebnisse der in diesem Abschnitt vorgestellten Studien zeigen, dass auch die Unternehmensspitze durch das von ihr geprägte Gesundheitsklima relevant ist, wenn man sich mit der Gesundheit am Arbeitsplatz beschäftigt. Das heißt, Gesundheitsförderung sollte nicht nur auf der Führungskräfte- und Mitarbeiter*innenebene stattfinden, sondern auch die Unternehmensleitung und generelle organisationale Strukturen miteinschließen.

Maßnahmen zur Förderung eines positiven Gesundheitsklimas

Wie kann ein positives Gesundheitsklima im Unternehmen geschaffen werden? Zum einen können individuelle Maßnahmen für Mitarbeitende und Führungskräfte, wie zum Beispiel Sportkurse oder psychologische Beratungen im Rahmen des betrieblichen Gesundheitsmanagements, zu einem positiven Gesundheitsklima beitragen (z. B. Basen-Engquist et al., 1998; Mearns et al., 2010). Allerdings ist dies häufig nicht ausreichend. Solche individuellen Angebote sind nur „ein Tropfen auf den heißen Stein", wenn die zugrundeliegenden Strukturen nicht ebenfalls gesundheitsförderlich gestaltet sind. Die Einführung und Umsetzung von Gesundheitsrichtlinien, Umstrukturierungen mit dem Fokus auf das Mitarbeiter*innenwohlbefinden oder die Etablierung alternativer Arbeitszeitmodelle sind nur einige Beispiele, wie gesundheitsförderliche institutionelle Rahmenbedingungen etabliert werden können. Das heißt, ein positives Gesundheitsklima kann durch individuelle, an die einzelnen Mitarbeitenden und Führungskräfte gerichtete Maßnahmen geschaffen werden, sollte aber immer in einer gesundheitsförderlichen Unternehmenskultur verankert sein und durch entsprechende organisationale Strukturen ergänzt werden (Goetzel & Ozminkowski, 2008).

> **Merke**
>
> Ein erfolgreiches betriebliches Gesundheitsmanagement sollte sich nicht nur an einzelne Mitarbeitende und Führungskräfte richten, sondern auch die Unternehmensleitung und organisationale Strukturen adressieren.

Der zweite Punkt betrifft die Führungskräfte als sozusagen dazwischen geschaltete Vermittler zwischen Gesundheitsklima und Mitarbeiter*innenwohlbefinden: Die Ergebnisse weisen darauf hin, dass, wenn das von den Führungspersonen wahrgenommene organisationale Gesundheitsklima ihr Gesundheitsbewusstsein stärkt, Führungskräfte vermehrt gesundheitsförderliches Führungsverhalten zeigen und das wiederum ist dann der Gesundheit der Mitarbeitenden zuträglich (weniger Erschöpfung und mehr Arbeitsengagement). Für die Praxis bedeutet dies, dass Gesundheitsmaßnahmen so gestaltet sein sollten, dass sie das Wissen und die Achtsamkeit der Führungskräfte für diese Themen verbessern; das heißt das Gesundheitsbewusstsein stärken. Zum Beispiel können Führungspersonen über die Wichtigkeit von Gesundheit am Arbeitsplatz informiert und geschult werden, Warnsignale bei Mitarbeitenden rechtzeitig zu erkennen und entsprechend darauf zu reagieren. Daneben sollten Führungskräfte bei einem gesundheitsförderlichen Führungsverhalten unterstützt werden, damit sie konkrete Handlungsoptionen kennen, die sie anwenden können, zum Beispiel wenn Mitarbeitende erste Erschöpfungsanzeichen zeigen. Hier existieren wissenschaftlich fundierte Trainingskonzepte zur Schulung von Führungspersonen hinsichtlich einer gesundheitsförderlichen Führung (z.B. Pischel et al., 2023; Rigotti et al., 2014). Dabei ist es wichtig – wie oben erläutert –, dass diese Maßnahmen in organisationale Rahmenbedingungen eingebettet werden und nicht nur Führungskräfte der unteren, sondern auch der oberen Hierarchieebenen mit einbezogen werden (u.a. Eriksson et al., 2010).

*Gesundheits-
bewusstsein der
Führungskräfte
stärken, um
gesundheits-
orientierte
Führung zu
fördern*

Den dritten Ansatzpunkt liefert das Ergebnis der ersten Studie, dass Unterschiede zwischen Führungspersonen existieren und diese (zum Teil) durch deren organisationale Identifikation erklärt werden können. Die Ergebnisse legen nahe, dass Führungskräfte, die sich mit ihrer Organisation verbunden fühlen und sich stark mit ihr identifizieren, eher bereit sind, Gesundheitsnormen und -praktiken der Organisation (d.h. das Gesundheitsklima) zu verinnerlichen und umzusetzen als diejenigen, die sich *nicht* der Organisation zugehörig fühlen und gering identifizieren. Das ist jedoch nicht nur bei einem positiven Gesundheitsklima und der Übernahme von gesundheits*förderlichen* Einstellungen und Verhalten der Fall. Auch wenn Führungspersonen wahrnehmen, dass ihre Organisation *keinen* Wert auf Gesundheitsförderung legt (das heißt ein negatives Gesundheitsklima vorhanden ist), dann zeigen vor allem die stark identifizierten Führungskräfte ein entsprechend niedriges Gesundheitsbewusstsein, wie unsere Forschungsergebnisse verdeutlichen. Bei einem negativen Gesundheitsklima in Unternehmen besteht also die Gefahr, dass Führungspersonen, die sich stark mit der Organisation verbunden fühlen, die organisationalen Normen und Praktiken übernehmen und sich ebenso wenig gesundheitsförderlich oder sogar gesundheitsschädlich verhalten. Solche Risiken von sozialer Identifikation wurden schon in anderen Bereichen entdeckt (z.B. Avanzi et al., 2012; Oyserman et al., 2007). Zum Beispiel führten in einer Studie von Oyserman und Kolleg*innen (2007) bestimmte Bevölkerungsgruppen in den USA weniger gesundheitsförderliche Verhaltensweisen aus, wie gesund essen oder Sport treiben, da sie dies nicht als typisch und damit nicht als Norm für ihre jeweilige sozioökonomische oder ethnische Gruppe ansahen.

*Risiken von
organisationaler
Identifikation
der Führungs-
kräfte*

Einschränkend ist an dieser Stelle jedoch anzumerken, dass wir nur in der ersten Studie die moderierende Wirkung von sozialer Identifikation zeigen konnten. In der zweiten Studie ließ sich die Moderation nicht bestätigen, was vermuten lässt, dass noch andere Faktoren einen Einfluss darauf haben, ob und wie stark Führungskräfte organisationale Gesundheitsnormen und -regeln übernehmen.

Anwendungsideen für Sie als Führungskraft

Sicherlich, die beiden in diesem Abschnitt vorgestellten Arbeiten zeigen, wie wichtig das organisationale Gesundheitsklima und damit die Unternehmensleitung ist. Aber auch Sie als Führungskraft können aktiv werden – unabhängig davon, auf welcher Hierarchieebene Sie sich befinden und für wie viele Mitarbeitende Sie verantwortlich sind. Beginnen wir mit der sozialen Identifikation: Hier können Sie sich zunächst fragen, wie Ihre organisationale Identifikation aussieht. Wie sehr fühlen Sie sich mit Ihrem Unternehmen verbunden? Sind Sie froh, in Ihrem Unternehmen zu arbeiten und sehen Sie sich selbst als Teil des Unternehmens? Im nächsten Schritt können Sie Ihre eigenen und die Wertvorstellungen im Unternehmen bezüglich Gesundheitsthemen hinterfragen. Stimmen beide überein? Oder vertreten Sie andere Ansichten, als sie im Unternehmen gelebt werden? An dieser Stelle können Sie dann Ihr eigenes Verhalten im Unternehmen reflektieren: Spiegelt das Ihre eigene Auffassung, wie mit Gesundheit am Arbeitsplatz umgegangen werden sollte, wider? Oder richten Sie sich (unbewusst) nach den organisationalen Normen und Praktiken? Nicht nur bezüglich Ihrer Identifikation mit dem Unternehmen und der (Nicht-)Übereinstimmung von persönlichem und organisationalem Gesundheitsbewusstsein ist eine regelmäßige Reflexion hilfreich. Auch bei anderen Punkten kann es zur Verbesserung des gesundheitlichen (Selbst-)Führungshandelns sinnvoll sein, sich selbst und seine Einstellungen und sein Verhalten regelmäßig zu hinterfragen – darauf werde ich in Kapitel 4 noch näher eingehen.

Reflexion der organisationalen Identifikation, der Wertübereinstimmung und des eigenen Verhaltens

Nicht nur die Unternehmensleitung, auch Führungskräfte können das Klima in einem Unternehmen prägen. Durch Ihr Verhalten, Ihre Einstellungen und Ihren Umgang mit Ihren Mitarbeitenden haben Sie einen Einfluss darauf, inwieweit Gesundheitsthemen Raum einnehmen dürfen und wie sehr gesundheitsförderliches Arbeiten gefördert und umgesetzt wird. Seien Sie sich dieser prägenden Funktion bewusst und setzen Sie diese gezielt ein, um ein gesundheitsförderliches Klima in Ihrem Team und vielleicht sogar im ganzen Unternehmen zu schaffen.

Merke

Ein positives Gesundheitsklima im Unternehmen kann das Gesundheitsbewusstsein der Führungskräfte stärken und damit vermehrtes gesundheitsförderliches Führungsverhalten fördern, was dann wiederum zu einem positiven Wohlbefinden der Mitarbeitenden beiträgt.

4 Praktische Empfehlungen für den (Arbeits-)Alltag

In diesem Kapitel werde ich auf verschiedene Implikationen für die Praxis eingehen und Handlungsempfehlungen für Führungskräfte (und natürlich auch alle anderen Personen) vorstellen, welche auf den in der theoretischen Einführung genannten Grundlagen (Kapitel 2), den zuvor vorgestellten wissenschaftlichen Studien (Kapitel 3) und weiteren wissenschaftlich fundierten Erkenntnissen beruhen. Die hier dargestellten Ansätze und Praxisempfehlungen stellen nicht „den ultimativen Weg" dar oder beschreiben eine ganz neue Herangehensweise im Vergleich zu anderen Fachbüchern und Anleitungen zum gesunden Führen und Selbstführen, sondern sie zeichnen sich vor allem dadurch aus, dass sie auf empirischen Erkenntnissen und theoretischen Annahmen beruhen und sich in der Praxis bewährt haben. Dabei handelt es sich selbstverständlich nur um Denkanstöße und mögliche Wege – die Umsetzung hängt zum einen von den vorhandenen Rahmenbedingungen ab (Unternehmenskontext, betriebliche Gegebenheiten etc.) und von individuellen Präferenzen und Möglichkeiten. Wir unterscheiden uns nicht nur in dem, was uns stresst, sondern auch in dem, was uns guttut und „entstresst". Entscheiden Sie daher für sich, welche der hier vorgestellten Ideen und Angebote für Sie passend sind und Sie gerne ausprobieren möchten.

Anregungen für die Praxis auf Basis von theoretischen und empirischen Erkenntnissen

Können Sie sich noch an die Sicherheitseinweisung bei Ihrem letzten Flug erinnern? „Sollte der Druck in der Kabine sinken, fallen automatisch Sauerstoffmasken aus der Kabinendecke. In diesem Fall ziehen Sie eine der Masken ganz zu sich heran, und drücken Sie die Öffnung fest auf Mund und Nase. Danach helfen Sie mitreisenden Kindern und anderen Personen." Ähnlich verhält es sich auch bei der Gesundheit: Als Führungskraft sollten Sie sich zunächst um Ihre eigene Gesundheit kümmern, bevor Sie sich den Mitarbeitenden zuwenden. Nur wenn es Ihnen gut geht, haben Sie ausreichend Energie und Ressourcen, um Ihre Mitarbeitenden zu unterstützen. Dem Aufbau des HoL-Modells folgend werde ich daher im ersten Teil dieses Kapitels zunächst Empfehlungen für Führungspersonen zum Umgang mit ihrer eigenen Gesundheit präsentieren. Also Maßnahmen zur Förderung der SelfCare der Führungskräfte.

Erst die Selbstfürsorge, dann die Mitarbeiterfürsorge

Im zweiten Teil wird es dann um den Umgang der Führungskräfte mit der Mitarbeiter*innengesundheit gehen, der sogenannten StaffCare im HoL-Modell. Wir werden uns anschauen, wie Sie als Führungskraft Stresssignale und gesundheitliche Risiken der Mitarbeitenden erkennen und wie sie dann reagieren können.

Im HoL-Modell wird die Unternehmensebene, zu welcher auch das organisationale Gesundheitsklima gezählt werden kann, nicht explizit miteingeschlossen. Aber es ist ebenfalls entscheidend, welche Bedeutung die Unternehmensleitung der organisationalen Gesundheit(sförderung) beimisst und inwieweit sie ein gesundes Arbeiten unterstützt (wie die wissenschaftlichen Studien in Abschnitt 3.3 zeigen und wie im Gesamtmodell in Abbildung 1 auf S. 7 dargestellt). Empfehlungen für Unternehmen, wie sie betriebliche Strukturen und Prozesse gesundheitsförderlich gestalten können, betreffen das weite Feld des betrieblichen Gesundheitsmanagements. Praxisempfehlungen und Umsetzungsmöglichkeiten des betrieblichen Gesundheitsmanagements (kurz BGM) können ganze Bücher füllen (einige Empfehlungen finden Sie in Kapitel 5) und würden daher den Rahmen dieses Buches sprengen. Im Zusammenhang mit gesunder Führung erscheint mir vor allem wichtig, wie Führungskräfte mit dem organisationalen Gesundheitsklima umgehen können und welche Möglichkeiten sie gegenüber der Unternehmensleitung haben. Daher finden Sie im letzten Teil dieses Kapitels Empfehlungen und Anregungen zum Umgang mit dem organisationalen Gesundheitsklima.

4.1   Was Führungskräfte für ihre eigene (psychische) Gesundheit tun können

„Jemand, der sich nicht um seine Gesundheit kümmert, ist wie ein Handwerker, der sein Werkzeug nicht pflegt." Dieses spanische Sprichwort beschreibt sehr treffend, dass die Gesundheit und die Selbstfürsorge der Führungskräfte die entscheidende Basis für Führungspersonen darstellen, um gesund arbeiten (und natürlich auch leben) zu können und Mitarbeitende gesund zu führen. Die wissenschaftlichen Ergebnisse der Übersichtsarbeit (siehe Abschnitt 3.2) zeigen, dass das Wohlbefinden der Führungskräfte signifikant mit ihrem Führungsverhalten zusammenhängt. Wer gesund ist, führt „besser", das heißt geht mehr auf die Mitarbeitenden ein, motiviert sie mehr und achtet auch mehr auf die Gesundheit der Mitarbeitenden. Gleichzeitig sind Führungspersonen, die „gut" führen, auch gesünder.

Die Selbstfürsorge (SelfCare) der Führungskräfte stellt die Basis im HoL-Modell dar und setzt sich aus den drei Komponenten Achtsamkeit, Wichtigkeit und Verhalten zusammen. Für diese drei Bereiche finden Sie im Folgenden konkrete Ansätze und Handlungsideen für die Praxis: Wie können Sie als Führungskraft *Ihr Bewusstsein und Ihre Achtsamkeit für eigene Belastungsanzeichen* schulen? Wie positionieren Sie sich gegenüber Ihrer eigenen Gesundheit, das heißt welche *Wichtigkeit soll Ihre Gesundheit* haben? Und welche *Verhaltensweisen* helfen Ihnen, um Ihr Stressempfinden zu reduzieren und Ihr Wohlbefinden zu fördern?

Gesundheit, vor allem im Arbeitsbereich, ist häufig mit Stress assoziiert. Deswegen werden wir uns an dieser Stelle mit „Ihrem Stress" auseinandersetzen. Daneben wird der Fokus vor allem auf der psychischen Gesundheit liegen, auch wenn körperliches und psychisches Wohlbefinden oft eng zusammenhängen und viele Symptome psychosomatisch sind, das heißt sowohl somatische als auch psychische Anteile haben. Natürlich sind die hier vorgestellten Empfehlungen und Tipps nicht nur auf Führungskräfte begrenzt, sondern auch Mitarbeitende (und alle anderen, wie zum Beispiel Selbstständige) können mit den hier vorgestellten Maßnahmen ihre Gesundheit stärken. In Abbildung 12 finden Sie einen Überblick über die Inhalte und Übungen in diesem Abschnitt.

Nicht nur für Führungskräfte, sondern für alle, die ihre Selbstfürsorge stärken möchten

**Überblick über die Inhalte und Übungen in Abschnitt 4.1:
Was Führungskräfte für ihre eigene (psychische) Gesundheit tun können**

4.1.1   Achtsamkeit für den eigenen Gesundheitszustand

Stresssignale: Selbstcheck

Identifikation von Stressoren: Stresstagebuch

Soziale Ressourcen: soziales Netzwerk

Stressoren und Ressourcen erkennen und verändern: Energiebilanz

4.1.2   Priorisierung der eigenen Gesundheit

Werte und Lebensziele: Grabstein-Übung oder „Wie möchte ich gelebt haben?"

Nein-Sagen: Strategien, um erfolgreich „Nein" zu sagen

Eigene Werte sammeln und priorisieren: Werte-Übung

4.1.3   Verhaltensweisen, um die eigene Gesundheit zu fördern

(Dauer-)Anspannung reduzieren: verschiedene Entspannungsverfahren

Erholungsfähigkeit: Fragen zur Selbstreflexion

Erholsamer Schlaf: Strategien zur Verbesserung der Schlafqualität

Stressverschärfende Gedanken: Selbstcheck

Stressverstärkende Denkweisen unterbrechen: Gedankenstopper

Rumination: Strategien gegen Grübeln

Ins Tun kommen: Umsetzungsplan

Abbildung 12:   Überblick über die Inhalte und Übungen in Abschnitt 4.1

4.1.1   Achtsamkeit für den eigenen Gesundheitszustand und Reflexion eigener Stressoren und Ressourcen

Wie geht es Ihnen gerade? Nehmen Sie sich einmal ein paar Minuten Zeit und überlegen, wie es Ihnen momentan geht: Wie fühlt sich Ihr Körper gerade an? Welches Gefühl ist aktuell vorherrschend? Was beschäftigt Sie zurzeit gedanklich? Welche To-dos stehen an und was setzt Sie unter Druck? Worauf freuen Sie sich in den nächsten Tagen und was zaubert Ihnen ein Lächeln ins Gesicht?

Achtsamkeit als Basis für die Selbstfürsorge

Voraussetzung für eine erfolgreiche Selbstfürsorge ist die Achtsamkeit und das Bewusstsein für den eigenen Gesundheitszustand und die Wahrnehmung von Belastungsanzeichen. Das bedeutet auch, dass wir wissen, welche Faktoren uns stressen (Stressoren) und wo wir Kraft tanken können (Ressourcen). Das heißt, es geht zunächst darum, erst einmal sich selbst und die eigene Stressreaktion besser kennenzulernen *(1: Selbstcheck „Mein Stress und ich")*. Im nächsten Schritt können wir dann eigene Belastungen bewusst wahrnehmen *(2: Wo drückt der Schuh? Die Suche nach den Stressoren)* und eigene Kraftquellen reflektieren *(3: Wie kann ich Kraft tanken? Die Suche nach den Ressourcen)*.

1: Selbstcheck „Mein Stress und ich"

Woran merken Sie, dass Sie gestresst sind? Das können Konzentrationsschwierigkeiten oder Gedankenkreisen sein, eine gereizte Stimmung und „kurze Zündschnur", Probleme beim Einschlafen oder Schmerzen im Nacken- und Schulterbereich oder auch die Vernachlässigung von schönen Freizeitaktivitäten. Oft fällt es uns gar nicht so leicht, die Körperreaktionen, Gedanken, Gefühle und Verhaltensweisen zu benennen, die wir bei Stress zeigen – wir waren ja „im Stress" und haben auf alles andere, nur darauf nicht geachtet. Auch wenn die grundlegenden körperlichen Abläufe bei Stress bei uns allen sehr ähnlich sind (siehe Abschnitt 2.1.4), können sich doch unsere Warnsignale unterscheiden. In Tabelle 3 finden Sie eine Auflistung von verschiedenen Stresssignalen – schauen Sie doch einmal, was Ihre typischen Stresssignale sind. Gerne dürfen Sie auch noch weitere für Sie typische Stressanzeichen ergänzen.

Unsere individuellen Stresssignale sind uns häufig nicht bewusst

Tabelle 3:   Checkliste Stresssignale (angelehnt an G. Kaluza, 2023b, und Hillert et al., 2018)

Wie häufig haben Sie die untenstehenden Stressanzeichen in den letzten drei bis vier Wochen bei sich feststellen können?	**2** sehr häufig	**1** ab und zu	**0** selten/ nie
Körperliche Warnsignale			
Anspannung, z. B. Schultern hochziehen, Zähne zusammenbeißen	2	1	0
Chronische Müdigkeit	2	1	0
Ein- oder Durchschlafprobleme	2	1	0

Tabelle 3:   Fortsetzung

Wie häufig haben Sie die untenstehenden Stressanzeichen in den letzten drei bis vier Wochen bei sich feststellen können?	2 sehr häufig	1 ab und zu	0 selten/ nie
Engegefühl in der Brust	2	1	0
Verdauungsbeschwerden	2	1	0
Magenschmerzen	2	1	0
Appetitlosigkeit	2	1	0
sexuelle Funktionsstörung	2	1	0
Kopfschmerzen	2	1	0
Rückenschmerzen	2	1	0
weitere: _____	2	1	0
Warnsignale im Verhalten			
aggressiveres Verhalten gegenüber anderen	2	1	0
hektischeres und/oder ungeduldigeres Verhalten	2	1	0
Veränderung im Essverhalten (z.B. unregelmäßig, sehr ungesund, am Schreibtisch)	2	1	0
Pausen ausfallen lassen	2	1	0
andere unterbrechen, nicht zuhören können	2	1	0
Konsum von Alkohol oder Medikamenten zur Beruhigung	2	1	0
mehr Rauchen als sonst	2	1	0
Sport und Bewegung reduzieren	2	1	0
private Kontakte vernachlässigen	2	1	0
Freizeitaktivitäten reduzieren	2	1	0
weitere: _____	2	1	0
Emotionale Warnsignale			
Nervosität, innere Unruhe	2	1	0
Gereiztheit, die „Zündschnur" ist kürzer	2	1	0
Ärgergefühle	2	1	0
Angstgefühle, Versagensängste	2	1	0
innere Leere, sich ausgebrannt fühlen	2	1	0

Tabelle 3:   Fortsetzung

Wie häufig haben Sie die untenstehenden Stressanzeichen in den letzten drei bis vier Wochen bei sich feststellen können?	2 sehr häufig	1 ab und zu	0 selten/ nie
Aktivitäten und Dinge, die normalerweise angenehm sind, bereiten weniger Freude	2	1	0
Unzufriedenheit, Unausgeglichenheit	2	1	0
weitere: _____	2	1	0
Gedankliche Warnsignale			
Konzentrations- und Aufmerksamkeitsprobleme	2	1	0
ständiges Grübeln und Gedankenkreisen	2	1	0
abends und am Wochenende nicht abschalten können	2	1	0
Leere im Kopf („black out")	2	1	0
Tagträume	2	1	0
Alpträume	2	1	0
weitere: _____	2	1	0

Bewertung:

- *Weniger als 10 Punkte:* Sie zeigen wenig Stresssignale und befinden sich höchstwahrscheinlich im optimalen Leistungsbereich. Sorgen Sie weiterhin für ausreichend Ausgleich und Erholung und behalten Sie Ihre Warnsignale gut im Blick. Sollten Sie bemerken, dass weitere Symptome auftreten oder Sie die meiste Zeit des Tages unter den Symptomen leiden, dann werden Sie aktiv und steuern aktiv gegen.
- *11 bis 20 Punkte:* Sie zeigen eine erhöhte Anzahl an Stresssymptomen, was ein Signal sein könnte, dass Sie derzeit zu viel machen. Jetzt heißt es, dem entgegenzusteuern, die eigenen Ressourcen zu stärken und wieder Kraft zu tanken und Stressfaktoren zu minimieren. Was Ihnen dabei helfen kann, können Sie im nächsten Abschnitt lesen.
- *Mehr als 20 Punkte:* Sie zeigen deutliche Anzeichen von Stress und Erschöpfung, was möglicherweise Risiken für Ihre Leistungsfähigkeit und Gesundheit birgt. Hier könnte es hilfreich sein, sich professionelle Unterstützung zu suchen, um Ihre Situation genauer abzuklären und mögliche Wege zu besprechen.

Jetzt kennen Sie Ihre typischen Stresssignale. Aber ein wenig Grübeln oder etwas angespannt sein, sprich etwas Stress, bedeutet ja noch nicht, dass man an der Belastungsgrenze ist, oder? Das stimmt (siehe theoretische Grundlagen in Kapitel 2): Mit ein wenig Stress können wir gut umgehen und tatsächlich zeigen wir die beste Leistung nicht bei einem niedrigen Stresslevel, sondern bei einer mittleren Aktivierung, wenn wir also ein wenig gestresst (bzw. aktiviert) sind (siehe Stress-Leistungs-Kurve in Abbildung 13; siehe auch Yerkes-Dodson-Gesetz, z.B. Myers & DeWall, 2023). Kritisch wird es dann, wenn das Stresslevel über diesen Optimalzustand hinaussteigt oder über

Die beste Leistung bei mittlerer Aktivierung

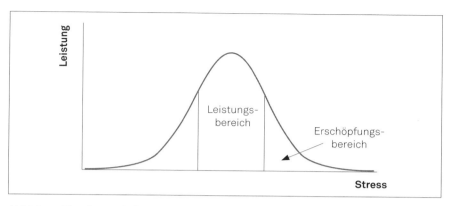

Abbildung 13: Stress-Leistungs-Kurve

einen zu langen Zeitraum aufrechterhalten wird, sodass wir all unsere Ressourcen aufgebraucht haben, das heißt, wenn wir chronischen Stress haben. Dann sind wir im Erschöpfungsbereich (siehe Abbildung 13), welcher langfristig nicht nur negative Auswirkungen auf unsere Leistung, sondern auch auf unsere körperliche und psychische Gesundheit haben kann (weitere Informationen zu den Auswirkungen von chronischem Stress finden Sie in Abschnitt 2.1.4).

Und wo stehen Sie gerade? Nehmen Sie einmal die Liste der Stresssignale zur Hand (siehe Tabelle 3) und gehen diese durch. Welche Signale haben Sie in den letzten drei bis vier Wochen bei sich feststellen können? Zählen Sie dann die Punkte zusammen – eine Bewertung finden Sie am Ende der Tabelle 3. Nutzen Sie diese Checkliste und Bewertung als Orientierung und als Grundlage für eine Selbstreflexion Ihrer gesundheitlichen Verfassung. Vergessen Sie dabei nicht, auch die von Ihnen ergänzten Stresssignale zu zählen.

2: Wo drückt der Schuh? Die Suche nach den Stressoren

Neben dem Bewusstsein für den eigenen Stresszustand ist es auch wichtig zu erkennen, wer oder was uns stresst. Diese Faktoren werden Stressoren genannt. Stressoren können alle Belastungen, Anforderungen und Ärgernisse im beruflichen und privaten Bereich sein. Das kann zum Beispiel Zeitdruck sein, wenn eine Deadline bevorsteht und wir noch schnell eine Aufgabe fertigstellen müssen. Das kann der nervige Kollege sein, der mit einer Lautstärke in die Tasten haut, dass man sich auf nichts anderes konzentrieren kann. Das kann der eigene Anspruch sein, alles perfekt zu machen, weswegen man Dinge dreimal kontrolliert und sich nicht traut, sie abzuschicken, obwohl sie schon längst fertig sind. Kommt Ihnen davon etwas bekannt vor? Nehmen Sie sich gerne einmal ein wenig Zeit und überlegen, welche Faktoren Sie stressen.

Vielleicht kann Ihnen dabei auch ein Stresstagebuch helfen (siehe Kasten und Abbildung 14 auf der nächsten Seite), denn oft ist es gar nicht so einfach, die eigenen Stressoren zu benennen. Wenn Sie sich aber einmal über eine längere Zeit beobachten und dabei Ihr Stresslevel aufzeichnen, werden Sie leicht feststellen können, was Sie stresst.

Stresstagebuch zur Identifikation von Stressoren

Stresstagebuch zur Identifikation von Stressoren und zum Umgang mit stressigen Situationen

Um herauszufinden, welche Faktoren bei einem selbst Stress auslösen und verstärken, kann es hilfreich sein, für ein paar Tage (idealerweise mindestens eine Woche) ein Stresstagebuch zu führen (siehe Abbildung 14): Notieren Sie sich die als stressig empfundene Situation (also den Stressauslöser), Ihr Stresslevel (auf einer Skala von 0 = „gar kein Stress" bis 10 = „sehr starker Stress"), Ihre Körperreaktion, Ihre (stressverstärkenden) Gedanken, Ihre Emotionen und Ihre Verhaltensweisen. Diese kleine Übung kann Ihnen zum einen helfen, die für Sie stressigen Situationen (also die Stressauslöser bzw. Stressoren) sowie Ihre Stressreaktionen und -signale zu identifizieren. Zum anderen ermöglicht die Übung, Abstand von der stressigen Situation zu gewinnen und den Stress zu reduzieren. Durch die gedankliche Distanzierung kann die Stresssituation neu überdacht werden und vielleicht finden Sie neue Wege für den vorher unkontrollierbar erscheinenden Stress.

Datum & Zeit	Stressauslöser (Situation)	Stress-level (0–10)	Was war meine Körper-reaktion?	Was habe ich gefühlt?	Was habe ich gedacht?	Was habe ich gemacht?
21.07. 11 Uhr	Anruf von meiner Chefin, dass die von mir bestellte Lieferung nicht wie geplant eingetroffen sei und heute dringend gebraucht wird.	8	Schwitzen, Zähne zusammenbeißen, Engegefühl in der Brust	Nervosität/ innere Unruhe, Angst	„Ich habe bestimmt einen Fehler bei der Bestellung gemacht. Jetzt wird meine Chefin sicherlich sauer auf mich sein und mir nach diesem Misserfolg solche Aufgaben nicht mehr zutrauen."	Hektisch meine E-Mails nach der Bestellung durchsucht, die Pause durchgearbeitet und nebenbei einen Schokoriegel als Mittagessen gegessen...
22.07. 13 Uhr	Mein Kollege hat sich zum wiederholten Mal bei meinem Essen im Kühlschrank bedient.	5	Muskelanspannung, Beschleunigung des Pulses, Herzklopfen	Ärger, innere Anspannung	„Ich würde ihn gerne darauf ansprechen, aber möchte ihn nicht vor den Kopf stoßen und keinen Konflikt auslösen."	Den Kollegen nicht angesprochen und die Reste meines Mittagessens aufgegessen...

Abbildung 14:   Beispiel für ein ausgefülltes Stresstagebuch

Herausfordernde vs. hinderliche Stressoren

Wenn Sie Ihren Alltag stressfreier gestalten und der Entstehung von Stress vorbeugen möchten, ist es hilfreich, die von Ihnen identifizierten Stressoren anzugehen. Zum einen können Sie zunächst unterscheiden, ob es sich um sogenannte herausfordernde Stressoren (auch als „challenge stressors" bezeichnet) handelt, das heißt anspornende und eher motivierende Stressfaktoren, oder Sie es mit sogenannten hinderlichen Stressoren (auch „hindrance stressors" genannt) zu tun haben, die Sie eher in Ihrer Zielerreichung behindern. Ein Beispiel für einen herausfordernden Stressor wäre Zeitdruck vor einer wichtigen Frist: Viele Menschen kennen es, dass eine herannahende Deadline sie anspornt, schneller und produktiver zu arbeiten und mehr zu leisten. Konflikte am Arbeitsplatz oder unklare Verantwortungszuweisungen sind dagegen hinderliche Stressoren, da sie die Erledigung der Aufgaben eher erschweren und behindern (weitere Informationen zu herausfordernden und hinderlichen Stressoren finden Sie in Abschnitt 2.1.7).

Neben der Unterscheidung zwischen herausfordernden und hinderlichen Stressoren ist es wichtig, auch zu schauen, welche Stressfaktoren Sie ändern können und welche nicht. Ein Beispiel für einen veränderbaren Stressor ist Überforderung mit einer Aufgabe. Hier können Sie entweder Ihre eigenen fachlichen Kompetenzen erweitern, sodass Sie die Aufgabe bewältigen können. Oder Sie können sich Unterstützung von Kolleginnen und Kollegen suchen. Ein anderes Beispiel ist der nervige Kollege mit dem lautstarken Tastengeklimpere. Hier könnte eine Lösung sein, mit dem Kollegen zu sprechen, vielleicht ist es ihm auch möglich, etwas leiser zu sein. Oder Sie könnten versuchen, in ein anderes Büro zu wechseln. Oder Sie besorgen sich Noise-cancelling-Kopfhörer, damit Sie in Ruhe arbeiten können. Werden Sie kreativ und sammeln Sie verschiedene Möglichkeiten und Ideen, wie Stressoren verändert, so weit wie möglich verringert oder ganz abgebaut werden können.

Welche Stressoren sind änderbar?

3: Wie kann ich Kraft tanken? Die Suche nach den Ressourcen

Das positive Gegenstück zu Stressoren sind Ressourcen – das heißt alles, was uns Energie und Kraft gibt, wobei wir uns wohlfühlen und womit wir „unseren Akku wieder auftanken" können. Diese Kraftquellen können individuell unterschiedlich aussehen. Es können Aktivitäten sein, die Ihnen Spaß machen und die Sie entspannen, wie beispielsweise Hobbys, ein leckeres Drei-Gänge-Menü oder ein Treffen mit Freunden. Entspannung kann dabei entweder passiv und nebenbei passieren, wie zum Beispiel, wenn Sie ein Bad nehmen oder Musik hören oder ein schönes Buch lesen. Oder Sie können auch aktive Entspannungsübungen durchführen, wie zum Beispiel Achtsamkeitsübungen, Progressive Muskelentspannung (PMR) oder Atemübungen. Die Auswahl an verschiedenen Entspannungsverfahren ist groß – haben Sie schon einmal ein Verfahren ausprobiert oder praktizieren es sogar regelmäßig? Häufig erfordert es ein wenig Übung und der entspannende Effekt stellt sich nicht beim ersten Durchführen ein, sondern auch das Entspannen muss trainiert werden, wie eine Sportart (weitere Informationen zu Entspannungsverfahren finden Sie in Abschnitt 4.1.3).

Ressourcen sind individuell verschieden

Und wo wir schon beim Thema sind: Auch Sport und Bewegung sind wichtige Ressourcen. Durch körperliche Aktivität können Stresshormone abgebaut werden und die Produktion von Glückshormonen, wie Endorphine und Serotonin, steigt. Vor allem Ausdauersport wie Nordic Walken, Laufen, Schwimmen oder Radfahren hat eine stressreduzierende Wirkung.

Sport und Bewegung sind bedeutsame Ressourcen

Sport, Rauchen, Alkohol, Impfungen, Übergewicht, soziale Kontakte oder Medikamente – erinnern Sie sich noch an die Ergebnisse der Übersichtsarbeit von Holt-Lunstad und Kolleg*innen (2010) in Abschnitt 2.1.3 zu der Frage, welche Faktoren am wichtigsten für unsere Gesundheit sind? Interessanterweise sind soziale Faktoren am bedeutsamsten – wie die Metaanalyse belegt (Holt-Lunstad et al., 2010). In ihrer zusammenfassenden Analyse von 148 Studien zeigen die Autor*innen, dass soziale Eingebundenheit und soziale Unterstützung im Vergleich zu anderen Punkten (wie Alkoholkonsum, Sport, Übergewicht etc.) die wichtigsten Risikofaktoren für die Sterblichkeit darstellten. Hätten Sie das gedacht? Nutzen Sie also Ihr soziales Netzwerk! Dabei ist Qualität wichtiger als Quantität: Es geht nicht darum, unendlich viele soziale Kontakte zu haben, sondern Menschen, auf die man sich wirklich verlassen kann und das können auch nur einige wenige sein. Soziale Kontakte kann und sollte man aktiv gestalten. Pflegen Sie die Beziehungen, die Ihnen guttun und reduzieren Sie die Kontakte, die Ihnen Kraft und Energie rauben. Eine Möglichkeit, sich mit seinem sozialen Netzwerk auseinanderzusetzen, finden Sie im nachfolgenden Kasten.

Soziale Ressourcen nutzen

Wie Sie sich mit Ihrem sozialen Netzwerk auseinandersetzen können

Sein soziales Netzwerk kann und sollte man aktiv gestalten. Damit Sie Ihr soziales Netzwerk sinnvoll nutzen können, sind folgende Schritte empfehlenswert (siehe z. B. das Programm „Groups 4 Health", u. a. C. Haslam et al., 2016, oder siehe auch G. Kaluza, 2023b):

1. Zunächst einmal ist es wichtig, sein soziales Netzwerk zu kennen. Wissen Sie, welche Familienmitglieder, Freund*innen, Bekannte, Kolleg*innen oder sonstige Personen sich in Ihrem sozialen Umfeld befinden? Gerne können Sie sich einmal ein Blatt Papier zur Hand nehmen und Ihr soziales Netzwerk aufzeichnen: Setzen Sie sich selbst in die Mitte des Blattes. Fügen Sie dann alle Einzelpersonen und Personengruppen hinzu, die für Sie wichtig sind. Durch den Abstand zwischen Ihnen und der Person oder Gruppe können Sie verdeutlichen, wie nah Sie sich der anderen Person oder Gruppe fühlen.

2. Und dann geht es um die aktive Gestaltung des eigenen sozialen Umfeldes: Das heißt, vertiefen Sie die Kontakte, die Ihnen guttun und Ihnen Kraft geben, und verringern Sie die Kontakte, die Ihnen nicht guttun und Ihnen Energie rauben. Auch das können Sie auf Ihrem Bild des sozialen Netzwerkes visualisieren: Markieren Sie zum Beispiel diejenigen Personen, die Sie als besonders hilfreich und unterstützend empfinden, in grün. Dabei geht es nicht nur um die tatsächliche Unterstützung, sondern auch um die angebotene und potenziell verfügbare Unterstützung, die Sie von den Personen oder Personengruppen erhalten könnten. Besonders unterstützende Kontakte können Sie auch dick in grün umranden. Eine rote Markierung erhalten diejenigen Personen, die Ihnen nicht guttun. Wer in Ihrem sozialen Umfeld ist ein Energieräuber?

3. Und jetzt können Sie überlegen: Zu welchen Personen möchten Sie in Zukunft gerne den Kontakt intensivieren? Und mit wem würden Sie lieber weniger Kontakt haben und welche Kontakthäufigkeit wäre für Sie wünschenswert?

4. Neben der Pflege des bestehenden sozialen Netzwerks kann man seine Sozialkontakte aber auch aktiv erweitern. Wenn Sie gerne weitere Personen(-gruppen) kennenlernen würden, dann sorgen Sie aktiv dafür: Zum Beispiel können Sie sich ein Hobby mit anderen Menschen suchen oder Ihre Freunde bitten, Sie anderen Personen vorzustellen.

Eine Möglichkeit, seine soziale Welt umfassend darzustellen, ist das *Social Identity Mapping Tool*, welches auch als Online-Version verfügbar ist (siehe u.a. Bentley et al., 2020; Cruwys et al., 2016). Mithilfe dieses Instruments werden verschiedene soziale Gruppen und ihre Bedeutung erfasst, zum Beispiel werden die Wichtigkeit jeder einzelnen Gruppe und die Häufigkeit der Interaktion abgefragt. Auch können die Beziehungen zwischen den Gruppen und potenzielle Konflikte abgebildet werden. Weitere Informationen (auf Englisch) zu dem Online-Tool finden Sie hier: https://osim.psy.uq.edu.au/

In den vorherigen Abschnitten haben wir uns angeschaut, was Sie stresst und was Ihnen Energie gibt. In einem nächsten Schritt können Sie jetzt prüfen, inwiefern Sie die Stressoren abbauen und wie Sie Ihre Ressourcen erweitern können und möchten. Dazu ist es hilfreich, sich sowohl die Stressoren als auch die Ressourcen einmal nebeneinander aufzuschreiben (siehe den Kasten „Energiebilanz" und Abbildung 15). Meist ist dabei nicht die bloße Anzahl an Stressoren und Ressourcen entscheidend, wie gestresst wir sind, sondern einige Faktoren können uns stärker unter Druck setzen als andere, während uns einige Dinge besser entlasten als andere. Und an diesen Punkten sollte man als Erstes ansetzen: Wie können Sie Ihre starken Stressoren reduzieren oder entfernen? Welche Ressourcen sollten Sie öfter nutzen oder möchten Sie vielleicht neue Ressourcen etablieren? Im nachfolgenden Kasten finden Sie eine Übung zur Arbeit mit den eigenen Stressoren und Ressourcen. In Abschnitt 4.1.3 und im Kasten „Entspannungsverfahren" auf S. 110 gehe ich noch näher auf verschiedene Ressourcen, wie beispielsweise Entspannungsverfahren, ein.

Gegenüberstellung von Stressoren und Ressourcen

Energiebilanz: Stressoren und Ressourcen erkennen und verändern

Eine hilfreiche Übung, um die aktuellen Stressoren und Ressourcen zu identifizieren und an ihnen arbeiten zu können, besteht darin, diese einmal nebeneinander aufzuschreiben. Denken Sie beispielsweise an eine Batterie oder einen Akku (siehe Abbildung 15): Welche Tätigkeiten, Aufgaben, Dinge, Einstellungen und Menschen entladen Ihre Batterie und kosten Sie Kraft und Energie? Hier können Sie auch Ihr Stresstagebuch als Informationsquelle nutzen (siehe Kasten auf S. 100). Welche Lebensaspekte geben Ihnen Energie und schenken Ihnen Kraft? Schreiben Sie alles auf, was Ihnen in den Sinn kommt.

In einem nächsten Schritt können Sie dann überlegen, welche Stressoren Sie abbauen oder verringern möchten. Hierbei ist es wichtig zu unterscheiden, welche Stressoren änderbar oder reduzierbar sind und welche nicht. Beispielsweise könnten Sie eine Putzhilfe engagieren, um Sie bei dem Stressor „Putzen" zu entlasten. Und auf der anderen Seite können Sie sich fragen, welche Ressourcen Sie häufiger nutzen möchten oder ob Sie noch weitere Ressourcen aufbauen können. Vielleicht lässt sich der Austausch mit Ihrer Kollegin Lena intensivieren oder aber Sie suchen häufiger das Gespräch mit anderen Kolleg*innen, mit denen Sie die Zusammenarbeit als hilfreich empfinden.

Was sind meine Stressoren? Wohin geht meine Energie?	Was sind meine Ressourcen? Was gibt mir Energie?
• administrative Aufgaben	• Projekte und Aufgaben zufriedenstellend fertigstellen
• unnötige Absprachen mit Kolleg*innen bei der Arbeit	• Austausch mit meiner Kollegin Lena
• Konkurrenzdruck in der Firma	• Neues lernen, zum Beispiel ein neues Programm bei der Arbeit
• mein Anspruch, alles 150%-ig zu machen, wodurch ich viel länger brauche als nötig	• mein Freundeskreis, vor allem Nadine
• putzen	• Joggen
• meine Schwiegermutter	• Autogenes Training

Abbildung 15:   Beispiel für eine Energiebilanz

4.1.2   Priorisierung der eigenen Gesundheit

Ein bisschen Halskratzen und Müdigkeit – aber die Präsentation muss morgen fertig sein, also setzen Sie sich lieber an den Schreibtisch, als sich eine Pause oder einen Mittagsschlaf zu genehmigen. Der Kopf brummt und die Konzentration und Aufmerksamkeit fallen schwer – aber das Meeting mit den Kolleg*innen wurde schon zweimal verschoben, also schleppen Sie sich trotzdem zu dem Treffen. Eigentlich war der Plan, nach Feierabend eine Runde joggen zu gehen – aber jetzt sind Sie nach der Arbeit viel zu erschöpft und können sich nicht aufraffen, den bequemen Sofaplatz vor dem Fernseher zu verlassen. Es gibt viele Momente, in denen wir Entscheidungen treffen müssen, was gerade wichtig ist: Die Präsentation oder die sich anbahnende Erkältung? Das Meeting mit dem Team oder der brummende Schädel? Die Runde Joggen oder der bequeme Sofaplatz?

„Eigentlich sollte ich, aber …" Meist wissen wir, dass es in diesen Momenten besser wäre, die Gesundheit zu priorisieren, aber aus den unterschiedlichsten Gründen fällt uns das nicht immer leicht – die Angst, schlechte Arbeit abzuliefern oder etwas zu verpassen, die Sorge, was andere dann denken könnten, oder der innere Schweinehund, der uns daran hindert. Die Gründe können vielfältig sein, aber die Konsequenz ist häufig, dass wir unsere Gesundheit hintenanstellen. Langfristig ist dies sicherlich keine **Verantwortung** weise Entscheidung. Auch wenn der Arbeitgeber eine Fürsorgepflicht hat, müssen wir **für die eigene** uns dennoch um unsere eigene Gesundheit kümmern und Verantwortung für diese **Gesundheit** übernehmen – und es eben nicht anderen oder dem Zufall überlassen. In diesem Abschnitt zeige ich Ihnen verschiedene Ansätze und Interventionen, die dabei helfen können, die Gesundheit (mehr) zu priorisieren *(1: Was ist mir wichtig? Vorausblickender Rückblick auf das Leben)* und auch öfter „Nein" zu sagen *(2: Priorisierung: Jedes „Nein" beinhaltet ein „Ja")*.

1: Was ist mir wichtig? Vorausblickender Rückblick auf das Leben

Um uns aktiv damit auseinanderzusetzen, was uns im Leben wichtig ist, ist es hilfreich, sich seine eigenen Werte und Lebensziele bewusst zu machen. In der Akzeptanz- und Commitmenttherapie (ACT) gibt es hierfür eine schöne Übung, die ich Ihnen im nachfolgenden Kasten vorstelle (Wengenroth, 2012):

Eigene Werte und Lebensziele bewusst machen

Grabstein-Übung oder „Wie möchte ich gelebt haben?"

Stellen Sie sich vor, Sie schlendern über einen Friedhof und lesen die verschiedenen Grabstein-Inschriften. Neben dem Namen steht auch jeweils eine kurze Beschreibung des Lebens der Person: Eine Zusammenfassung, wie die Person ihr Leben verbracht hat und was ihr im Leben am wichtigsten war. Zum Beispiel lesen Sie dort: „Hier ruht Otto Maier, der sein Leben seiner Arbeit widmete und bei dem die Firma an erster Stelle stand." Auf einem anderen Stein steht: „Hier ruht Laura Müller, die ihre ganze Energie und Kraft darauf verwandte, von anderen gemocht zu werden."

Wie geht es Ihnen, wenn Sie diese Grab-Inschriften lesen? Welche Gedanken und Gefühle lösen sie bei Ihnen aus?

Und jetzt können Sie sich überlegen, was auf Ihrem Grabstein stehen könnte – wie könnte eine Inschrift lauten, wenn Sie so weitermachen wie bisher? Und was wäre eine Alternative, wenn Sie Ihr Leben so leben, dass darin all das, was für Sie wichtig und relevant ist, zur Geltung kommt? (Übung aus Wengenroth, 2012)

Gerade wenn es um das Thema Gesundheit geht, ist es relevant, sich einmal die langfristigen Konsequenzen unseres Handelns vor Augen zu führen. Was passiert, wenn wir unsere Gesundheit immer an zweiter Stelle platzieren? Und ist dies im Einklang mit unseren Lebensvorstellungen und Zielen? Wenn wir zu oft Überlastungssignale ignorieren und gesundheitliche Bedürfnisse übergehen, dann brechen wir irgendwann zusammen. Körperlich und auch psychisch werden wir an unsere Belastungsgrenze stoßen. Wenn wir uns auch im Alter noch guter Gesundheit erfreuen möchten, unsere Rente genießen und nicht an körperlichen oder psychischen Krankheiten leiden möchten, dann müssen wir unsere Gesundheit schon heute ernst nehmen. Und das beinhaltet häufig, dass wir uns trauen müssen, „Nein" zu sagen – und damit „Ja" zu unserer Gesundheit.

2: Priorisierung: Jedes „Nein" beinhaltet ein „Ja"

Wann haben Sie das letzte Mal „Nein" zu einer Anfrage von einem Kollegen oder einer Vorgesetzten gesagt? Und wie ging es Ihnen dabei? Häufig fällt uns das nicht leicht, da wir damit bestimmte Befürchtungen verknüpfen: die Sorge, dass andere enttäuscht sind oder der Druck, den eigenen (hohen) Ansprüchen nicht zu genügen. Was kann dabei helfen, öfter „Nein" zu sagen?

Erst einmal kann es sinnvoll sein, sich zu überlegen, was das „Nein" beinhaltet. Unterziehen Sie Ihre Befürchtungen einem Realitätscheck: Was befürchte ich und was spricht dafür und was dagegen? Die Argumente sorgfältig abzuwägen und ausgewogen zu bewerten, kann helfen, diese – häufig überzogenen – Befürchtungen zu entkräften. Überlegen Sie sich genau, was es bedeutet, wenn Sie jetzt „Nein" sagen – zu welchen Dingen sagen Sie dann stattdessen „Ja"? Jedes „Nein" beinhaltet nämlich auch ein „Ja" für andere Dinge. Manchmal kann es auch hilfreich sein, dem Gegenüber diese Überlegungen mitzuteilen: Machen Sie ihm oder ihr klar, dass die Absage nicht *gegen* Ihre*n Gesprächspartner*in gerichtet ist, sondern *für* Sie ist. Und was wir häufig vergessen: Andere können unsere Gedanken nicht lesen, nur wenn wir sagen, was wir (nicht) wollen, können andere davon erfahren.

Strategien, um
erfolgreich
„Nein" zu sagen

Wie können Sie ein „Nein" kommunizieren? Im Folgenden finden Sie einige Punkte, die Sie dabei unterstützen können, erfolgreich „Nein" zu sagen (siehe u. a. Faßbinder et al., 2015):

- Sagen Sie klar und deutlich „Nein" ohne Ausreden, lange Erklärungen oder Entschuldigungen.
- Diskutieren Sie nicht! Sollte das Gegenüber Einwände haben oder diskutieren wollen, wiederholen Sie Ihre Punkte einfach – diese sogenannte Technik der „gebrochenen Schallplatte" (d. h. immer wieder das Gleiche wiederholen; siehe u. a. Faßbinder et al., 2015) ist viel wirkungsvoller, als nach immer neuen Begründungen zu suchen, da Sie damit Ihre Aussage nur abschwächen. Stoppen Sie die Unterhaltung und bleiben Sie bei Ihrer Meinung!
- Häufig werden wir von Anfragen überrumpelt. Um nicht vorschnell „Ja" zu sagen, kann es hilfreich sein, sich ein paar Minuten Zeit zum Nachdenken zu nehmen. Sie können tief durchatmen und sich dadurch schon ein wenig Zeit verschaffen. Oder Sie bitten Ihre*n Gesprächspartner*in um Bedenkzeit. So handeln Sie aktiv und reagieren nicht nur!
- Zur Vorbereitung auf das Gespräch können Sie sich auch die (möglichen) Einwände und Erwiderungen Ihrer Gesprächspartnerin oder Ihres Gesprächpartners schon einmal überlegen – dann sind Sie im Gespräch besser darauf vorbereitet und werden weniger davon überrascht.
- Und loben Sie sich anschließend: Klopfen Sie sich ruhig auf die Schulter, wenn es Ihnen gelungen ist, „Nein" zu sagen. Wir dürfen von anderen keinen Applaus erwarten, wenn wir „Nein" sagen, aber wir dürfen uns selbst dafür loben, wenn wir Prioritäten setzen und unser Leben nach unseren Vorstellungen und Werten leben.

Wie so vieles, kann man auch das Nein-Sagen üben. Je öfter Sie „Nein" sagen (und damit „Ja" zu Ihrer Gesundheit oder zu anderen, für Sie wichtigen Lebensbereichen), desto leichter wird es Ihnen fallen! Und um uns leichter entscheiden zu können, zu welchen Dingen wir „Ja" und zu welchen wir „Nein" sagen wollen, kann es hilfreich sein, sich seine Werte einmal visuell vor Augen zu führen (siehe Übung im Kasten und Abbildung 16).

Werte-Übung: Eigene Werte sammeln und priorisieren

Nicht immer sind uns unsere Werte und deren Umsetzung im Alltag präsent. Um sich seiner eigenen Werte (wieder) bewusst zu werden, kann es sinnvoll sein, sie einmal aufzuschreiben (Übung angelehnt an Wengenroth, 2012). Nehmen Sie sich dazu ein Blatt Papier und sammeln Sie in einem ersten Schritt alle Werte, die Ihnen einfallen, und die Ihnen relevant erscheinen. In einem zweiten Schritt suchen Sie sich dann die für Sie wichtigsten fünf Werte aus und bringen Sie in eine Reihenfolge: Was ist Ihnen am wichtigsten, was am zweitwichtigsten ... und so weiter. Und in einem dritten Schritt können Sie dann schauen, wie sehr Sie diese Werte schon in Ihrem Leben umsetzen (von 1 = „setze ich überhaupt nicht um" bis 10 = „setze ich sehr stark um").

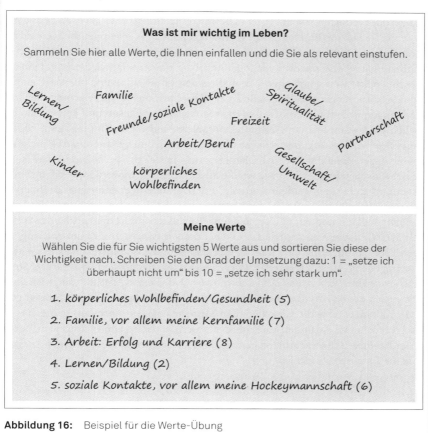

Abbildung 16:   Beispiel für die Werte-Übung

4.1.3   Verhaltensweisen, um negative Stressfolgen zu reduzieren und die Gesundheit zu fördern

In diesem Abschnitt geht es darum, was Sie konkret tun können, um Ihre Gesundheit zu verbessern und weniger Stress zu erleben. Auch in den beiden vorherigen Abschnitten finden Sie schon einige Möglichkeiten, was Sie für Ihre Gesundheit tun können, zum Beispiel Nein-Sagen oder sich Ihrer Ressourcen bewusst werden und diese aktiv fördern. In diesem Abschnitt möchte ich Ihnen darüber hinaus eine Auswahl an Ansätzen zum Stressmanagement und für die Gesundheitsförderung vorstellen. Weiterführende Informationen und weitere Ideen und Tools zur Stressbewältigung finden Sie in der in Kapitel 5 angegebenen Literatur. So individuell wie das Stresserleben ist, genauso individuell sind auch die Stressbewältigungsstrategien. Die One-size-fits-all-Lösung gibt es (leider) nicht, sondern Sie können für sich schauen, welche Strategien für Sie passend sind und bei Ihnen funktionieren.

**Zwei Faktoren,
wann Stress zum
Problem wird**

Um zu verstehen, wie wir unsere Gesundheit fördern und negative Stressfolgen verhindern oder reduzieren können, ist es hilfreich sich (noch) einmal vor Augen zu führen, wann Stress zum Problem wird. Wie in Abschnitt 2.1.4 herausgearbeitet, sind insbesondere zwei Faktoren relevant: Zum einen sind die *Dauer eines stressigen Ereignisses* und die *Erholungsmöglichkeiten* wichtig. Kurzfristig können wir meist recht gut mit verschiedenen Stressoren umgehen. Wenn die stressige Situation und die damit einhergehende körperliche, muskuläre und vegetativ-hormonelle Aktivierung aber über einen längeren Zeitraum anhält und dazwischen keine Pausen und keine Erholung möglich sind, dann können Gesundheitsprobleme auftreten. Zum anderen können unsere *Bewertungen und Einstellungen* unser Stresserleben verstärken. Abhängig von unserer Beurteilung der stressigen Situation (als irrelevant, günstig oder stressend) und der Einschätzung, ob und wie wir die Situation meistern werden, werden wir den Zustand als mehr oder weniger „stressig" erleben. Im Folgenden stelle ich Ihnen zunächst verschiedene Strategien zur Anspannungsreduktion vor, gehe auf die Erholungsfähigkeit ein und nenne verschiedene Techniken zur Verbesserung der Schlafqualität *(1: Daueranspannung reduzieren und Erholung fördern)*. Anschließend zeige ich Ihnen Tools zur Identifikation Ihrer stressverstärkenden Gedanken und wie Sie diese hinterfragen und ändern können *(2: Wie setze ich mich selbst weniger unter Druck? Stressverstärkende Einstellungen und Denkmuster ändern)*. In diesem Abschnitt zeige ich Ihnen auch verschiedene Ansätze zum Umgang mit Grübelgedanken. Abschließend gehe ich darauf ein, wie Sie die verschiedenen Ideen aus diesem Abschnitt in die Tat umsetzen können und Sie finden am Ende des Abschnitts einen Umsetzungsplan, der Sie bei der Realisierung unterstützen kann *(3: Ins Tun kommen – wie Sie die vielen Anregungen in die Tat umsetzen können)*.

1: Daueranspannung reduzieren und Erholung fördern

Lassen Sie uns einmal mit der Daueranspannung – dem ersten Punkt, warum Stress zum Problem werden kann – starten. Es ist nicht nur wichtig, einzelne akute Belastungen zu reduzieren oder abzubauen, sondern auch das *grundlegende Anspannungslevel* einer Person zu senken. Abhängig von unserem Grundanspannungsniveau können

**Die Grund-
anspannung
beeinflusst den
Umgang mit
akuten
Belastungen**

verschiedene Belastungen, die wir täglich erleben, mehr oder weniger schnell zu einer Überschreitung unserer Stressschwelle führen, also zu einem Punkt der Anspannung, ab welchem deutlich merkbare Stresssymptome und auch schon gesundheitliche Probleme auftreten (siehe das Schwellenmodell in Abbildung 17). Zum Beispiel kann bei einer Person mit einem hohen generellen Anspannungslevel (Person B, rechts in der Abbildung 17) schon eine mittlere Belastung eine Überschreitung der Stressschwelle bewirken (hellgrauer Balken), während bei einer Person mit einer niedrigeren Grundanspannung (Person A, links in der Abbildung 17) erst bei starken Belastungen die Stressschwelle überschritten wird (dunkelgrauer Balken).

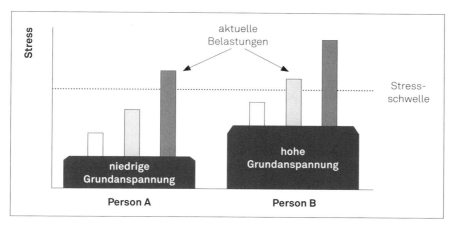

Abbildung 17: Schwellenmodell (angelehnt an das Modell nach von Wachter & Kappis, 2019)

Wie können Sie Ihre Grundanspannung senken? Angenehme und erholsame Aktivitäten, wie zum Beispiel Zeit mit Freunden zu verbringen oder ein gutes Buch zu lesen, können das generelle Anspannungsniveau reduzieren. Auch sich zu bewegen oder in der Natur zu sein, kann zu einer Reduktion der Grundanspannung beitragen. Das heißt, alles, was für Sie angenehm ist, Ihnen guttut und Sie entspannt, kann die generelle Anspannung reduzieren (mit anderen Worten, die Förderung unserer Ressourcen, siehe auch Abschnitt 4.1.1).

Eine weitere Möglichkeit, die in dem Zusammenhang häufig genannt wird, sind *aktive Entspannungsverfahren* (siehe u.a. Petermann, 2020). Wenn Sie Progressive Muskelentspannung durchführen, Autogenes Training anwenden oder regelmäßig Achtsamkeitsübungen machen, können Sie langfristig Ihr Grundanspannungsniveau senken. Während Sie dies lesen, achten Sie einmal darauf, wie Sie sitzen: Sitzen Sie bequem? Schmerzt oder zwickt irgendeine Stelle? Wo spüren Sie, dass Sie die Sitzunterlage berühren? Wie diese kurze Übung zeigt, lassen sich viele dieser Techniken ganz einfach in den Alltag integrieren (siehe u.a. Michalak et al., 2018, und Collard, 2016).

Aktive Entspannungsverfahren reduzieren die Grundanspannung

Wahrscheinlich haben Sie von dem ein oder anderen Entspannungsverfahren schon gehört und vielleicht auch schon eines selbst ausprobiert und durchgeführt. Die Auswahl ist riesig – aber welches Entspannungsverfahren ist das Richtige für Sie? Im Kasten finden Sie eine Übersicht über einige Entspannungsverfahren. Wichtig ist, dass nicht jedes Verfahren immer passt und in unterschiedlichen Situationen oder emotionalen Zuständen verschiedene Techniken hilfreich sein können. Deswegen probieren Sie verschiedene Verfahren aus, denn auch hier – ähnlich wie beim Sport – muss das Entspannen trainiert werden und oft funktioniert dies nicht direkt beim ersten Mal. Deshalb sollte man auch Entspannungsverfahren zunächst „trocken" üben, also nicht unter extremer Anspannung, sodass man zunächst Sicherheit in dem Verfahren erlangt und es dann auch im „Notfall" anwenden kann, wenn die Anspannung sehr hoch ist. Ausführliche Informationen und Anleitungen für verschiedene Entspannungsverfahren finden Sie zum Beispiel in der in Kapitel 5 angegebenen Literatur.

Entspannungsverfahren

Progressive Muskelentspannung, auch PME oder PMR (engl. *progressive muscle relaxation*) abgekürzt (nach Jacobson), ist ein Entspannungsverfahren, bei welchem nacheinander die Muskeln verschiedener Körperregionen angespannt und dann anschließend bewusst entspannt werden. Dies kann im Liegen oder im Sitzen geschehen und es existieren Lang- und Kurzversionen, das heißt, es ist im Alltag flexibel einsetzbar.

Autogenes Training stellt eine Selbstentspannung oder -hypnose da. Im Geiste werden bestimmte Sätze gesprochen, zum Beispiel „Mein linker Arm ist ganz schwer", welche wie eine Art Selbsthypnose wirken und zu einem Zustand der Entspannung führen.

Imaginative Verfahren, wie zum Beispiel Fantasiereisen, nutzen die Vorstellungskraft, um durch schöne Bilder oder das gedankliche Aufsuchen schöner Orte Stress zu reduzieren und zu entspannen. Dabei sollen die Vorstellungsübungen sehr vielfältig und bildhaft gestaltet sein, sodass die mentalen Vorstellungen sensorische, motorische, kognitive und affektive Komponenten enthalten, welche Zustände der Entspannung erzeugen.

Achtsamkeits- und Meditationsübungen beinhalten, sich auf den gegenwärtigen Moment zu konzentrieren und nicht bewertend, sondern gelassen eigene Gedanken und Empfindungen zu beobachten. Dadurch soll ein besseres Bewusstsein für die eigenen emotionalen und körperlichen Zustände erlangt und negative Gedankenspiralen durchbrochen werden.

Weitere Entspannungsverfahren: Tai-Chi, Qigong, Yoga, Atemübungen ... Es gibt eine Reihe von weiteren Ansätzen und Übungen, die auch entspannend sind oder sein können. Probieren Sie aus, was für Sie am besten passt!

In Kapitel 5 finden Sie weiterführende Literatur zu Entspannungsverfahren.

Entspannende Tätigkeiten sind vielfältig und individuell verschieden

Neben „aktiven" Maßnahmen zur Entspannung wie den oben vorgestellten Entspannungsverfahren gibt es auch „passive" Methoden. Dazu zählen alle Dinge, welche *Zufriedenheitserlebnisse* schaffen und dadurch entspannend wirken. Das kann ein Spaziergang sein, ein Konzertbesuch, Freunde oder Familie treffen, Baden, oder Reisen und neue Länder entdecken. Auch hier ist es individuell verschieden, was als entspannend und stresslösend wahrgenommen wird. Wichtig ist nur, dass Sie regelmäßig etwas für sich und Ihre Entspannung tun, vor allem wenn es mal wieder (beruflich und/oder privat) hoch hergeht. Unser Anspannungslevel reduziert sich nicht einfach nebenbei, sondern Entspannung und Abschalten ist ein bewusster Prozess, der Zeit,

Entspannen muss geplant und geübt werden

Disziplin und Einsatz erfordert. Wir sollten diese Dinge aktiv in unseren Tagesablauf mit einplanen. „Montag, 19 Uhr, 30 Minuten Joggen", „Donnerstag, 21 Uhr, Baden" oder „Samstag, 10 Uhr, Yoga" – notieren Sie sich am besten auch diese Dinge wie andere Termine in Ihren Kalender. Dann werden Sie sie nicht vergessen und es passiert seltener, dass wir sie (zugunsten anderer Pflichten) nicht machen. Es kann sein, dass diese Maßnahmen nicht direkt beim ersten Mal „wirksam" sind, das heißt uns entspannen. Keine Sorge: Bleiben Sie dran, denn auch das Entspannen ist trainierbar!

Soziale Kontakte, Bewegung, Entspannungsübungen – das alles sind Ressourcen, also Maßnahmen, die uns Kraft geben und guttun und unser Grundanspannungslevel positiv beeinflussen. Langfristig ist eine *Balance von Stressoren und Ressourcen* wichtig, um gesund und leistungsfähig zu bleiben. Wenn wir also über eine längere Zeit vielen Stressoren ausgesetzt sind, sollten wir umso mehr darauf achten, dass wir uns auch um unsere Ressourcen kümmern. Haben Sie in Abschnitt 4.1.1 Ihre (wesentlichen) Stressoren und Ressourcen identifiziert? Und sind diese (mehr oder weniger) im Gleichgewicht? Sollten Sie jetzt entdecken, dass Sie zu wenige Ressourcen haben, können Sie einmal überlegen, wie Sie diese aufbauen und ausweiten können. Wie wäre es mit einem Yogakurs? Oder Sie besuchen das Tierheim bei Ihnen um die Ecke? Alles, was Ihnen guttut, ist erlaubt und kann eine Ressource sein.

Stressoren und Ressourcen sollten im Gleichgewicht sein

Die Erholungsfähigkeit einschätzen und fördern

Das Zurückgewinnen von verbrauchten Kräften und Energien und die Wiederherstellung der Gesundheit und Leistungsfähigkeit wird als Erholung bezeichnet. Sorgen Sie für ausreichend Erholung, auch in stressigen Phasen? Und können Sie dann auch gut entspannen und Ihre Kräfte wieder aufladen? Die Frage nach der Erholungsfähigkeit ist häufig gar nicht so einfach zu beantworten. Im Kasten finden Sie eine Reihe von Fragen, die Ihnen dabei helfen können, Ihre Erholungsfähigkeit einzuschätzen (weiterführende Informationen zur Erholung finden Sie z.B. bei Hillert et al., 2018)

Wie steht es um Ihre Erholungsfähigkeit? Fragen zur Selbstreflexion

Die nachfolgenden Fragen können Ihnen dabei helfen, Ihre Erholungsfähigkeit einzuschätzen und zu schauen, welche Bereiche Sie noch ausbauen könnten (angelehnt an Sonnentag & Fritz, 2007).

Das Abschalten von der Arbeit und die Erholungsfähigkeit verbessern

Abschalten von der Arbeit:
- Wie gut gelingt es Ihnen, in Ihrer Freizeit und am Wochenende Ihre Arbeit zu vergessen und Abstand zu den beruflichen Anforderungen zu gewinnen?
- Denken Sie häufig abends oder nachts an Ihre Arbeit?
- Haben Sie Hobbys, bei denen Sie vollkommen von der Arbeit abschalten können?
- Gelingt es Ihnen, sich während eines Urlaubs von der Arbeit zu distanzieren?

Erholung und Entspannung:
- Fühlen Sie sich nach einem Wochenende erholt?
- Gelingt es Ihnen abends und am Wochenende etwas für sich zu tun und Dinge zu unternehmen, bei denen Sie entspannen können (z.B. ein gutes Buch lesen, sich mit Freunden treffen)?
- Fühlen Sie sich nach einem Urlaub ausgeruht und erholt?
- Bewegen Sie sich regelmäßig oder machen Sport?
- Unternehmen Sie in Ihrer Freizeit Dinge, bei denen Sie etwas Neues lernen und sich (geistig) herausfordern?

> Diese Fragen können Sie als Anregung nehmen, um über Ihre Erholungsfähigkeit und Ihren Umgang mit Erholung nachzudenken. Gibt es Bereiche, mit denen Sie zufrieden sind? Oder haben Sie Bereiche entdeckt, die Sie gerne ändern würden?

Für einen guten Schlaf sorgen

Ein wichtiger Bestandteil bei der Erholung ist der Schlaf. Haben wir jedoch viel zu tun und fühlen uns gestresst, leidet häufig die Schlafqualität. Die Ursache können Einschlafprobleme sein, zum Beispiel dass wir abends nicht zur Ruhe kommen, oder auch Durchschlafschwierigkeiten, wenn wir mitten in der Nacht aufwachen und dann nicht wieder in den Schlaf finden. Wenn wir zu wenig schlafen und uns am nächsten Morgen nicht ausgeruht und tatkräftig fühlen, dann können wir uns am Tag schlechter konzentrieren. Wir brauchen länger für die Arbeiten, machen womöglich Fehler und grübeln darüber, mit der Folge, dass wir schlecht schlafen. Das heißt, schlechter Schlaf löst häufig einen Teufelskreis aus. Zusätzlich zu den anderen Stresssymptomen kann schlechter Schlaf also sehr belastend sein. Kein Wunder also, dass Schlafentzug auch als Foltermethode benutzt wird. Natürlich können Sie Medikamente nehmen, um Ihren Schlaf zu verbessern, aber das hat oft nur einen kurzfristigen Effekt. Viel wirksamer ist es, auf unsere Verhaltensweisen rund um den Schlaf zu achten. Denn wenn Sie schon auf ein paar Dinge achten, können Sie Ihre Schlafhygiene positiv beeinflussen und damit einen erholsamen Schlaf unterstützen (siehe u. a. Riemann, 2016, oder von Wachter & Kappis, 2019):

- Sorgen Sie für regelmäßige Aufsteh- und Zubettgehzeiten – und das auch am Wochenende. Und achten Sie darauf, die Zeit, die Sie im Bett verbringen, in einem angemessenen Bereich zu halten – es sollten nicht weniger als sechs Stunden, aber auch nicht mehr als neun Stunden sein.
- Vermeiden Sie ein Nickerchen tagsüber. So erhöhen Sie den Schlafdruck für die Nacht.
- Trinken Sie vier bis acht Stunden vor dem Zubettgehen keinen Kaffee oder andere koffeinhaltige Getränke. Auch sollten Sie auf Alkohol und Rauchen abends verzichten, oder es am besten ganz aufgeben. Alkohol kann zwar das Einschlafen begünstigen, stört aber die Schlafstruktur und verursacht damit Durchschlafstörungen.
- Essen oder trinken Sie keine größeren Mengen drei Stunden vor dem Zubettgehen. Eventuell kann aber ein kleiner Snack hilfreich sein, damit Sie nachts nicht mit Hunger aufwachen.
- Betätigen Sie sich tagsüber sportlich! In den späten Abendstunden sollten Sie körperliche und auch geistige Anstrengungen reduzieren und eher entspannenden Aktivitäten nachgehen.
- Gestalten Sie Ihre Schlafumgebung schlaffördernd: Sorgen Sie für eine angenehme Temperatur, schalten Sie das Licht und Elektrogeräte aus, dunkeln Sie Fenster ab, sorgen Sie für Ruhe und vermeiden Sie störende Geräusche.
- Planen Sie „Pufferzonen" zwischen Alltag und dem Zubettgehen ein, sodass Sie nicht direkt von einem hektischen Tag ins Bett fallen.
- Führen Sie ein Zubettgehritual ein, zum Beispiel ein Buch lesen, ein Hörbuch hören oder eine Entspannungsübung durchführen. Dies signalisiert dem Körper, dass er jetzt herunterfahren und zur Ruhe kommen darf.

Teufelskreis bei Schlafproblemen

Strategien für einen erholsamen Schlaf

- Wenn Sie nicht einschlafen können, bleiben Sie nicht im Bett liegen, sondern stehen Sie auf. Sie können in ein anderes Zimmer gehen und dort einer anderen, möglichst ruhigen Tätigkeit nachgehen. So sorgen Sie dafür, dass Sie Ihr Bett mit Schlaf verbinden und nicht mit Grübelgedanken und Herumwälzen (Tipps gegen Grübelgedanken finden Sie weiter hinten in diesem Kapitel).
- Bei länger anhaltenden Schlafproblemen suchen Sie ärztliches oder psychotherapeutisches Fachpersonal auf.

Halt! Stopp!

Vielleicht haben Sie gerade die vorherigen Seiten konzentriert durchgelesen oder Sie blättern einfach ein wenig quer – *stoppen Sie hier einmal kurz!* Und prüfen Sie: Haben Sie Hunger? Haben Sie Durst? Müssen Sie zur Toilette? Benötigen Sie frische Luft? Ist Ihnen warm genug? Sitzen Sie bequem und entspannt? Oder benötigen Sie ein bisschen Bewegung und ein kurzes Stretching? Im ganzen Alltagsstress vergessen wir häufig die kleinen, aber ganz wichtigen Dinge, wie unsere biologischen bzw. körperlichen Grundbedürfnisse nach Atmung, Wärme, Nahrung oder Trinken. Nur wenn die wesentlichen Grundbedürfnisse erfüllt sind, können wir uns um andere Dinge kümmern. Es kann hilfreich sein, sich dafür (mehrmals am Tag) eine Erinnerung einzurichten. Ein kurzes Weckerklingeln Ihres Handys (natürlich nur, wenn Sie nicht gerade in einem Meeting sitzen), welches Sie daran erinnert, einen Schluck zu trinken, sich einmal zu strecken oder kurz das Fenster zu öffnen. Oder Sie nutzen Erinnerungen im Außen: Zum Beispiel können Sie immer, wenn Sie durch eine Tür gehen, kurz Ihre Grundbedürfnisse klären: Hunger, Durst, frische Luft, Toilette …

2: Wie setze ich mich selbst weniger unter Druck?
Stressverstärkende Einstellungen und Denkmuster ändern

Neben der Grundanspannung sind auch unsere Bewertungen und Denkmuster in Bezug auf stressige Ereignisse entscheidend für das Ausmaß des erlebten Stresses. Überlegen Sie einmal, was Sie typischerweise denken, wenn Sie Stress erleben. Wenn Sie Ihre Denkgewohnheiten unter Stress eine Weile systematisch beobachten, werden Sie feststellen, dass sich Ihre Gedanken in verschiedenen Stresssituationen häufig ähneln. Einige Personen empfinden zum Beispiel Fehler als eine starke Bedrohung und erwarten von sich, immer alles 150 %-ig zu machen. Manche Menschen haben Sorge, andere zu enttäuschen und fürchten, dass sie kritisiert werden könnten. Wieder andere Personen erwarten von sich, alles allein zu schaffen und möchten auf gar keinen Fall auf andere angewiesen sein.

Bestimmte Gedanken verstärken das Stresserleben

Erkennen Sie bei diesen Beispielen eigene Denkmuster wieder? Solche *stressverstärkenden Einstellungen und Überzeugungen* haben wir häufig im Laufe unseres Lebens erworben und an irgendeinem Punkt im Leben waren sie auch meist einmal hilfreich. Zum Beispiel als Schulkind, als man durch sehr gute Noten und ein perfektes Zeugnis ein wenig Aufmerksamkeit der Eltern neben all den anderen Geschwistern erhalten hat. Im Erwachsenenalter allerdings haben sich diese Einstellungen und Denkstrukturen häufig zu übersteigerten und rigiden Sollwerten entwickelt: „Nur wenn ich alles richtig und perfekt mache, bin ich ok.", könnte eine durch die biografische Lern-

Durch prägende Lebensereignisse und wichtige Bezugspersonen erworben

geschichte erworbene Grundüberzeugung sein. Zum Problem werden solche Haltungen dann, wenn sie als absolute Forderung gelten (nur so ist es in Ordnung, nicht anders) und wir uns nicht mehr anders verhalten können, ohne uns schlecht zu fühlen (sie also unseren Selbstwert bestimmen, siehe u. a. Stavemann, 2020).

Wie können Sie mit diesen häufig sehr starren Denkstrukturen umgehen und was können Sie gegen stressverstärkende Überzeugungen tun? Zunächst ist es wichtig, sich dieser Denkmuster erst einmal bewusst zu werden. Zum Beispiel können Sie einmal Ihr Stresstagebuch anschauen (siehe Kasten auf S. 100) und überprüfen, was häufige, wiederkehrende Gedanken in Stresssituationen bei Ihnen sind. Zusätzlich finden Sie in Tabelle 4 auf S. 115 eine Checkliste zur Identifikation verschiedener stressverschärfender Gedanken. Gert Kaluza (2023a, 2023b) hat die fünf häufigsten Stressverstärker zusammengefasst:

Unterscheidung von fünf stressverstärkenden Einstellungen

1. *Sei perfekt!* Diese Personen möchten alles richtig machen und Misserfolg um jeden Preis vermeiden. Sie haben häufig ein hohes Leistungsmotiv und empfinden vor allem Situationen als stressig, in denen ein Versagen oder ein Fehler möglich ist oder droht.
2. *Sei beliebt!* Diese Personen möchten von anderen angenommen und gemocht werden und dazugehören. Sie haben häufig ein hohes Bindungsmotiv. Vor allem in Situationen, in denen Kritik, Ablehnung oder eine Zurückweisung möglich ist, empfinden diese Personen starken Stress.
3. *Sei unabhängig!* Persönliche Unabhängigkeit und Selbstbestimmung ist bei diesen Personen mit einem starken Autonomiemotiv sehr wichtig. Die Personen haben häufig Schwierigkeiten, zu delegieren und empfinden es als stressig, von anderen abhängig zu sein und Hilfe zu suchen.
4. *Behalte Kontrolle!* Wenn Personen ein ausgeprägtes Kontrollmotiv haben, wünschen sie viel Sicherheit und Kontrolle. Sie haben häufig Probleme, Entscheidungen zu treffen, da sie Fehlentscheidungen fürchten. Situationen mit einem (potenziellen) Kontrollverlust und mit Risiken sind besonders stressig für diese Menschen.
5. *Halte durch!* Diese Personen fordern von sich so einiges: Durchhalten, Grenzen übergehen, Erholungsbedürftigkeit ignorieren – Entspannung und Lustgewinn stehen an zweiter Stelle und die Personen verlangen von sich, unter allen Umständen durchzuhalten.

Sicherlich gibt es neben diesen fünf Kategorien noch andere Denkmuster und Grundeinstellungen, die stressend sein können. Und es kann sein, dass Sie feststellen, dass eine Kategorie nur zum Teil auf Sie zutrifft. Zum Beispiel, dass Sie von sich immer sehr gute, 150 %-ige Leistung erwarten, es jedoch für Sie nicht so schlimm ist, auch mal einen Fehler zu machen, sondern Sie dies als Lern- und Verbesserungsmöglichkeit ansehen. Oder Ihre Stressverstärker sind in verschiedenen Lebensbereichen unterschiedlich stark ausgeprägt: Während es im Arbeitsbereich vielleicht für Sie besonders wichtig ist, alles perfekt zu machen, können Sie im privaten Bereich auch mal „Fünfe gerade sein lassen".

Gerne können Sie einmal die Checkliste in Tabelle 4 durchgehen und für sich prüfen, inwieweit die verschiedenen Aussagen auf Sie zutreffen und zu welcher Art von Stressverstärkern Sie eher neigen (übernommen aus G. Kaluza, 2023b). Die Auswertungsanleitung am Ende der Tabelle zeigt Ihnen, welche Aussage zu welcher Stressverstär-kerkategorie gehört. Indem Sie Ihre Punkte für die verschiedenen Kategorien addieren, erhalten Sie einen Eindruck, welche Stressverstärker bei Ihnen stark, welche weniger stark ausgeprägt sind. Es existieren keine Normwerte oder Grenzwerte, die Checkliste dient vor allem der Selbstreflexion.

Tabelle 4:   Checkliste stressverschärfende Gedanken (aus Gert Kaluza, Stressbewälti-gung: Das Manual zur psychologischen Gesundheitsförderung, 5. Aufl. 2023, Abdruck mit freundlicher Genehmigung von Springer Nature)

Wie sehr stimmen Sie den folgenden Aussagen zu? Beantworten Sie die Fragen möglichst spontan und ohne lange zu überlegen. Bleiben Sie bei Ihrem Gefühl und seien Sie ehrlich zu sich selbst.	3 trifft voll zu	2 trifft ziemlich zu	1 trifft etwas zu	0 trifft nicht zu
1. Am liebsten mache ich alles selbst.	3	2	1	0
2. Aufgeben kommt für mich niemals infrage.	3	2	1	0
3. Es ist entsetzlich, wenn etwas nicht so läuft, wie ich will oder geplant habe.	3	2	1	0
4. Ich muss unter allen Umständen durchhalten.	3	2	1	0
5. Wenn ich mich wirklich anstrenge, dann schaffe ich es.	3	2	1	0
6. Es ist nicht akzeptabel, wenn ich eine Arbeit nicht schaffe oder einen Termin nicht einhalte.	3	2	1	0
7. Ich muss den Druck (Angst, Schmerzen etc.) auf jeden Fall aushalten.	3	2	1	0
8. Ich muss immer für meinen Betrieb da sein.	3	2	1	0
9. Man muss wirklich hart gegen sich selbst sein.	3	2	1	0
10. Es ist wichtig, dass ich alles unter Kontrolle habe.	3	2	1	0
11. Ich will die anderen nicht enttäuschen.	3	2	1	0
12. Es gibt nichts Schlimmeres, als Fehler zu machen.	3	2	1	0
13. Auf mich muss 100%-iger Verlass sein.	3	2	1	0
14. Es ist schrecklich, wenn andere mir böse sind.	3	2	1	0
15. Starke Menschen brauchen keine Hilfe.	3	2	1	0
16. Ich will mit allen Leuten gut auskommen.	3	2	1	0
17. Es ist schlimm, wenn andere mich kritisieren.	3	2	1	0
18. Wenn ich mich auf andere verlasse, bin ich verlassen.	3	2	1	0

Tabelle 4:   Fortsetzung

Wie sehr stimmen Sie den folgenden Aussagen zu? Beantworten Sie die Fragen möglichst spontan und ohne lange zu überlegen. Bleiben Sie bei Ihrem Gefühl und seien Sie ehrlich zu sich selbst.	3 trifft voll zu	2 trifft ziemlich zu	1 trifft etwas zu	0 trifft nicht zu
19. Es ist wichtig, dass mich alle mögen.	3	2	1	0
20. Bei Entscheidungen muss ich mir 100 %-ig sicher sein.	3	2	1	0
21. Ich muss ständig daran denken, was alles passieren könnte.	3	2	1	0
22. Ohne mich geht es nicht.	3	2	1	0
23. Ich muss immer alles richtig machen.	3	2	1	0
24. Es ist schrecklich, auf andere angewiesen zu sein.	3	2	1	0
25. Es ist ganz fürchterlich, wenn ich nicht weiß, was auf mich zukommt.	3	2	1	0

Auswertung:

(1) *Sei perfekt!*
Addieren Sie die Punkte zu den Gedanken 6, 8, 12, 13 und 23. Wert 1 =

(2) *Sei beliebt!*
Addieren Sie die Punkte zu den Gedanken 11, 14, 16, 17 und 19. Wert 2 =

(3) *Sei unabhängig!*
Addieren Sie die Punkte zu den Gedanken 1, 15, 18, 22 und 24. Wert 3 =

(4) *Behalte Kontrolle!*
Addieren Sie die Punkte zu den Gedanken 3, 10, 20, 21 und 25. Wert 4 =

(5) *Halte durch!*
Addieren Sie die Punkte zu den Gedanken 2, 4, 5, 7 und 9. Wert 5 =

Und wie kann man die eigenen *Stressverstärker „entschärfen"* (siehe auch G. Kaluza, 2023a, 2023b)? Diese Einstellungen und Haltungen sind nicht nur schlecht, sondern sie bringen auch positive Aspekte mit sich. So liefert eine Person mit der Einstellung „Sei perfekt!" wahrscheinlich sehr gute Arbeit, macht kaum Fehler und ist für andere Personen ein sehr verlässlicher Partner oder eine sehr verlässliche Partnerin. Allerdings haben solche Stressverstärker – meist langfristig gesehen – auch negative Auswirkungen. Beispielsweise kann der Anspruch an sich, immer alles perfekt zu machen in allen Lebensbereichen und bei jeder Aufgabe zu einer Selbstüberforderung führen und damit langfristig zu Erschöpfung und negativen gesundheitlichen Folgen. Ziel einer Veränderung ist es also nicht, diese Einstellung komplett zu ändern und in das absolute Gegenteil zu verfallen, da wir ja die positiven Aspekte bewahren möchten.

Stattdessen soll eine flexiblere, weniger rigide Haltung entwickelt werden, die es uns beispielsweise ermöglicht, bei Fehlern nicht direkt in Panik zu verfallen oder sich auch einmal zu erlauben, nichts zu tun, ohne dass der innere Kritiker aktiv wird und uns zum Arbeiten antreibt. Sie können sich folgende Fragen stellen (G. Kaluza, 2023b):

- Was spricht für diesen Stressverstärker? Was sind positive Aspekte?
- Was spricht gegen diesen Stressverstärker? Was sind negative Aspekte?
- Wie könnte eine für mich förderliche, realistische Einstellung lauten?

Hinterfragen der eigenen Einstellungen und Denkmuster

Wichtig ist, dass diese neue, hilfreichere Einstellung für Sie passend und glaubwürdig ist. Ein neuer, alternativer Satz, wie zum Beispiel „Fehler sind nicht schlimm, sondern eine gute Lernmöglichkeit." kann noch so schön klingen, wenn Sie ihn selbst nicht glauben und nicht dahinterstehen. Sicherlich wird sich diese alternative Einstellung für Sie am Anfang noch neu und ungewohnt anfühlen, aber es sollte ein Satz sein, der für Sie überzeugend ist. Hilfreicher ist es, wenn Sie sich überlegen, welche Haltung Sie in einem bestimmten Bereich einnehmen möchten und was sich für Sie zutreffend anfühlt. Vielleicht kann dann ein alternativer, für Sie passender und glaubwürdiger Satz sein: „Auch wenn ich einen Fehler mache, leiste ich gute Arbeit und bin in Ordnung."

Haben Sie einen alternativen, ermutigenderen Gedanken bzw. eine andere Haltung gefunden, ist es wichtig, diesen/diese im Alltag zu etablieren und häufig zu wiederholen, sodass Sie diese neue, hilfreichere Einstellung immer mehr verinnerlichen. Das ist natürlich nicht einfach und geschieht nicht von heute auf morgen – es ist wie das Streichen einer knallpinken Wand: Wenn Sie eine andere Farbe als Pink möchten, zum Beispiel sich ein schönes Sonnengelb wünschen, dann müssen Sie die Wand vielleicht zwei- oder dreimal streichen und vielleicht sind dann immer noch pinke Ecken zu sehen, und Sie müssen noch einmal mit Farbe darübergehen. So ist es auch mit unseren Grundüberzeugungen, es braucht Zeit und Wiederholung, um sie zu verändern. Schreiben Sie die neuen, hilfreicheren Gedanken zum Beispiel auf kleine Zettel oder Post-its und legen oder kleben Sie sie an zentrale Stellen, beispielsweise in Ihr Portemonnaie oder an Ihren Bildschirm. Oder Sie nutzen die alternativen, hilfreicheren Sätze als Willkommensgruß auf Ihrem Handydisplay oder als Bildschirmschoner auf Ihrem Laptop. Sicherlich fallen Ihnen noch weitere Ideen ein, wie Sie so häufig wie möglich im Alltag an diese neuen Gedanken erinnert werden und sie so mit der Zeit immer mehr verinnerlichen können.

Alternative Einstellungen müssen im Alltag etabliert werden

Fünf hilfreiche „Gedankenstopper"

Neben diesen stressverstärkenden Grundüberzeugungen, die uns sozusagen wie ein gedankliches Fundament begleiten, können wir auch in einem stressigen Moment auf eine bestimmte Art und Weise Dinge wahrnehmen und denken. Diese stressverstärkenden Denkweisen lassen sich durch sogenannte „Gedankenstopper" bremsen. In einer stressigen Situation können Sie sich die folgenden fünf Fragen stellen (siehe auch Faßbinder et al., 2015, oder G. Kaluza, 2023b):

Fünf hilfreiche Fragen für stressige Situationen

1. *Wie hoch ist die Wahrscheinlichkeit, dass ...?* Wenn wir unter Stress stehen, fällt es uns schwer, die Situation realistisch einzuschätzen. Hier kann es helfen, einen Schritt zurückzutreten und einen Realitätscheck zu machen.

2. *Was wäre das Schlimmste ...?* Häufig haben wir in stressigen Momenten eine schwarze Brille auf und sehen nur das Negative. Hier ist es sinnvoll, zu „entkatastrophisieren", indem Sie die Dinge einmal wirklich zu Ende denken und überprüfen, ob die schlimmsten Befürchtungen wirklich realistisch sind.

3. *Denke ich zu Recht, dass ...? Ist es wirklich so, dass ...?* Auch neigen wir, wenn wir unter Stress stehen, häufig zu einem Defizit-Denken und können Argumente nicht ausgewogen beurteilen. Hier kann es ebenfalls hilfreich sein, ein wenig Abstand einzunehmen, um die aufkommenden Punkte angemessen abwägen und bewerten zu können.

4. *Wie sieht das Ganze in fünf Jahren aus?* Auch bei dieser Strategie geht es darum, Distanz zu gewinnen und die „katastrophisierenden" Gedanken, die aufkommen können, zu relativieren. Wie werden wir über diese Situation in drei, fünf oder zehn Jahren denken? Werden wir sie dann immer noch für so wichtig erachten oder sind dann wohl andere Dinge relevanter?

5. *Ist es das wert ...?* Bei dieser Frage geht es um die Lebensfreude und die Priorisierung unserer Werte. Diesem Thema haben wir uns schon in Abschnitt 4.1.2 gewidmet.

Rumination: Strategien gegen Grübeln

Gedanken können uns auch in Form von negativen Gedankenkreisen begegnen. Viele Menschen kennen solche Gedankenkarusselle, wenn sie sich über ihre Misserfolge, Konflikte oder (Fehl-)Entscheidungen sorgen. Häufig beziehen sich diese Gedanken auf die Vergangenheit, auf die wir keinen Einfluss mehr haben oder wir verlieren uns in Sorgenschleifen über die Zukunft – im Gegensatz zu problemlösendem Denken, bei welchem wir zielgerichtet über mögliche Lösungen und Lösungswege nachdenken. Rumination (das Fachwort für Grübeln) ist problematisch, da es negative Konsequenzen für die Stimmung und den Körper hat: Es verstärkt negative Gefühle, führt zu Stresserleben, verschlechtert die körperliche Fitness, kann für physische Symptome wie Kopf- oder Bauchschmerzen sorgen und senkt unser Selbstwertgefühl. Um zu unterscheiden, ob es sich um ein sinnvolles, zielgerichtetes Nachdenken handelt oder um ein nicht lösungsorientiertes Grübeln, stellen Sie sich folgende Fragen:

Unterscheidung zwischen Grübeln und Problemlösen

- Kreisen Ihre Gedanken immer wieder um die gleichen Themen und Ereignisse?
- Empfinden Sie die Gedanken als belastend?
- Nehmen die Gedanken viel Zeit in Anspruch und gehen zulasten von anderen Tätigkeiten?
- Konnten Sie durch Ihr Nachdenken etwas verstehen, was Ihnen bisher nicht klar war?
- Haben Sie dadurch das Problem gelöst?
- Konnten Sie durch Ihre Gedanken Ihre Sorgen, Traurigkeit oder Ängstlichkeit reduzieren?

Wenn Sie die ersten drei Fragen mit „Ja" und die letzten drei Fragen mit „Nein" beantwortet haben, ist die Wahrscheinlichkeit hoch, dass Sie sich gerade in einem wenig zielführenden Grübelprozess befinden. Wenn uns Gedanken nicht mehr loslassen, können verschiedene Strategien hilfreich sein (siehe u.a. Teismann et al., 2017). Auch hier können Sie schauen, was für Sie persönlich am besten passt und auch bei diesen Techniken ist es meist nötig, sie öfter anzuwenden und zu üben, bevor sie wirksam sind.

Zunächst einmal kann es wichtig sein, sich *bewusst gegen das Grübeln zu entscheiden* – und für etwas anderes. Wenn Ihnen klar geworden ist, dass Ihr Nachdenken gerade nicht zielführend ist und das Problem nicht lösen wird, können Sie das bewusst benennen und sich überlegen, was sie stattdessen machen möchten. Was würden Sie gerade lieber tun, als zu grübeln?

Häufig sind wir beim Grübeln ganz auf die Gedanken konzentriert und nehmen unsere Umgebung und das, was wir vielleicht gerade eigentlich machen, gar nicht mehr wahr. Haben Sie schon einmal versucht, die Gedanken dann nicht zu denken und wegzuschieben? Sicherlich werden Sie dann schnell feststellen, dass das nicht möglich ist. Denken Sie jetzt nicht an einen rosaroten Elefanten! ... und, woran mussten Sie gerade denken? Solche Denkverbote und Versuche, die Gedanken zu verdrängen, führen häufig genau zum Gegenteil: Wir denken daran und teils sogar noch stärker als vorher. Stattdessen ist es viel hilfreicher, die Aufmerksamkeit bewusst von den Gedanken weg, zu etwas anderem zu lenken, zum Beispiel zu Ihrer Umgebung: Was nehmen Sie gerade um sich herum wahr? Was hören Sie? Welche Körperhaltung haben Sie? Wo berühren Sie Ihren Stuhl oder den Boden? Vor allem die Konzentration auf verschiedene Sinnesreize kann helfen, um *die Aufmerksamkeit von innen (den Grübelgedanken) nach außen zu lenken*. Und wenn Sie sich dabei ertappen, dass die Grübelgedanken wieder aufkommen, registrieren Sie es einfach nur, und richten die Aufmerksamkeit wieder bewusst nach außen. Im Kasten finden Sie eine Übung, die Ihnen dabei helfen kann, sich auf Ihre Sinne und das Hier und Jetzt zu fokussieren.

Denkverbote verstärken die Gedanken

Die 5–4–3–2–1–Übung: Eine kurze Strategie zur Unterbrechung von Grübelgedanken und zur Fokussierung auf das Hier und Jetzt

Aufmerksamkeitslenkung auf verschiedene Sinne

Anleitung: Nehmen Sie eine angenehme Position ein und atmen Sie einige Male tief ein und aus. Zählen Sie dann – laut oder in Gedanken – *fünf Dinge* auf, die Sie gerade *sehen* können. Zum Beispiel: „Ich sehe einen Tisch, eine Lampe ...“ Dann lenken Sie Ihre Aufmerksamkeit auf das, was Sie *hören* können und zählen fünf Dinge auf, die Sie momentan hören. Beispielsweise: „Ich höre Autos vorbeifahren, die Uhr ticken ...“ Danach lenken Sie die Aufmerksamkeit, auf das, was Sie *spüren* können und benennen fünf Dinge, die Sie gerade spüren: „Ich spüre meine Füße auf dem Boden, den Stuhl unter meinem Gesäß ...“

Wiederholen Sie dann die drei Sinne, indem Sie jeweils *vier Dinge* aufsagen, die Sie *sehen, hören und spüren*. Dann geht es weiter mit *drei Dingen* für alle Sinne, dann benennen Sie *zwei Dinge* und zum Schluss zählen Sie jeweils *eine Sache* auf, die Sie in jeder Kategorie (Sehen, Hören, Spüren) wahrnehmen.

Hinweise: Manchmal fällt es schwer, so viele Dinge zu finden, die Sie sehen, hören oder spüren. Sie dürfen auch gerne dieselbe Wahrnehmung wieder benennen. Auch können Sie die Abfolge verändern und beispielsweise mit dem Hören starten. Oder wenn Sie zwischendurch nicht mehr wissen, was als Nächstes kommt, können Sie einfach raten, wo Sie waren und fortfahren. Üblicherweise wird die Übung mit offenen Augen durchgeführt, aber wenn es sich für Sie besser anfühlt, können Sie natürlich die Augen auch schließen und beschreiben nur, was Sie hören oder spüren.

Sie können die Übung auch als Einschlafhilfe anwenden, vor allem wenn Grübelgedanken Sie vom Einschlafen abhalten. Oder auch, wenn Sie sich selbst aus einem starken emotionalen Zustand holen möchten. Zum Beispiel, wenn Sie sehr wütend sind und gerade „ausrasten" könnten. Oder wenn Sie sehr traurig sind und Ihre Tränen kaum mehr stoppen können. Oder auch beim Warten in Bewerbungs- oder Prüfungssituationen, wo Sie vielleicht mit Angst zu kämpfen haben. Dann kann diese Übung helfen, um sich wieder im Hier und Jetzt zu orientieren und nicht von den starken Emotionen geleitet zu handeln (z. B. Brüllen oder in Heulkrämpfe verfallen), sondern mit etwas Abstand zu den Gefühlen zu agieren (Übung u. a. in von Wachter & Kappis, 2019.).

Metakognitive Techniken: Distanz zu Gedanken schaffen

Neben einer bewussten Lenkung der Aufmerksamkeit kann es hilfreich sein, *Distanz zu den Gedanken zu schaffen*. Nehmen Sie Ihre Gedanken mit dem Abstand eines inneren Beobachters oder einer inneren Beobachterin wahr. Machen Sie sich bewusst: Sie *sind* nicht Ihre Gedanken. Es handelt sich um Gedanken, innere Bilder und Emotionen, die vorübergehende Phänomene sind, und nicht um Tatsachen und Fakten. Nicht Sie sind der Gedanke, sondern Sie sind die Person, die die Gedanken beobachtet. Versuchen Sie bewusst wahrzunehmen, wie Ihre Position als Beobachter*in unabhängig von den inneren Gedanken, Bewertungen und inneren Ereignissen ist. Um diese Distanz zu Ihren Gedanken herzustellen, können Sie Ihre Vorstellungskraft nutzen und sich Ihre Gedanken zum Beispiel wie Blätter in einem Fluss vorstellen. Sie sitzen als Beobachter*in entspannt am Ufer des Flusses und können Ihre Gedanken auf den im Wasser schwimmenden, vorbeiziehenden Blättern ablegen. Die Blätter können klein oder groß sein – sie legen Ihre Gedanken darauf ab, ohne das Stromtempo zu verändern, die Blätter anzuhalten, zu beeinflussen oder ihnen zu folgen. Sie bleiben sitzen und beobachten nur die vorbeiziehenden Blätter mit Ihren Gedanken.

Grübelzeit und Grübelort einführen

Zusätzlich kann es dann hilfreich sein, das *Grübeln auf einen späteren Zeitpunkt zu verschieben* und *einen Grübelort einzuführen*. Sie können sich – wenn Sie erkannt haben, dass Sie gerade Grübeln – kurz das Grübelthema notieren und dann entscheiden, dass Sie sich zu einem späteren Zeitpunkt, zum Beispiel am frühen Abend, damit auseinandersetzen möchten. Zum Beispiel können Sie täglich eine feste Grübelzeit von 10 bis 20 Minuten festlegen, idealerweise mindestens zwei, drei Stunden vor dem Zubettgehen. Setzen Sie sich dafür auf Ihren Grübelstuhl (idealerweise ein unbequemer, nicht für schöne Aktivitäten genutzter Stuhl oder Hocker), stellen Sie sich den Wecker, damit Sie die Zeit nicht überschreiten, und beenden Sie dann die Grübelzeit mit einer ablenkenden Tätigkeit oder einem Ritual, wie etwa sich anschließend das Gesicht mit kaltem Wasser waschen. Manchmal kann es sein, dass die Gedanken mit zeitlichem Abstand an Dringlichkeit und Intensität verloren haben, und Sie die Grübelzeit dann gar nicht mehr benötigen.

Auch kann es sinnvoll sein, sich *bewusst von den Gedanken abzulenken*. Rufen Sie jemanden an, hören Sie bewusst Musik oder ein Hörbuch, treiben Sie Sport, putzen Sie das Bad oder kochen Sie etwas Leckeres. Durch bewusste Aktivitäten können Sie sich von den Gedanken ablenken und so eine Pause schaffen, die es Ihnen ermöglicht, sich neu zu orientieren und vielleicht die Gedanken dann anschließend aus einem anderen Blickwinkel zu betrachten.

Vor allem nach einem anstrengenden Arbeitstag kann es sein, dass Ihnen noch viele To-dos durch den Kopf schwirren. *Schreiben Sie die offenen Aufgaben und Gedanken auf* und holen Sie sie damit aus Ihrem Kopf. Außerdem kann es hilfreich sein, den *Arbeitstag bewusst mit einem Ritual abzuschließen:* Gehen Sie noch einmal alles durch, was Sie an diesem Tag erledigt haben, schreiben Sie dann vielleicht eine Liste für morgen und beenden Sie die Arbeit mit einem immer wiederkehrenden Ritual. Zum Beispiel können Sie immer die Kaffeetasse abwaschen oder Ihre Arbeitskleidung aus- und bequeme Freizeitkleidung anziehen. So geben Sie Ihrem Kopf einen bewussten Reiz, dass jetzt die Arbeit beendet ist und können damit das Grübeln zu Hause reduzieren.

Strategien am Ende eines Arbeitstages

3: Ins Tun kommen – wie Sie die vielen Anregungen in die Tat umsetzen

Vielleicht ist dieser Abschnitt der wichtigste Teil in diesem Kapitel. Denn das ganze Wissen der vorherigen Seiten nutzt Ihnen nichts, wenn Sie die Dinge nicht auch umsetzen. Und das ist gar nicht so einfach. Aber die Wahrscheinlichkeit, dass Sie auch tatsächlich etwas aus diesem Buch mitnehmen und umsetzen, wird erhöht, wenn Sie die für sich passenden Strategien und Techniken finden. Denn das ist das Wichtigste: Es muss für Sie persönlich passen. Wie können Sie die für Sie geeigneten Ansätze finden?

1. Identifizieren Sie zunächst, *in welchem Bereich Sie gerne etwas ändern möchten.* Wo „hakt" es bei Ihnen und wo möchten Sie Ihr bisheriges Vorgehen verändern? Ist es eher die Erholung, mit welcher Sie nicht zufrieden sind? Oder werden Sie von Grübelgedanken geplagt?

Hilfreiche Strategien für die Umsetzung von Selbstfürsorge

2. Im nächsten Schritt wählen Sie dann in dem von Ihnen gewählten Bereich *eine, maximal zwei Strategien* aus, die Sie ausprobieren möchten. Welche Technik oder Idee spricht Sie direkt an und was sagt Ihrem Bauchgefühl zu?

3. Und dann *formulieren Sie Ihre Ziele.* Setzen Sie sich konkrete, erreichbare und realistische Ziele. Das hilft dabei, die Ziele auch wirklich umzusetzen, zu erreichen und prüfen zu können. Sicherlich kennen Sie die *SMART-Regel* für die Formulierung von Zielen: Ziele sollten **s**pezifisch, **m**essbar, **a**kzeptiert, **r**ealistisch und **t**erminiert sein. Anstatt zu sagen „Ich möchte mehr Joggen gehen und einen Marathon laufen", können Sie also Ihr Ziel so formulieren: „Ich möchte zweimal pro Woche joggen gehen, dienstags nach der Arbeit und samstags vormittags für je 30 Minuten." Es ist sinnvoll, mit kleinen, aber erreichbaren Zielen anzufangen – so haben Sie schnell ein Erfolgserlebnis und dann können Sie immer noch Ihre Ziele anpassen und verändern.

4. Wie *belohnen* Sie sich? Planen Sie auf jeden Fall eine Belohnung. Auch diese sollte realistisch, konkret und spezifisch sein. Also nicht: „Wenn ich das schaffe, dann kaufe ich mir einen neuen Ferrari", sondern vielleicht: „Wenn ich drei Wochen lang meinen Plan umsetze, dann gehe ich in dem griechischen Restaurant bei uns um die Ecke essen."

5. *Informieren Sie andere Personen* über Ihre Ziele und die Belohnung! Oder noch besser: Holen Sie andere „ins Boot" und setzen Sie mit Ihnen zusammen die Ziele um. Das gemeinsame Joggen kann nicht nur Spaß machen, sondern erhöht auch die Wahrscheinlichkeit, dass Sie es wirklich durchführen.

Schreiben Sie am besten auf, was Sie verändern möchten und wie. Es schriftlich festzuhalten, kann die Verbindlichkeit erhöhen und Ihnen bei der Umsetzung wirklich helfen. Hängen Sie den Zettel dann gut sichtbar irgendwo auf, sodass sie immer wieder daran erinnert werden. In Abbildung 18 finden Sie ein Beispiel für einen Umsetzungsplan.

Umsetzungsplan für meine Selbstfürsorge

Was möchten Sie verändern?

Ich möchte mehr für meine Gesundheit tun, vor allem mich besser ernähren und mehr Sport treiben.

Wie ist diese beabsichtigte Veränderung mit Ihren Zielen und Werten verbunden?

Gesundheit habe ich als wichtigsten Wert identifiziert, allerdings hapert es noch bei der Umsetzung (5 von 10).

Welche Maßnahmen werden Sie ergreifen?   **Wann? Mit wem?**

* morgens nicht ohne Frühstück aus dem Haus   jeden Morgen
* weniger Kaffee trinken, nur 2 Tassen/Tag   morgens/mittags
* einmal pro Woche Joggen gehen   samstags, mit Peter

Wie werden Sie Ihre Fortschritte überprüfen?

Jeden Sonntagabend werde ich eine „Bestandsaufnahme" machen und prüfen, wie gut ich die Punkte umgesetzt habe.

Welche Herausforderungen und Schwierigkeiten könnten auftreten?

* zu viele andere Dinge zu tun, sodass es untergeht oder ich es vergesse
* mein innerer Schweinehund ☺

Was könnte Ihnen bei der Durchführung helfen?

* meinen Partner informieren, dass ich morgens frühstücken möchte und schon alles dafür abends vorher vorbereiten
* ein Post-it an die Kaffeemaschine kleben, was mich an mein Vorhaben erinnert
* mich mit Peter zum Joggen verabreden

Wie werden Sie sich für das Erreichen Ihrer Ziele belohnen?

Wenn ich 3 Wochen die meisten Dinge umgesetzt habe, gehe ich Samstagabend mit Peter zusammen italienisch essen.

Abbildung 18:   Beispiel eines Umsetzungsplans für die eigene Selbstfürsorge

4.2 Wie Führungskräfte das Mitarbeiter*innen-wohlbefinden fördern können

Nachdem wir uns im vorherigen Abschnitt angeschaut haben, was Sie selbst als Führungskraft für Ihre Gesundheit tun können, wollen wir uns in diesem Abschnitt der Mitarbeiter*innengesundheit zuwenden. Laut dem HoL-Modell lässt sich auch das Kümmern um die Mitarbeiter*innengesundheit (StaffCare) – wie auch die Selbstfürsorge (SelfCare) – in die drei Komponenten Achtsamkeit, Wichtigkeit und Verhalten untergliedern. Analog zu dem vorherigen Abschnitt zeige ich Ihnen in diesem Abschnitt für diese drei Bereiche Anregungen und Impulse für die Praxis: Wie können Sie als Führungskraft *achtsam gegenüber den Stresssignalen der Mitarbeitenden* sein und deren Belastungsgrenzen bewusst wahrnehmen? Wie können Sie die *Wichtigkeit von Gesundheit am Arbeitsplatz etablieren* und auch Ihren Mitarbeitenden vermitteln? Und welche *konkreten Verhaltensweisen* können Sie als Führungskraft umsetzen, um die Gesundheit Ihrer Mitarbeitenden zu schützen und zu fördern?

Schauen wir uns die drei Bereiche einmal an! Einen Überblick über die Inhalte und Übungen in diesem Abschnitt finden Sie in Abbildung 19.

4.2.1 Achtsamkeit und Bewusstsein für die Stresssignale und Überlastungsanzeichen der Mitarbeitenden

Wissen Sie, wie es Ihren Mitarbeitenden momentan geht? Bemerken Sie, wenn Ihre Mitarbeitenden die Belastungsgrenze erreichen oder sogar überschreiten und Ihre Unterstützung bräuchten? Nehmen Sie sich gerne einmal einen kurzen Moment Zeit, legen Sie dieses Buch beiseite und gehen in Gedanken Ihre Mitarbeitenden durch: Welche Mitarbeitende sind engagiert und leistungsfähig bei der Arbeit und wer ist erschöpft und zeigt Anzeichen von Überlastung? Nehmen Sie bei Ihren Mitarbeitenden gesundheitliche Warnsignale wahr? Gibt es Mitarbeitende, die Ihre gesundheitsförderliche Unterstützung benötigen?

Und, wie war die kleine Übung für Sie? Vielleicht fiel es Ihnen bei einigen Mitarbeitenden leichter, die gesundheitliche Situation einzuschätzen, während Sie bei anderen oft gar nicht bemerken, wenn diese überfordert und überlastet sind. Auch wenn die Stressreaktion eine generelle Reaktion auf Anforderungen und eine allgemeine körperliche Aktivierung darstellt (wie Sie in Abschnitt 2.1 nachlesen können), geht jede Person unterschiedlich mit Belastungen um. Das heißt, aus dem Arbeitspensum einer Person lässt sich sehr schwer auf die Belastung und auch auf den Gesundheitszustand rückschließen. Während einige Menschen eine Erhöhung der Arbeitsanforderungen nicht aus dem Gleichgewicht bringt, fühlen sich andere schon bei einem leicht angestiegenen Arbeitspensum überlastet. Hinzu kommt, dass die Belastungen bei der Arbeit nicht die einzigen Stressoren im Leben einer Person sind: Probleme in der Familie, Konflikte im Freundeskreis oder Krankheit eines Angehörigen – solche Faktoren im Nicht-Arbeitsbereich können ebenfalls zur Be- und Überlastung einer Person beitragen. Und natürlich sind auch Art und Stärke der Stresssignale individuell verschieden: Während einige Menschen hektisch werden und gereizt reagieren, wenn sie

Umgang mit Belastungen sowie Stresssignale sind individuell verschieden

---

**Überblick über die Inhalte und Übungen in Abschnitt 4.2:
Wie können Führungskräfte das Mitarbeiter*innenwohlbefinden fördern?**

4.2.1   Achtsamkeit für die Stresssignale der Mitarbeitenden

Überlastung bei Mitarbeitenden erkennen: Checkliste

4.2.2   Die Mitarbeiter*innengesundheit wertschätzen und priorisieren

Vorbildfunktion als Führungskraft: Ideen und Beispiele

Ein positives Gesundheitsklima im Team fördern: Maßnahmen
zur Erfassung und Gestaltung des Teamklimas

**4.2.3   Führungsverhaltensweisen, um die Gesundheit der Mitarbeitenden
zu fördern**

Mitarbeiter*innengespräche zur Gesundheit: Gesprächstechniken

Vorgehen bei be- und überlasteten Mitarbeitenden: Leitfaden

Stressoren der Mitarbeitenden reduzieren und ihre Ressourcen stärken:
Ideen und Anregungen

(Ständige) Erreichbarkeit: Anregungen zur Selbstreflexion

Vereinbarkeit von Berufs- und Privatleben: Tipps für Segmentierer
und Integrierer

Gesundheitsförderliche Führung: Checkliste

Grenzen beachten und wahren: Fragen zur Selbstreflexion

Gesunde Führung realisieren: Umsetzungsplan

Abbildung 19:   Überblick über die Inhalte und Übungen in Abschnitt 4.2

unter Druck stehen, ziehen sich andere eher zurück, wenn sie überfordert sind. Um als Führungskraft gestresste Mitarbeitende anzusprechen und gesundheitsförderlich unterstützen zu können, ist es wichtig, frühzeitig die individuellen Stresssignale der Mitarbeitenden wahrzunehmen und zu erkennen, dass Mitarbeitende überlastet und erschöpft sind. Keine Sorge, Ziel dieses Abschnitts ist es nicht, dass Sie für jeden Mitarbeitenden wissen, wie er oder sie bei Stress reagiert. Sondern es geht darum, dass Sie im Arbeitsalltag achtsam für die Stresssignale Ihrer Mitarbeitenden sind, diese bewusst wahrnehmen, wenn sie auftreten, und dann richtig interpretieren. Das ist gar nicht so schwer. Es erfordert vor allem eine gute Beobachtungsgabe und ein wenig Zeit, um kritische Veränderungen zu bemerken. Wie Sie solche Stressanzeichen bei anderen Personen erkennen können, schauen wir uns im Folgenden an *(1: Überlastungsanzeichen bei Mitarbeitenden erkennen)*. Und wenn Sie sich unsicher sind, wie es der und dem Mitarbeitenden momentan geht, suchen Sie das Gespräch mit der Person und fragen Sie nach *(2: Sich nach dem Befinden der Mitarbeitenden erkundigen)*.

1: Überlastungsanzeichen bei Mitarbeitenden erkennen

Wie Sie mittlerweile wissen, zeigen sich Stresssignale meist in *Veränderungen auf vier Ebenen: Körper, Stimmung, Denken und Verhalten*. Typische körperliche Veränderungen sind zum Beispiel Anspannung oder starke Erschöpfung und Müdigkeit. Wenn Personen sich vermehrt zurückziehen, die gemeinsame Mittagspause nicht mehr mit den Kolleg*innen verbringen, sondern alleine, kann dies ein Stressindikator auf der Verhaltensebene sein. Bei anderen Menschen erkennen wir Veränderungen in Körper, Stimmung und Denken meist nicht direkt, aber sie können durch Auffälligkeiten im Verhalten beobachtet werden. Wie sähe es zum Beispiel aus, wenn jemand sehr erschöpft und müde ist? Vielleicht hat er oder sie dann Ringe unter den Augen, gähnt häufig oder steht öfter an der Kaffeemaschine als sonst. Auch vermehrte Fehler können (müssen natürlich nicht) ein Indikator von Stress und Überlastung sein. Vielleicht kann sich der oder die Mitarbeitende nicht mehr gut konzentrieren oder hat Probleme mit der Aufmerksamkeit. Auch viele Krankheitstage, vor allem Kurzzeiterkrankungen, die nur ein oder zwei Tage dauern, können auf stressbedingte körperliche Krankheiten, wie Bauchschmerzen, Kopfschmerzen oder Rückenschmerzen zurückzuführen sein und damit ein Warnsignal darstellen. Wenn Mitarbeitende in Gesprächen abgelenkt sind oder sich bei gemeinsamen Meetings nicht mehr so aktiv wie früher beteiligen, sollten Sie auch hellhörig werden: Vielleicht macht sich der oder die Mitarbeitende Gedanken darüber, was noch zu erledigen ist, oder versucht, schon nebenbei Dinge abzuarbeiten, wie beispielsweise am Handy E-Mails zu beantworten.

In Tabelle 5 finden Sie eine Übersicht mit möglichen auffälligen Verhaltensänderungen, die Sie bei Ihren Mitarbeitenden beobachten können (siehe auch Matyssek, 2003). Gerne können Sie diese Liste als eine Art Checkliste verwenden, wenn Sie einschätzen möchten, wie es Ihren Mitarbeitenden gerade geht.

Eine Stress-reaktion äußert sich auf vier verschiedenen Ebenen

Auffällige Verhaltens-änderungen können bei anderen auf eine Überlastung und Stress hindeuten

Tabelle 5:   Checkliste auffällige Verhaltensänderungen, die auf eine Überlastung hindeuten können

Wie häufig haben Sie die untenstehenden Überlastungs-anzeichen in den letzten drei bis vier Wochen bei anderen Personen feststellen können?	2 sehr häufig	1 ab und zu	0 selten/ nie
Veränderungen im Arbeitsverhalten			
Leistungsabfall oder Leistungsschwankungen	2	1	0
vermehrte Überstunden, um alle Aufgaben zu erledigen	2	1	0
vermehrte Krankheitstage und Fehlzeiten, bspw. aufgrund von Kopfschmerzen, Bauchschmerzen, Rückenschmerzen	2	1	0

Tabelle 5:　Fortsetzung

Wie häufig haben Sie die untenstehenden Überlastungsanzeichen in den letzten drei bis vier Wochen bei anderen Personen feststellen können?	2 sehr häufig	1 ab und zu	0 selten/ nie
geringeres Durchhaltevermögen, häufigere Pausen	2	1	0
Unpünktlichkeit, Unzuverlässigkeit	2	1	0
Nachlassen des Arbeitstempos, z. B. aufgrund von Konzentrationsproblemen	2	1	0
vermehrte (Flüchtigkeits-)Fehler, Häufung von Qualitätsmängeln	2	1	0
Vergesslichkeit, häufiges Nachfragen	2	1	0
Unterbrechung von Arbeiten, Arbeiten werden nicht zu Ende geführt	2	1	0
Veränderungen im Sozialverhalten			
im Gegensatz zu vorher verhalten sich Mitarbeitende aggressiver, sind hektischer, gereizter oder ungeduldiger	2	1	0
Rückzug von Kolleg*innen, z. B. werden Pausen allein verbracht oder der Kontakt zu Kolleg*innen wird reduziert	2	1	0
hohe Empfindlichkeit, z. B. gegenüber Kritik	2	1	0
unangemessene Schuldzuweisungen; Wutausbrüche und unvermittelte Vorwürfe	2	1	0
„seltsames" Verhalten	2	1	0
Veränderungen im emotionalen Verhalten			
Mitarbeitende wirken müde und erschöpft, z. B. Ringe unter den Augen, ständiges Gähnen	2	1	0
Mitarbeitende wirken niedergeschlagen, hoffnungslos und verzweifelt	2	1	0
Mitarbeitende wirken resigniert und emotional leer	2	1	0
Mitarbeitende zeigen einen eingeschränkten Affekt, z. B. vormals fröhliche Personen lachen jetzt weniger, oder bei negativen Ereignissen werden auch keine negativen Gefühle gezeigt, und die Person erscheint emotionslos	2	1	0
Mitarbeitende sind sehr dünnhäutig und feinfühlig, brechen bei geringen Anlässen in Tränen aus	2	1	0
Mitarbeitende sind angespannter, z. B. hochgezogene Schultern, zusammengebissene Zähne	2	1	0
Mitarbeitende sind nervöser, gereizter und „explodieren" schneller, sie verhalten sich anderen Kolleg*innen gegenüber barscher und ihr Ton ist rauer	2	1	0

Tabelle 5:   Fortsetzung

Wie häufig haben Sie die untenstehenden Überlastungs-anzeichen in den letzten drei bis vier Wochen bei anderen Personen feststellen können?	2 sehr häufig	1 ab und zu	0 selten/ nie
Äußern von starken Ängsten oder Befürchtungen	2	1	0
Mitarbeitende wirken unsicher, äußern öfter mangelndes Selbstvertrauen und Minderwertigkeitsgefühle	2	1	0
Veränderungen im Alltagsverhalten			
soziale und Freizeitaktivitäten werden zugunsten der Arbeit gestrichen	2	1	0
Vernachlässigung des Äußeren, z. B. Nachlässigkeit bei der Kleidung	2	1	0
Schwankungen in der körperlichen Hygiene und vernachlässigte Körperpflege	2	1	0
erhöhter Alkoholkonsum, auffälliges Essverhalten, Medikamentenmissbrauch	2	1	0

Wichtig bei all diesen Symptomen ist, dass es sich um *Veränderungen* handelt. Das erfordert natürlich, dass Sie Ihre Mitarbeitenden aus Nicht-Stresszeiten kennen und wissen, wie er oder sie sich normalerweise verhält. Es gibt Personen, die verhalten sich immer hektisch – unabhängig davon, ob sie gerade gestresst sind oder nicht. In diesem Fall ist das hektische Verhalten natürlich kein Warnsignal. „Die war früher ganz anders …" oder „So kenne ich ihn gar nicht …" – immer, wenn Sie für die Person nicht typische und seltsame Verhaltensweisen bei Ihren Mitarbeitenden wahrnehmen, sollten Sie aufmerksam werden. Solche Veränderungen könnten ein Indikator von Überlastung und Erschöpfung sein. Keine Sorge – Sie müssen natürlich nicht die kleinste Veränderung erkennen und dann aktiv werden. Oft sind die Warnsignale gar nicht so eindeutig und genauso wie bei Ihnen selbst bedeutet ein Stresssymptom noch nicht, dass die Belastungsgrenze erreicht ist. Wenn Sie jedoch mehrere Veränderungen oder sehr starke Auffälligkeiten wahrnehmen, dann ist Handlungsbedarf geboten. Wie Sie dann vorgehen können und was Sie machen können, das schauen wir uns in Abschnitt 4.2.3 an.

Veränderungen als Warnsignal

2: Sich nach dem Befinden der Mitarbeitenden erkundigen

Und was ist, wenn Sie sich nicht sicher sind, wie es den Mitarbeitenden geht? Dann fragen Sie nach! Häufig haben Führungskräfte Bedenken, dass Fragen zur Gesundheit der Mitarbeitenden aufdringlich sind oder eine Grenze überschreiten. Keine Sorge, von Mitarbeitenden wird solch eine Nachfrage in den meisten Fällen als positiv bewertet. Natürlich sollte die Frage nicht in einem unpassenden Moment erfolgen, zum Beispiel wenn gerade das gesamte Team versammelt ist oder der Kunde mit Ihnen am Tisch sitzt. Warten Sie einen ruhigen Moment ab, idealerweise wenn Sie mit dem oder der Mitarbeitenden alleine sind. Vermitteln Sie in dem Gespräch Interesse an dem Be-

Führungskräfte können und sollten Mitarbeitende nach ihrer Gesundheit und Belastung fragen

finden Ihrer Mitarbeitenden und vor allem, hören Sie zu! Ihre Mitarbeitenden wollen ernst genommen werden und es kann sehr verletzend sein, wenn die Mitarbeitenden in ihrer Antwort unterbrochen werden oder den Eindruck gewinnen, dass die Führungskraft ihnen gar nicht richtig zuhört.

Sollte ein Mitarbeiter oder eine Mitarbeiterin nicht über dieses Thema mit Ihnen sprechen wollen, dann wird er oder sie es Ihnen schon signalisieren, zum Beispiel indem er oder sie ausweichend antwortet. Bohren Sie dann nicht nach, sondern machen Sie ein Gesprächsangebot, was der oder die Mitarbeitende auch später nutzen kann. Wie solch ein Gespräch aussehen kann, schauen wir uns in Abschnitt 4.2.3 an.

In Patricias Unternehmen arbeitet die Mitarbeiterin Selma, die sehr engagiert und leistungsbereit ist. Patricia beobachtet, dass sie häufig länger im Büro bleibt und auch abends und am Wochenende noch arbeitet. Auch nimmt Patricia wahr, dass Selma häufig hektisch ist und sehr launisch sein kann. Oft geht Selma mittags nicht zusammen mit den anderen Kolleg*innen in die Kantine, sondern isst an ihrem Arbeitsplatz einen Snack und arbeitet weiter. Bei anderen Veranstaltungen außerhalb der Arbeitszeit, zum Beispiel einem „Feierabendbier", ist sie aber gerne dabei und geht auch auf die anderen Kolleg*innen zu. Nachdem sich Patricia jetzt mehr mit gesunder Führung auseinandergesetzt hat, weiß sie das hektische und temperamentvolle Verhalten von Selma als Persönlichkeitszüge einzuschätzen und nicht unbedingt als Stresssignal zu werten. Das sehr strebsame und leistungsorientierte Verhalten ihrer Mitarbeiterin freut Patricia natürlich, allerdings macht sie sich Gedanken um die Work-Life-Balance der Kollegin. Sie hat sich vorgenommen, ihr bei einer passenden Gelegenheit diese Sorge mitzuteilen. Noch sieht Patricia keinen akuten Handlungsbedarf. Patricia weiß jedoch, dass sie aktiv werden sollte, wenn sie wahrnimmt, dass Selma Anzeichen von Überlastung zeigt, zum Beispiel sich ihr Verhalten verändert oder sie sehr erschöpft wirkt. Auch wenn sich vermehrt Fehler einschleichen, würde Patricia dies bei der ansonsten sehr gewissenhaften Mitarbeiterin als ein mögliches Alarmsignal werten und das Gespräch suchen.

4.2.2   Als Führungskraft die Mitarbeiter*innengesundheit wertschätzen und priorisieren

Wenn Sie dieses Buch in den Händen halten, gehe ich davon aus, dass Ihnen Gesundheit am Arbeitsplatz wichtig ist – Ihre eigene Gesundheit und auch die Ihrer Mitarbeitenden. Klasse, damit haben Sie schon den ersten Schritt für diesen Abschnitt getan. Zunächst geht es nämlich darum, dass Sie sich als Führungskraft verantwortlich fühlen, auf die Gesundheit Ihrer Mitarbeitenden zu achten, und es als relevant einstufen, gesundheitliche Belastungen am Arbeitsplatz abzubauen und bei Erschöpfung für Entlastung zu sorgen. In Kapitel 1 haben wir uns ja schon ausführlich damit beschäftigt, warum Ihre eigene und die Gesundheit Ihrer Mitarbeitenden relevant ist und welche nachteiligen Auswirkungen negatives Wohlbefinden und mangelnde Gesundheit haben können.

Der zweite Schritt besteht dann darin, die Wichtigkeit von Gesundheit am Arbeitsplatz auch gegenüber Ihren Mitarbeitenden zu verdeutlichen und in Ihrem Team zu etablieren. Vielleicht stellen Sie sich jetzt die Frage, wie es als Führungskraft gelingen kann, den Mitarbeitenden zu signalisieren, dass Gesundheit am Arbeitsplatz wichtig ist und dies auch im Alltag zu leben, vor allem in stressigen Zeiten? In diesem Abschnitt zeige ich Ihnen zwei Ansatzpunkte auf: Zum einen können Sie als Führungskraft ein Vorbild für den Umgang mit Gesundheit sein und auf diese Weise den Mitarbeitenden verdeutlichen, dass es wichtig ist, auf seine eigene und die Gesundheit der Kolleg*innen zu achten *(1: Führungskräfte als Vorbild für den Stellenwert von Gesundheit am Arbeitsplatz)*. Und zum anderen können Sie in Ihrem Team ein entsprechendes Klima schaffen, in welchem es möglich ist, Stress und Belastungen anzusprechen und sich bei Erschöpfung und Überlastung Unterstützung zu suchen *(2: Führungskräfte prägen das Gesundheitsklima in ihrem Team)*.

1: Führungskräfte als Vorbild für den Stellenwert von Gesundheit am Arbeitsplatz

Oft ist Führungspersonen gar nicht bewusst, welche wichtige Rolle sie haben: Mitarbeitende orientieren sich an ihren Vorgesetzten und leiten daraus ab, was am Arbeitsplatz erwünscht und was weniger gern gesehen wird. Und dementsprechend verhalten sich die Mitarbeitenden dann meist auch. Wenn Führungskräfte ihre eigenen Belastungsanzeichen ernst nehmen, bei Krankheit nicht bei der Arbeit erscheinen und ihre Pausen bewusst nehmen, dann ist das ein klares Signal an die Mitarbeitenden: „Hier wird auf die Gesundheit geachtet und sie hat Priorität im Vergleich zu anderen (Arbeits-)Themen!". Und so können Mitarbeitende lernen, auch selbst ihre eigene Gesundheit ernst zu nehmen und zu priorisieren – was natürlich langfristig nicht nur dem Wohlbefinden der einzelnen Mitarbeitenden zugutekommt, sondern auch Ihnen und Ihrem Team.

> **Mitarbeitende orientieren sich an ihren Führungskräften**

Das erfordert als Führungskraft, dass Sie sich nicht nur fragen, was Ihre Einstellungen und Verhaltensweisen für *Sie* bedeuten, sondern auch, welche Auswirkungen sie auf Ihre *Mitarbeitenden* haben. Ein Beispiel, wie dies aussehen könnte, können Sie im folgenden Fallbeispiel nachlesen.

Nach einem langen und anstrengenden Tag ist Ben endlich gegen 20 Uhr zu Hause und prüft noch einmal kurz seine E-Mails, bevor er sich in den Feierabend verabschieden will. Er sieht, dass zwei E-Mails von Mitarbeitenden in seinem Postfach liegen, die zwar nicht dringend sind, er sie aber jetzt noch schnell beantworten könnte. Welche Auswirkungen hätte dies für Ben persönlich und wie könnte es von seinen Mitarbeitenden wahrgenommen werden? Während Ben sich damit vielleicht schnell einer Arbeitsaufgabe entledigen und das Thema abhaken könnte, verschiebt er damit aber auch seinen wichtigen und notwendigen Feierabend nach hinten und hätte somit weniger Zeit für Entspannung und Erholung. Bens Mitarbeitenden würde dies signalisieren, dass es wünschenswert und notwendig ist, auf E-Mails direkt zu antworten, auch wenn dies bedeutet, dass man abends und in seiner freien Zeit E-Mails verschickt. Ben entscheidet, dass es nicht wichtig ist, diese E-Mails heute Abend noch zu beantworten. Er möchte viel lieber seiner Erholung den Vorrang geben und mit gutem Beispiel vorangehen. Auch wenn die Mitarbeitenden Bens Nicht-Schreiben nicht explizit wahrnehmen, ist dies ein wichtiges Signal, welches Führungskräfte setzen können.

Beispiele, wie Führungskräfte Vorbild hinsichtlich gesundem Arbeiten sein können

Das Fallbeispiel von Ben zeigt eine Möglichkeit, wie Führungskräfte ein Vorbild für die Bedeutsamkeit von Gesundheit am Arbeitsplatz sein können. Hier finden Sie weitere Beispiele – sicherlich fallen Ihnen auch noch Alternativen ein:

- Machen Sie regelmäßige Pausen und verbringen diese nicht vor Ihrem Schreibtisch.
- Nehmen Sie sich die Zeit für ein erholsames Mittagessen – vielleicht zusammen mit Ihren Kolleginnen und Kollegen (und wenn möglich, essen Sie gesund und ausgewogen).
- Arbeiten Sie nicht abends, am Wochenende oder während Ihres Urlaubs.
- Verschicken Sie keine E-Mails nach 20 Uhr und am Wochenende.
- Bleiben Sie bei Krankheit zu Hause und arbeiten Sie nicht.
- Besuchen Sie die Gesundheitstage in Ihrem Unternehmen.
- Seien Sie nicht ständig erreichbar, beachten Sie eigene Grenzen und sagen Sie auch mal „Nein".

Zudem können Sie auch ein Vorbild sein, wenn es darum geht, über eigene Belastungen und gesundheitliche Beschwerden zu sprechen. Wenn Sie offen über Stress und gesundheitliche Themen sprechen, können Sie diese Themen aus der Tabuzone holen. Natürlich bedeutet dies nicht, dass Sie Ihre gesamte Krankenakte vor den Mitarbeitenden offenlegen müssen. Vielmehr geht es darum, dass Sie durch einen offenen, transparenten Umgang mit diesen Themen den Mitarbeitenden es erleichtern, auch eigene Überlastungen und Stressoren zu thematisieren.

2: Führungskräfte prägen das Gesundheitsklima in ihrem Team

Führungskräfte beeinflussen das Team-Gesundheitsklima, z.B. durch gesundheitsförderliche Führung

Ob die Gesundheit in einem Team wertgeschätzt und als wichtig empfunden wird, hängt auch von dem entsprechenden Teamklima ab. Und das können Führungspersonen beeinflussen. Wenn Führungskräfte sich aktiv um die Gesundheit ihrer Mitarbeitenden kümmern, ihr einen wichtigen Stellenwert beimessen und auf die Gesundheitssignale der Mitarbeitenden achten, sprich alle drei Komponenten einer gesundheitsorientierten Führung umsetzen, dann prägen sie ein positives Gesundheitsklima in ihrem Team (z. B. A. J. Kaluza & Junker, 2022). Das Team-Gesundheitsklima beinhaltet die Wahrnehmung der Mitarbeitenden, in welchem Ausmaß die anderen Teammitglieder sich gegenseitig unterstützen, gesund zu arbeiten, über Überlastung sprechen und erschöpfte Kolleg*innen ansprechen (siehe auch den Kasten auf der nächsten Seite).

Verschiedene Möglichkeiten, wie Führungskräfte ein positives Team-Gesundheitsklima fördern

Wie können Führungskräfte solch ein positives Gesundheitsklima in ihrem Team fördern? Ein Faktor ist sicherlich die Vorbildfunktion hinsichtlich eines gesundheitsförderlichen Arbeitens, auf die ich oben schon eingegangen bin. Wenn Sie sich selbst um Ihre und die Gesundheit Ihrer Mitarbeitenden kümmern, dann wird dies auch von den Mitarbeitenden übernommen und prägt so das Team-Gesundheitsklima.

Daneben können Führungskräfte zum Beispiel gesunde Arbeitsroutinen für das gesamte Team etablieren. Beispielsweise können Sie sich im Team gemeinsam an Pausen erinnern oder dafür sorgen, dass bestimmte Zeiten für ein ungestörtes Arbeiten reserviert sind. In dieser Zeit werden zum Beispiel die Türen geschlossen und keine Anrufe entgegengenommen. Auch können Sie Ihre Mitarbeitenden ermutigen, sich um das Wohlbefinden der Kolleginnen und Kollegen zu kümmern und eine vertrauensvolle, offene Atmosphäre schaffen, in welcher sich Mitarbeitende trauen, Stress und Überlastung anzusprechen.

Das Team-Gesundheitsklima erfassen: Fragen Sie Ihre Mitarbeitenden!

Manchmal kann es als Führungskraft schwierig sein, mitzubekommen, wie die Mitarbeitenden das Gesundheitsklima im Team wahrnehmen. Mit den drei Aussagen in Tabelle 6 können Sie schnell in Ihrem Team prüfen, wie die Mitarbeitenden das Gesundheitsklima einschätzen. Fragen Sie Ihre Mitarbeitenden, inwiefern Sie den folgenden Aussagen zustimmen. Auf einer Skala von 1 = „stimme überhaupt nicht zu" bis 5 = „stimme voll und ganz zu" können die Mitarbeitenden dann beurteilen, wie sie das Team-Gesundheitsklima wahrnehmen.

Tabelle 6:   Items zur Erfassung des Team-Gesundheitsklimas (Zweber et al., 2016; deutsche Übersetzung von A.J. Kaluza & Junker, 2022)

Inwiefern stimmen Sie den folgenden Aussagen zu?	1 stimme überhaupt nicht zu	2	3	4	5 stimme voll und ganz zu
Wenn es mir gesundheitlich schlecht gehen würde, würden meine Kolleg*innen Maßnahmen ergreifen, um mich bei der Genesung zu unterstützen.	1	2	3	4	5
In meinem Team werden wir ermutigt, Krankheitstage bei körperlichen und mentalen Krankheiten zu nehmen.	1	2	3	4	5
Gesundes Verhalten ist der Standard, wann immer ich mit meinen Kolleg*innen etwas unternehme, auf der Arbeit oder woanders (z.B. gesund essen, zusammen spazieren gehen während der Pausen).	1	2	3	4	5

Sie können diese Fragen zum Beispiel im gesamten Team stellen und dann auch über die verschiedenen Punkte und die Wahrnehmungen und Wünsche der Mitarbeitenden sprechen. Oder Sie machen eine kurze (anonyme) schriftliche Umfrage, wo jede*r Mitarbeitende ihr*sein Feedback geben kann. Alternativ können Sie diese drei Fragen auch nur als Anregung und Grundlage verwenden, um in Ihrem Team das Thema Gesundheitsklima anzusprechen und zu diskutieren – fragen Sie doch einmal nach, wie sich Ihre Mitarbeitenden ein positives Gesundheitsklima im Team vorstellen.

Nicht nur das Miteinander in Bezug auf Gesundheit, sondern wie generell im Team miteinander umgegangen wird, bestimmt maßgeblich das Teamklima: Gegenseitige Wertschätzung und Respekt, gute Laune statt Lästereien und Heruntermachen, Vorschläge für Verbesserungen anstatt Meckern – überlegen Sie gerne einmal, wie Sie miteinander in Ihrem Team umgehen und wo eventuell Verbesserungsbedarf besteht. Auch die Gestaltung eines Wir-Gefühls im Team, also ein Gefühl von Zusammengehörigkeit und Identifikation, kann das Wohlbefinden der Beschäftigten verbessern (Steffens et al., 2017; Steffens et al., 2019). Zum Beispiel können Führungskräfte Raum für Teamaktivitäten schaffen, wie das gemeinsame Mittagessen oder der Teamausflug (weiterführende Literatur zum Einfluss von sozialer Identität am Arbeitsplatz finden Sie u. a. bei A. J. Kaluza et al., 2022).

4.2.3   Konkrete gesundheitsförderliche Führungsverhaltensweisen

Nachdem wir uns in den letzten beiden Abschnitten damit beschäftigt haben, wie Sie auf die Überlastungsanzeichen der Mitarbeitenden achten und die Wichtigkeit von Gesundheit in Ihrem Team leben können, geht es in diesem Abschnitt um (weitere) konkrete Verhaltensweisen mit dem Ziel, die Belastungen Ihrer Mitarbeitenden zu reduzieren und ihr Wohlbefinden zu fördern. An erster Stelle geht es um die Kommunikation mit den Mitarbeitenden: Zu Beginn dieses Abschnitts finden Sie unter anderem Gesprächsbausteine und -techniken sowie einen Leitfaden zum Umgang mit belasteten Mitarbeitenden *(1: Reden, reden, reden!)*. Daneben können Sie als Führungskraft die Stressquellen Ihrer Mitarbeitenden reduzieren und sie in ihren Fähigkeiten und Fertigkeiten stärken *(2: Stressoren abbauen und Ressourcen der Mitarbeitenden fördern)*. Dazu zählt zum Beispiel die gesundheitsförderliche Arbeitsplatzgestaltung, aber auch der gesundheitsbewusste Umgang mit Arbeitszeiten (Stichwort „ständige Erreichbarkeit"). Da dieser Bereich viele verschiedene Themen umfasst, finden Sie am Ende dieses Abschnitts eine Checkliste mit verschiedenen Aspekten einer gesundheitsorientierten Führung. Zuletzt gehört zu einer gesunden Führung auch die Wahrung von Grenzen – Ihren eigenen und die Ihrer Mitarbeitenden. Wie dies aussehen kann, schauen wir uns im letzten Teil an *(3: Grenzen beachten und wahren)*.

1: Reden, reden, reden!

Mit Mitarbeitenden über Belastungen und Gesundheit sprechen

Wenn Sie nur einen einzigen Punkt aus diesem Buch mitnehmen, dann sollte es dieser sein: Gehen Sie in das Gespräch mit Ihren Mitarbeitenden und reden Sie mit Ihnen! Nichts ist so effektiv und hilfreich, wie ein regelmäßiger und offener Austausch. Zeigen Sie Interesse an den Themen, die Ihre Mitarbeitenden beschäftigen. Erkundigen Sie sich nach ihrem Befinden, fragen Sie nach möglichen Problemen sowie Verbesserungsmöglichkeiten und schaffen Sie einen Rahmen, in welchem es erlaubt und passend ist, über das eigene Wohlbefinden und mögliche Belastungen zu sprechen. Das kann der wöchentliche Jour fixe, das kurze Check-in am Morgen oder das in unregelmäßigen Abständen bei Bedarf vereinbarte Gespräch sein. Egal in welchem Format, wichtig ist, dass Sie in Kontakt mit Ihren Mitarbeitenden stehen und deutlich machen, dass das Thema Gesundheit und Belastungen genauso wichtig ist, wie die Absprache von Arbeitsaufgaben und Zielen.

Mitarbeiter*innenbefragungen in fast 150 Betrieben zeigen, dass häufig ein Kommunikationsmangel vonseiten der Führungsperson besteht (Zok, 2011). Das heißt, die Mehrheit der Mitarbeitenden wünscht sich mehr Austausch mit ihrer Führungskraft. Suchen Sie also das Gespräch mit Ihren Mitarbeitenden – und das nicht erst, wenn die Mitarbeitenden krank sind. Regelmäßige Gespräche mit allen Mitarbeitenden können präventiv wirken: So können Sie frühzeitig erkennen, wenn ein Mitarbeiter oder eine Mitarbeiterin an die Belastungsgrenze stößt und dann direkt aktiv werden. Damit können Zuspitzungen von gesundheitlichen Beschwerden vermieden und (lange) Ausfallzeiten verhindert werden. Wenn Sie Gespräche mit allen Mitarbeitenden führen, sorgt dies außerdem dafür, dass sich die Mitarbeitenden gerecht behandelt fühlen und ein Gespräch mit Ihnen „normal" ist und kein Indikator dafür, dass „etwas schiefläuft". So vermeiden Sie es, dass kranke Mitarbeitende durch ein Gespräch bei Ihnen bloßgestellt werden und bieten auch den gesunden Mitarbeitenden die Chance, Verbesserungsmöglichkeiten einzubringen und sich mit Ihnen auszutauschen.

Regelmäßige Gespräche mit allen Mitarbeitenden sind wichtig

Mitarbeiter*innengespräche zur Gesundheit führen

Häufig höre ich an dieser Stelle die Frage von Führungskräften: „Aber wie soll ich mit Mitarbeitenden über deren Gesundheit reden?" Vor allem, wenn Führungskräfte Stresssignale und Überlastungsanzeichen bei ihren Mitarbeitenden wahrnehmen, wissen sie häufig nicht, wie sie diese mit ihren Mitarbeitenden besprechen können. Ziel eines solchen Gesprächs sollte in erster Linie sein, Fürsorge zu signalisieren. Zeigen Sie den Mitarbeitenden, dass Sie an seinem*ihrem Wohlergehen interessiert sind und sich kümmern. Haben Sie Veränderungen bei einem Mitarbeitenden wahrgenommen, die auf eine Überlastung hindeuten (siehe Überlastungsanzeichen, Tabelle 5 auf S. 125), dann teilen Sie empathisch Ihre Beobachtung mit und bieten Sie Unterstützung an. Es sollte in solch einem Gespräch nicht darum gehen, die Ursache der Überlastung zu ermitteln oder eine Sofortlösung zu finden. Solch ein Gespräch kann immer nur ein Angebot von Ihrer Seite aus sein. Mitarbeitende müssen weder mit Ihnen über ihre Überlastung reden noch eine Diagnose nennen, wenn sie krank sind. Vielmehr geht es darum, ein authentisches Interesse für die Gründe der Veränderung und die eventuelle Abwesenheit zu zeigen und nach möglichen Unterstützungs- und Verbesserungsmöglichkeiten zu fragen.

Ziel ist es, Fürsorge zu signalisieren

Was sollten Sie bei solch einem Gespräch beachten? Im Folgenden sind verschiedene Gesprächstechniken und Gesprächsbausteine aufgelistet, die Sie in den Gesprächen mit Ihren Mitarbeitenden verwenden können (weitere Informationen finden Sie auch im Kasten „Leitfaden zum Vorgehen bei belasteten Mitarbeitenden" auf S. 135 und bei Häfner et al., 2019, oder Matyssek, 2011):

Gesprächstechniken für Mitarbeiter*innengespräche

- Senden Sie grundsätzlich *„Ich-Botschaften"*: Sätze wie „Ich mache mir Sorgen" oder „Mir ist aufgefallen ..." sind besser als „Sie haben doch ein Problem". Du-Botschaften, wie die zuletzt genannte Formulierung, werden häufig vom Gegenüber als Vorwurf empfunden.

- Zeigen Sie *Respekt und Wertschätzung:* Fragen Sie nach und zeigen Sie ehrliches Interesse und Verständnis für die Situation der*des Mitarbeitenden, aber ohne Druck auszuüben, dass der*die Mitarbeitende Ihnen alles erzählen muss. „Sie müssen mit mir nicht darüber sprechen" ist besser als „Erzählen Sie doch mal was über Ihre Situation".
- Bieten Sie *Unterstützung* an, sofern möglich, oder zeigen Sie *Unterstützungsangebote* auf. „Lassen Sie mich wissen, wenn Sie Hilfe brauchen" oder „Es gibt dieses und jenes Unterstützungsprogramm für Mitarbeitende" ist besser als „Ich glaube, eine Beratung könnte Ihnen helfen".
- Gerne können Sie der*dem Mitarbeitenden auch *Informationsmaterial* mitgeben, wie zum Beispiel eine Broschüre über die möglichen Gesundheitsangebote in Ihrer Firma. Dies können Mitarbeitende später noch einmal zur Hand nehmen und sich so in Ruhe entscheiden.
- Vereinbaren Sie ein *Folgegespräch,* in welchem Sie die Entwicklung mit dem*der Mitarbeitenden besprechen. Damit unterstreichen Sie die Ernsthaftigkeit Ihres Anliegens. Gerade wenn die Überlastung oder Krankheit der*des Mitarbeitenden auch die Arbeitserledigung und andere Teammitglieder tangiert, ist es wichtig, dies anzusprechen und Grenzen aufzuzeigen. Drücken Sie Ihre Erwartung aus, indem Sie zum Beispiel sagen: „Ich muss die Arbeitsverteilung planen können, und das fällt mir schwer, wenn Sie oft krank sind. Deswegen erwarte ich ..."
- Sie dürfen an dieser Stelle *auch eigene Empfindungen, wie Ärger und Sorge, zeigen.* Sie müssen nicht schauspielern, sondern mit einer transparenten und authentischen Vorgehensweise sind Sie wiederum Vorbild für die Mitarbeitenden. Wichtig bei der Äußerung von Gefühlen ist, dass Sie diese in Ich-Form äußern, zum Beispiel: „Es ist für mich ärgerlich, wenn ich immer wieder die Dienstpläne umändern muss, vor allem wenn die Information so kurzfristig kommt ..." oder: „Ich mache mir Sorgen, wenn ..."
- Bei Einwänden der Mitarbeitenden *wiederholen* Sie Ihre Botschaften! Das ist oft wirkungsvoller (und weniger anstrengend für Sie), als immer neue Argumente zu suchen.
- Beachten Sie die *VW-Regel* (Prior, 2015): Anstatt Vorwürfe zu machen, formulieren Sie Wünsche. Sie können zum Beispiel sagen: „Ich wünsche mir, dass Sie mich rechtzeitig über Ihre Abwesenheit/Krankheit informieren, damit ich besser planen kann", anstatt zu sagen: „Immer geben Sie mir zu spät Bescheid, dass Sie nicht arbeiten können".
- *Verzichten Sie auf Generalisierungen* wie „immer" oder „nie". Stattdessen beziehen Sie sich auf konkrete Situationen, zum Beispiel: „Letzte Woche haben Sie mich erst im Verlauf des Dienstagvormittags informiert, dass Sie an diesem Tag nicht zur Arbeit kommen können ..."
- Halten Sie *Blickkontakt* mit der*dem Mitarbeitenden. So wirken Sie selbstbewusster und können Ihrer Botschaft mehr Nachdruck verleihen.
- Sorgen Sie für eine *ruhige, entspannte Atmosphäre* und führen Sie wichtige Gespräche nicht „zwischen Tür und Angel".

Einen Leitfaden, wie Sie bei be- und überlasteten Mitarbeitenden vorgehen können, finden Sie im Kasten. Weitere Informationen und Anregungen, wie Sie mit Krankheiten im Team und insbesondere psychischen Erkrankungen von Mitarbeitenden umgehen können, finden Sie beispielsweise bei Häfner et al. (2019), Mätschke et al. (2019) und Riechert (2015).

Leitfaden zum Vorgehen bei belasteten Mitarbeitenden

Im Folgenden finden Sie Hilfestellungen, wie Sie bei be- und überlasteten Mitarbeitenden vorgehen und ein Gespräch mit den Mitarbeitenden vorbereiten und durchführen können (angelehnt an Matyssek, 2003, siehe auch Häfner et al., 2019).

1. Zunächst ist es erforderlich, dass Sie die Stresssignale Ihrer Mitarbeitenden wahrnehmen und richtig interpretieren. Eine mögliche Überlastung erkennt man meist an auffälligen Verhaltensveränderungen, zum Beispiel ehemals leistungsorientierte und gewissenhafte Mitarbeitende zeigen einen Leistungsrückgang, Unpünktlichkeit oder Unzuverlässigkeit. Wenn Sie mehrere dieser Veränderungen wahrnehmen (siehe auch die Checkliste in Tabelle 5 auf S. 125), dann sollten Sie als Führungskraft aktiv werden und das Gespräch mit dem*der Mitarbeitenden suchen. Bereiten Sie sich vorab auf das Gespräch vor und finden Sie einen geeigneten Moment für solch ein Gespräch.

2. Sprechen Sie die*den Mitarbeitende*n an, beschreiben Sie wertfrei, welche Veränderungen Ihnen aufgefallen sind (nennen Sie dabei keine Diagnosen o. Ä. wie „Ich glaube, Sie sind depressiv ...“), und signalisieren Sie Ihre Fürsorge: „Ich habe eine Veränderung bei Ihnen wahrgenommen ... und ich mache mir Sorgen und möchte Sie gerne unterstützen ...“ Bieten Sie das Gespräch an, aber setzen Sie die*den Mitarbeitende*n nicht unter Druck, Ihnen etwas erzählen zu müssen: „Sie können mit mir darüber sprechen, wenn Sie möchten, müssen Sie aber nicht ...“

3. Bieten Sie Unterstützung und Entlastung an, zum Beispiel indem Sie die Arbeitsbelastung temporär reduzieren. Fragen Sie die*den Mitarbeitende*n selbst nach Verbesserungs- und Unterstützungsmöglichkeiten, die er*sie brauchen kann: „Was benötigen Sie, um bei der Arbeit gesund und leistungsfähig zu bleiben?“ Formulieren Sie offene, anstatt geschlossene Fragen (also nicht „Brauchen Sie Hilfe?“). So vermeiden Sie, dass Mitarbeitende aus Sorge, nicht leistungsfähig zu erscheinen, einfach mit „Nein“ antworten und bieten den Mitarbeitenden die Möglichkeit, eigene Lösungsvorschläge einzubringen, welche meist passender für die jeweilige Person sind als die von anderen Personen vorgeschlagenen Ideen und daher auch eher umgesetzt werden. Häufig sind belastete Menschen jedoch in ihren Problemen gefangen, sodass ihnen selbst keine Lösungsmöglichkeiten einfallen. Dann können Sie Vorschläge machen und die*den Mitarbeitende*n entscheiden lassen. Bei Beratungsangeboten o. Ä. geben Sie dem*der Mitarbeitenden Informationsmaterial mit, sodass sie*er zu Hause nachlesen kann, was es für Angebote gibt. Geben Sie die Möglichkeit, in Ruhe darüber nachzudenken und machen Sie keinen Druck, sofort eine Entscheidung treffen zu müssen.

4. Machen Sie die Priorität von Gesundheit deutlich: Betonen Sie, dass Gesundwerden das oberste Ziel ist.

5. Planen Sie konkrete nächste Schritte (z. B. temporäre Entlastung) und/oder vereinbaren Sie ein weiteres Gespräch: „Ich möchte mich gerne in zwei bis drei Wochen noch einmal mit Ihnen treffen, um zu prüfen, ob die Maßnahmen, die wir heute vereinbart haben, Sie entlasten und es Ihnen wieder besser geht. Was schlagen Sie vor, für wann sollen wir ein nächstes Gespräch vereinbaren?"

Individuell auf Wünsche und Bedürfnisse der Mitarbeitenden eingehen

Wichtig ist auch, dass Sie *individuell auf die Mitarbeitenden eingehen*. Jeder Mensch hat andere Bedürfnisse, Belastungsgrenzen und Erwartungen hinsichtlich einer gesundheitsförderlichen Unterstützung. Während der Mitarbeiter mit Kindern vielleicht lieber früher mit der Arbeit anfangen würde, um nachmittags Zeit mit seinen Kindern zu verbringen, wünscht sich die Kollegin mit Familie und Freunden in einer anderen Stadt die Möglichkeit des flexiblen Arbeitens auch von zu Hause oder anderen Orten aus, sodass sie nicht nur vom Büro aus arbeiten muss. Solche Bedürfnisse erfahren Sie nur, wenn Sie in den Austausch mit Ihren Mitarbeitenden gehen. Die Forschung zeigt, dass gesundheitsförderliche Führung vor allem dann wirkt, wenn sie von Mitarbeitenden erwartet und gewünscht wird (A. J. Kaluza et al., 2021; siehe Abschnitt 3.1). Deswegen sprechen Sie über die Ideen, Wünsche und Bedürfnisse der Mitarbeitenden diesbezüglich. Inwieweit wollen diese gesundheitsförderlich unterstützt werden? Wo sind Grenzen? Diese Fragen können Sie gut im jährlichen Mitarbeiter*innengespräch besprechen oder Sie setzen dafür ein zusätzliches Meeting an, in welchem es nur um die Gesundheit und das Wohlbefinden der Mitarbeitenden geht – verdient hätte dieses Thema solch eine große Aufmerksamkeit!

Der Austausch mit anwesenden und abwesenden Mitarbeitenden ist wichtig

Sich um die Gesundheit der Mitarbeitenden zu kümmern, bedeutet nicht nur, dass Sie mit den anwesenden Mitarbeitenden regelmäßig Gespräche führen, sondern dass Sie auch den Kontakt zu Mitarbeitenden halten, die länger krank sind. Zum Beispiel können Sie sich mit einer Karte oder in einer E-Mail nach dem Befinden erkundigen. Häfner und Kollegen (2019) unterscheiden Krankenrückkehrgespräche mit Mitarbeitenden, die längere Zeit krank waren (mind. zwei Wochen), und Fürsorgegespräche bei Mitarbeitenden mit häufigen kurzen Fehlzeiten. Matyssek (2009, 2010) schlägt vor, die nach (längeren) Krankheitsphasen üblichen „Rückkehrgespräche" lieber *„Willkommensgespräche"* zu nennen und diese nicht nur nach (längeren) Krankheiten, sondern auch nach anderen (längeren) Abwesenheiten, wie Urlaub, Fortbildungen oder Seminaren, anzubieten: Führen Sie Willkommensgespräche mit jedem Mitarbeitenden nach jeder Abwesenheit. Damit signalisieren Sie als Führungskraft: „Ich habe gemerkt, dass Sie (länger) nicht da waren und ich möchte, dass Sie sich hier wieder willkommen fühlen." Zum Beispiel können Sie die Mitarbeitenden in dem Gespräch über aktuelle Geschehnisse informieren: „Schön, dass Sie wieder da sind. In der Zwischenzeit ist folgendes passiert ..." Bei krankheitsbedingen Abwesenheiten können Sie zusätzlich erfragen, ob jetzt weitere Maßnahmen, wie beispielsweise Schonung, Anpassung von Arbeitsabläufen etc., nötig sind. Auch können Sie sich nach möglichen arbeitsbedingten Ursachen erkundigen (ohne auf die Diagnose zu drängen – diese muss der*die Mitarbeitende Ihnen nicht mitteilen) und Verbesserungsmöglichkeiten erfragen. So können Sie vor allem nach längeren Abwesenheiten den Wiedereinstieg erleichtern und dafür sorgen, dass der*die Mitarbeiter*in wieder gut integriert wird und sich wertgeschätzt fühlt.

2: Stressoren abbauen und Ressourcen der Mitarbeitenden fördern

Erinnern Sie sich noch an das Arbeitsanforderungen-Arbeitsressourcen-Modell aus dem Theoriekapitel (siehe Abschnitt 2.1.7)? Zusammengefasst kann laut diesem Modell das Mitarbeiter*innenwohlbefinden zum einen durch eine Reduktion der Arbeitsanforderungen und zum anderen durch eine Stärkung der Arbeitsressourcen verbessert werden. Und hier kommen Sie als Führungskraft ins Spiel: Sie können (zum Teil) die *Belastungen und Stressoren Ihrer Mitarbeitenden abbauen,* zum Beispiel können Sie dafür sorgen, dass Konflikte gelöst oder ständige Unterbrechungen bei der Arbeit reduziert werden. Auch bei organisatorischen Punkten (z. B. Aufgabenverteilung, Ablaufplan etc.) oder den fachlichen Kompetenzen (ausreichend Fachwissen durch regelmäßige Fortbildungen oder kollegialen Austausch) können Sie ansetzen und dafür sorgen, dass die Belastungen Ihrer Mitarbeitenden gering bleiben oder reduziert werden. Fragen Sie doch einmal Ihre Mitarbeitenden, was äußere Belastungen und Anforderungen sind. Und überlegen Sie dann gemeinsam, wie diese verändert und so weit wie möglich verringert oder ganz abgebaut werden können. Natürlich können Sie Ihren Mitarbeitenden kein belastungsfreies Arbeitsleben bescheren, aber Sie können zumindest dafür sorgen, dass (unnötige) Anforderungen reduziert und damit der Entstehung von Stress vorgebeugt wird.

> **Mit Mitarbeitenden veränderbare Belastungen identifizieren**

Vielleicht denken Sie jetzt: „Aber an den meisten Belastungen kann ich ja gar nichts ändern?!?" Strenge Vorgaben der Geschäftsführung, strukturelle Probleme oder zu wenig Personal – häufig ist es gar nicht so einfach, die Belastungen am Arbeitsplatz zu reduzieren. Auch wenn viele Belastungen nicht durch Sie beeinflussbar sind, können Sie eines tun: *an den Ressourcen ansetzen.* Zur Erinnerung: Ressource ist ein Oberbegriff für all das, was einem guttut und Kraft und Energie gibt. Zum Beispiel können Sie die Handlungs- und Entscheidungsspielräume Ihrer Mitarbeitenden erweitern und sie beispielsweise selbst entscheiden lassen, wann und wie sie eine Arbeitsaufgabe erledigen. Das kann zum einen das Mitarbeiter*innenwohlbefinden direkt positiv beeinflussen. Und zum anderen haben Ressourcen auch eine Pufferwirkung (siehe auch Abschnitt 2.1.7): Ressourcen können den negativen Einfluss von Anforderungen und Stressoren abmildern und somit indirekt das Wohlbefinden verbessern. Das ist vor allem bei der Ressource Unterstützung leicht nachvollziehbar: Haben wir hohe Belastungen und werden von unseren Kolleg*innen und Führungskräften gut unterstützt, können wir häufig besser mit diesen Anforderungen umgehen, als wenn wir sie allein meistern müssen. Dabei muss es nicht immer die direkte Unterstützung bei der Erledigung der Aufgabe sein (was *instrumentelle Unterstützung* genannt wird), sondern häufig ist die *emotionale Unterstützung* ebenso wichtig. Beispielsweise wenn uns andere Kolleg*innen aufmuntern oder Sie als Führungskraft Ihren Mitarbeitenden verdeutlichen, dass Sie hinter ihnen stehen. Wissenschaftliche Studien zeigen, dass dabei vor allem das Gefühl, Unterstützung bekommen zu können, wenn man sie bräuchte, wichtiger ist als die tatsächlich erhaltene Unterstützung (z. B. Wethington & Kessler, 1986).

> **Ressourcen der Mitarbeiter*innen stärken**

> **Verschiedene Arten der Unterstützung**

Was bedeutet das also für Sie als Führungskraft? Auch wenn Sie die Belastungen Ihrer Mitarbeitenden momentan nicht direkt reduzieren können (zum Beispiel, weil derzeit eine stressige Phase im gesamten Projekt ansteht), können Sie trotzdem etwas für das Wohlbefinden Ihrer Mitarbeitenden tun, indem Sie deren Ressourcen stärken. Beispielsweise können Sie die *anstrengende Arbeitssituation anerkennen und die Arbeit der Mitarbeitenden wertschätzen*. Loben Sie Ihre Mitarbeitenden für ihre wertvolle Arbeit! Keine Sorge, dies erfordert keinen besonderen Rahmen, sondern ein einfaches „Gute Arbeit geleistet!" reicht aus. Außerdem können Sie Ihren Mitarbeitenden signalisieren, dass Sie als Ansprechpartner*in verfügbar sind, also emotionale Unterstützung anbieten. Auch können Sie das gemeinsame Ziel herausarbeiten und warum diese Aufgabe wichtig ist. Dies kann nicht nur die Motivation der Mitarbeitenden stärken, sondern auch die Identifikation erhöhen (was wiederum positiv für das Wohlbefinden ist, wie die Identifikationsforschung zeigt, z. B. Steffens et al., 2017).

Gesundheits-
förderliche
Gestaltung
der Arbeits-
bedingungen und
-organisation

Zudem sollten Sie auch auf eine *gesundheitsförderliche Arbeitsplatzgestaltung* achten. Dazu zählen zum Beispiel eine ergonomische Einrichtung des Arbeitsplatzes oder die Verfügbarkeit von Wasserspendern. An dieser Stelle fällt den meisten der höhenverstellbare Schreibtisch ein – eine gute Möglichkeit, da Stehen im ansonsten überwiegend sitzenden Büroalltag für etwas Abwechslung sorgen kann. Dies reicht natürlich nicht aus, um gesund zu arbeiten, ist aber dennoch wichtig. Bei der Arbeitsplatzgestaltung ist auch die gute technische Ausstattung relevant – eine nicht funktionierende Technik ist nicht nur störend, sondern kann auch immens stressen. Ebenso können Sie bei der *Arbeitsorganisation* ansetzen und beispielsweise für ein ungestörtes Arbeiten sorgen oder die Arbeitsaufgaben priorisieren. Sicherlich fallen Ihnen noch andere Möglichkeiten ein, wie Sie die Arbeitsbedingungen und -organisation gesundheitsförderlich gestalten können. Beziehen Sie auch Ihre Mitarbeitenden mit ein und fragen Sie nach deren Wünschen und Verbesserungsvorschlägen!

Daneben können Sie die *Arbeitszeiten gesundheitsförderlich gestalten:* Achten Sie darauf, dass die Mitarbeitenden Pausen einhalten, ihren Urlaub für Erholung nutzen und Überstunden vermieden werden. Wenn möglich, bieten Sie Ihren Mitarbeitenden

Gleitzeit an, sodass diese selbst entscheiden können, wann Sie am besten arbeiten können (und wollen). Unsere Leistungsfähigkeit und unser Befinden verändern sich im Tagesverlauf und jeder Mensch hat unterschiedliche Zeiten, wann er oder sie am produktivsten ist. Der eine kann sich vormittags am besten konzentrieren und ist in dieser Zeit gut darin, komplexe Probleme zu lösen, während ein anderer erst nachmittags zur Höchstform aufläuft und dann abends seine kreative Phase hat. Wenn Sie den Mitarbeitenden die Flexibilität bieten, selbst zu entscheiden, wann und wie sie ihre Arbeitsaufgaben erledigen möchten, kann dies nicht nur die Zufriedenheit der Mitarbeitenden erhöhen, sondern auch die Leistung steigern.

Gerade wenn Mitarbeitende ihre Arbeitszeiten flexibel gestalten, und auch von zu Hause arbeiten können, ist das Thema *Erreichbarkeit* besonders relevant. Nehmen Sie sich als Führungskraft diesem Thema aktiv an und legen Sie Maßnahmen bezüglich der Erreichbarkeit fest oder erarbeiten sie gemeinsam mit Ihrem Team: Wie wollen wir füreinander erreichbar sein? Wann ist eine Erreichbarkeit zwingend notwendig und wann sind festgelegte Zeiten der Nicht-Erreichbarkeit? Wie handhaben Sie Anrufe und E-Mails außerhalb der normalen Arbeitszeiten? Diese und andere Fragen können Sie mit Ihren Mitarbeitenden besprechen und so Regeln für einen gesundheitsförderlichen Umgang erarbeiten (siehe nachfolgenden Kasten).

Erreichbarkeit

Gerade Führungskräften fällt es oft schwer, abzuschalten und nicht erreichbar zu sein. Mal eben am Wochenende auf das Diensthandy schauen oder nur noch einmal kurz vor dem Zubettgehen die Arbeits-E-Mails checken – auch wenn wir denken, dass dies nur kurz dauert, aktivieren wir damit immer unser „Arbeitsgehirn" und beschäftigen uns (bewusst oder unbewusst) mit Arbeitsthemen, auch wenn wir uns eigentlich gerade erholen, mit der Familie einen entspannten Sonntagnachmittag verbringen oder mit den Freunden feiern wollten. Wie gehen Sie mit Ihrer Erreichbarkeit um? Überlegen Sie gerne einmal für sich, wann Sie nicht erreichbar sein wollen (und dann auch wirklich das Diensthandy abschalten und den Computer auslassen) und wann es für Sie in Ordnung ist, sich auch in Ihrer Freizeit mit Arbeitsthemen auseinanderzusetzen.

Daneben ist die *Vereinbarkeit der Arbeit mit dem Familien- und Privatleben* ein wichtiges Thema, das Sie als Führungskraft beachten sollten. Wenn Mitarbeitende über ihre Arbeitszeiten selbst entscheiden können, kann dies die Zufriedenheit mit der Work-Life-Balance verbessern und so positiv das Wohlbefinden beeinflussen (z. B. Costa et al., 2006). Auch die Möglichkeit, von zu Hause zu arbeiten, kann dazu beitragen, die Arbeitstätigkeit besser mit privaten Anforderungen zu vereinbaren. Aber hier besteht auch die Gefahr, dass die Grenzen zwischen Arbeits- und Privatleben verwischen, Mitarbeitende sich durch den reduzierten Kontakt mit Kolleg*innen sozial isoliert fühlen, Schwierigkeiten haben, abends von der Arbeit abzuschalten oder durch andere Dinge zu Hause (z. B. Kinder) abgelenkt sind. Genauso wie das Arbeiten im Homeoffice Vor- und Nachteile haben kann und diese Kriterien für jeden anders aussehen, existieren auch unterschiedliche Bedürfnisse bezüglich der Grenzsetzung zwischen Arbeit und Privatleben. Die sogenannten *Segmentierer* möchten die Arbeit und das Privatleben lieber trennen, während die *Integrierer* eine Vermischung von Arbeits- und Privatrollen positiv empfinden (Ashforth et al., 2000; siehe Kasten). Eine Herausforderung beim Homeoffice ist, dass die Segmentierung von Arbeits- und Privatrolle schwieriger wird, da beides am gleichen Platz stattfindet. Nehmen Sie diese Themen als Führungskraft ernst und besprechen Sie sie mit Ihren Mitarbeitenden.

Homeoffice als Möglichkeit, die Work-Life-Balance zu verbessern

Unterschiedliche Präferenzen in der Grenzsetzung zwischen Arbeit und Privatleben

Segmentieren vs. Integrieren: Wie möchten Sie Arbeits- und Privatleben verbinden bzw. trennen, vor allem bei der Arbeit im Homeoffice?

Personen unterscheiden sich in ihrer Präferenz, inwieweit sie verschiedene Bereiche ihres Lebens trennen bzw. miteinander verbinden möchten. In der Arbeits- und Organisationspsychologie wird zwischen Segmentierern und Integrierern unterschieden. Segmentierer wünschen sich eine klare Trennung ihrer Arbeitsrolle von ihrer Privatrolle, während Integrierer es eher begrüßen und auch eher davon profitieren, wenn sich Arbeits- und Privatleben vermischen.

Eine Herausforderung bei der Arbeit im Homeoffice ist, dass die Segmentierung von Dienstlichem und Außerdienstlichem schwieriger wird, da beides am gleichen

Platz stattfindet. Was kann Segmentierern im Homeoffice helfen, den Abstand zwischen Arbeit und Privatem zu wahren? Sie können zum Beispiel das Pendeln simulieren, indem Sie morgens einen kleinen Spaziergang machen oder den Arbeitstag mit einem Ritual beginnen und beenden (z. B. Arbeitskleidung an- und ausziehen) oder auch die Arbeits- und private Technologie trennen (z. B. den Arbeitslaptop nach dem Arbeitstag so verstauen, dass er nicht mehr sichtbar ist). Auch wenn Integrierer die Vermischung von Privat- und Arbeitsleben als positiv erleben, benötigen sie ebenfalls Grenzen. Diese Personen können sich zum Beispiel eigene Regeln überlegen, wie viel Arbeit nach Feierabend und am Wochenende in Ordnung ist (beispielsweise nach 21 Uhr nicht mehr auf das Arbeitshandy schauen) und das auch an Kolleg*innen und Familie sowie Freunde kommunizieren.

Das gesund-
heitsorientierte
Selbstmana-
gement der
Mitarbeitenden
stärken

Zudem können Sie *Mitarbeitende motivieren, selbst etwas für ihre Gesundheit zu tun*. Zum Beispiel können Sie Mitarbeitende auf Angebote des betrieblichen Gesundheitsmanagements hinweisen und eine Teilnahme erleichtern, indem sie diese während der Arbeitszeit erlauben. Bewegung in Ihrem Team können Sie fördern, indem Sie beispielsweise nach gemeinsamen Besprechungen oder in Pausen zu einem Spaziergang aufrufen. Vielleicht trinken Ihre Mitarbeitende mehr, wenn Sie Ihnen zu Weihnachten eine hübsche Wasserflasche oder Glaskaraffe schenken? Oder Sie verschenken zum Geburtstag Gutscheine für Biosupermärkte oder ein gesundes Restaurant in der Nähe.

In Tabelle 7 finden Sie eine Checkliste mit verschiedenen Aspekten einer gesundheitsförderlichen Führung. Natürlich sind diese Checkliste und die oben beschriebenen Punkte nicht erschöpfend, es ließen sich sicherlich noch eine Reihe weiterer Dinge finden, die Sie als Führungskraft tun können, um Ihre Mitarbeitenden gesundheitsförderlich zu unterstützen. Werden Sie gerne kreativ, beziehen Sie Ihre Mitarbeitenden ein und fragen diese nach weiteren Ideen oder lassen Sie sich von anderen Führungskräften inspirieren – alles, was Ihnen und Ihren Mitarbeitenden guttut, ist erlaubt und richtig!

Tabelle 7:   Checkliste gesundheitsförderliche Führung (angelehnt an A.J. Kaluza et al., 2023 sowie von Rooy, 2021)

Inwiefern setzen Sie die folgenden Aspekte als Führungskraft um?	1 setze ich gar nicht um	2	3	4	5 setze ich voll und ganz um
1. Auf den Gesundheitszustand und die Erholung der Mitarbeitenden achten					
Ich achte auf Überlastungsanzeichen und gesundheitliche Warnsignale meiner Mitarbeitenden.	1	2	3	4	5
Ich achte darauf, dass meine Mitarbeitenden rechtzeitig Pausen machen und sich nach stressigen Phasen wieder erholen können.	1	2	3	4	5

Tabelle 7:   Fortsetzung

Inwiefern setzen Sie die folgenden Aspekte als Führungskraft um?	1 setze ich gar nicht um	2	3	4	5 setze ich voll und ganz um
Ich erkundige mich regelmäßig nach dem Befinden und dem Belastungsstand meiner Mitarbeitenden.	1	2	3	4	5
2. Die Wichtigkeit von Gesundheit leben und den Mitarbeitenden signalisieren					
Ich fühle mich verantwortlich, auf die Gesundheit meiner Mitarbeitenden zu achten.	1	2	3	4	5
Es ist mir wichtig, dass Maßnahmen der betrieblichen Gesundheitsförderung in unserer Abteilung durchgeführt werden, und ich achte auf deren Umsetzung.	1	2	3	4	5
Ich kommuniziere die Relevanz von Gesundheit und Erholungszeiten in meinem Team.	1	2	3	4	5
3. Vorbildfunktion für gesundheitsförderliches Arbeiten					
Ich versuche, meinen Mitarbeitenden in puncto Gesundheit ein gutes Vorbild zu sein, z.B. indem ich nicht krank arbeite.	1	2	3	4	5
Ich versuche, eine gesundheitsförderliche Gestaltung der Arbeit vorzuleben, z.B. die Pausen nicht vor dem Bildschirm zu verbringen.	1	2	3	4	5
Ich möchte meinen Mitarbeitenden ein Vorbild bzgl. der Kommunikation über gesundheitliche Themen sein und rede offen über meine eigenen Belastungen.	1	2	3	4	5
4. Ein positives Gesundheitsklima prägen					
Ich sorge durch die Förderung eines positiven Umgangs untereinander für eine vertrauensvolle und gesundheitsförderliche Atmosphäre bei uns im Team.	1	2	3	4	5
Ich sorge bei uns im Team für eine offene und ehrliche Kommunikation gesundheitsbezogener Themen und dafür, dass Über- und Belastungen keine Tabuthemen sind.	1	2	3	4	5
Ich etabliere gemeinsam mit meinen Mitarbeitenden Routinen für ein gesundes Arbeiten, wie zum Beispiel regelmäßig einen gemeinsamen Spaziergang in der Mittagspause.	1	2	3	4	5
5. Individueller Austausch und Förderung der Mitarbeiter*innengesundheit					
Ich gehe individuell auf meine Mitarbeitenden ein und berücksichtige ihre persönlichen Bedürfnisse und Belastungsgrenzen (z.B. private Besonderheiten).	1	2	3	4	5

Tabelle 7:   Fortsetzung

Inwiefern setzen Sie die folgenden Aspekte als Führungskraft um?	1 setze ich gar nicht um	2	3	4	5 setze ich voll und ganz um
Ich signalisiere meinen Mitarbeitenden, dass sie mich ansprechen können bei gesundheitlichen Fragen und Problemen und nehme mir ausreichend Zeit, um individuell mit ihnen über gesundheitliche Themen zu sprechen.	1	2	3	4	5
Ich ermögliche Mitarbeitenden eine flexible, individuelle Gestaltung der Arbeitsaufgabe (z.B. Anpassung einer Arbeitsaufgabe), der Arbeitszeit (z.B. Zeitpuffer, eigenständige Einteilung der Arbeitszeit) oder des Arbeitsortes (z.B. im Büro, zu Hause oder an einem anderen Ort).	1	2	3	4	5
6. Gesundheitsförderliche Gestaltung der Arbeitsbedingungen und -organisation					
Ich sorge für gesundheitsförderliche Arbeitsbedingungen, zum Beispiel bzgl. der Ausstattung (ergonomische Arbeitsausstattung, gute technische Ausstattung etc.).	1	2	3	4	5
Ich sorge für eine gesundheitsförderliche Arbeitsorganisation, zum Beispiel durch die Kommunikation von Verantwortlichkeiten und klarer Aufgaben und Ziele, oder indem ich ein zu bewältigendes, nicht überlastendes Arbeitspensum sicherstelle.	1	2	3	4	5
Ich sorge durch flexible Rahmenbedingungen (z.B. Flexibilität der Arbeitszeit, Anpassung einer Aufgabe, Zeitpuffer) für eine stressfreie Arbeitsgestaltung.	1	2	3	4	5
7. Gesundheitsförderliche Arbeitszeitgestaltung					
Ich sorge für eine flexible Arbeitszeitgestaltung (z.B. Gleitzeiten), sodass die unterschiedlichen Bedürfnisse der Mitarbeitenden beachtet werden.	1	2	3	4	5
Ich sorge dafür, dass Erholungs- und Regenerationszeiten eingehalten werden (z.B. Beachtung von Pausen/Feierabend/Wochenende).	1	2	3	4	5
Ich lege Maßnahmen bzgl. der Erreichbarkeit fest oder erarbeite sie im Team (z.B. festgelegte Zeiten der Nicht-Erreichbarkeit, Regeln für den E-Mail-Verkehr).	1	2	3	4	5
8. Work-Life-Balance und Homeoffice					
Ich motiviere meine Mitarbeitenden, für ein ausgewogenes Verhältnis zwischen Arbeit und Privatleben zu sorgen (z.B. Beachtung von Feierabend/Wochenende/Urlaub).	1	2	3	4	5

Tabelle 7:   Fortsetzung

Inwiefern setzen Sie die folgenden Aspekte als Führungskraft um?	1 setze ich gar nicht um	2	3	4	5 setze ich voll und ganz um
Ich weise meine Mitarbeitenden auf Möglichkeiten der Grenzsetzung zwischen Arbeit und Privatleben hin, vor allem im Homeoffice (z. B. zeitliche/räumliche Trennung).	1	2	3	4	5
Ich bespreche mit meinen Mitarbeitenden die Herausforderungen im Homeoffice und wie sie damit umgehen können.	1	2	3	4	5
9. Mitarbeitende mit einbeziehen und ihr gesundheitsorientiertes Selbstmanagement stärken (z. B. durch Maßnahmen der betrieblichen Gesundheitsförderung)					
Ich beziehe bei Fragen, wie wir gesundheitsbezogene Themen bei uns im Team umsetzen wollen, die Mitarbeitenden mit ein.	1	2	3	4	5
Ich motiviere meine Mitarbeitenden, bei Krankheit nicht zu arbeiten, sondern sich auszukurieren.	1	2	3	4	5
Ich motiviere die Mitarbeitenden, Angebote der (betrieblichen) Gesundheitsförderung wahrzunehmen, z. B. indem ich eine Teilnahme während der Arbeitszeit erlaube.	1	2	3	4	5

3: Grenzen beachten und wahren

Zu gesundheitsförderlicher Führung gehört auch, Grenzen zu wahren – seine eigenen und die der Mitarbeitenden. Mitarbeitende müssen nicht über ihre Probleme, Belastungen und Diagnosen sprechen und sie müssen auch keine Unterstützung annehmen. Das kann für uns als außenstehende Person teilweise sehr unbefriedigend und auch schwer auszuhalten sein, wenn wir merken, dass es einer anderen Person nicht gut geht und wir denken, wir wissen, was ihr helfen könnte. Oder wenn wir unsere Unterstützung anbieten und diese zurückgewiesen wird – wie ein Geschenk, das der Beschenkte nicht haben, ja gar nicht erst auspacken möchte. Hier können Sie als Führungskraft empathisch und ohne Druck Ihr Angebot der Unterstützung wiederholen. Auch können Sie Verständnis äußern und verbalisieren, dass Sie merken, dass es Ihrer Mitarbeiterin oder Ihrem Mitarbeiter schwerfällt, darüber zu sprechen, und dass er oder sie es aber auch nicht muss, Sie aber zur Verfügung stehen, wenn doch das Bedürfnis da wäre. *(Grenzen der Mitarbeitenden respektieren)*

Allerdings sollten Sie auch Ihre eigenen Grenzen respektieren: Sie sind nicht der Psychotherapeut oder die Ärztin Ihrer Mitarbeitenden. Berücksichtigen Sie Ihre Möglichkeiten als Führungskraft und denken Sie an Ihren Selbstschutz und Ihre eigene Selbst- *(Als Führungskraft eigene Grenzen kennen und achten)* fürsorge. An erster Stelle sollte stehen, auf eigene Warnzeichen zu achten (z. B. mit der Checkliste zur Identifikation eigener Stresssignale in Tabelle 3 auf S. 96) und Ihre eigenen Grenzen wahrzunehmen (siehe den nachfolgenden Kasten zum Erkennen eigener Grenzen als Führungskraft und siehe auch Häfner et al., 2019, für weitere Ansatzpunkte, wenn Sie als Führungsperson Probleme von Mitarbeitenden mit nach Hause nehmen). Bei Bedarf können Sie zum Beispiel Ihre Führungskraft miteinbeziehen oder sich kollegiale Unterstützung holen. Entlasten Sie sich, indem Sie die Verantwortung für die Mitarbeiter*innengesundheit nicht alleine tragen. Der Austausch mit anderen Kolleg*innen kann den Rücken stärken und entlasten, vor allem wenn man sich als Führungskraft die Frage stellt, ob man alles richtig macht. Sollten Sie merken, dass dies nicht ausreicht, dann ist es wichtig, sich professionelle Unterstützung zu suchen. Viele Unternehmen bieten interne oder externe Unterstützungsmöglichkeiten an, wie zum Beispiel eine externe Mitarbeiter*innenberatung (*employee assistance program*, kurz EAP), welche meist auch Coachings für Führungspersonen beinhaltet. Oder Sie suchen sich privat Unterstützung durch ein Coaching oder eine Beratung (weiterführende Informationen und Adressen finden Sie in Kapitel 5). Unterstützung zu suchen, bedeutet nicht, dass Sie als Führungskraft nicht fähig sind. Im Gegenteil, seien Sie auch diesbezüglich ein Vorbild für Ihre Mitarbeitenden!

Eigene Grenzen als Führungskraft erkennen

Reflexionsfragen
für Führungs-
kräfte zur
Wahrung eigener
Grenzen

Die nachfolgenden Fragen können Ihnen dabei helfen, eigene Grenzen in der Führungsrolle, speziell im Umgang mit be- und überlasteten Mitarbeitenden, zu erkennen (siehe auch Matyssek, 2003):

- Haben Sie das Gefühl am „Limit Ihrer Kräfte" zu sein und fühlen sich massiv erschöpft? Haben Sie mehrere Stresssignale bei sich selbst wahrgenommen (siehe Checkliste in Tabelle 3 auf S. 96), die über mindestens zwei Wochen anhalten?
- Können Sie sich nicht ausreichend von bestimmten Mitarbeitenden oder (Arbeits-)Themen abgrenzen? Reden Sie mehrfach privat (z. B. mit Freunden oder mit dem*der Partner*in) über eine*n Mitarbeitende*n und/oder können wegen der*dem Mitarbeitenden abends und am Wochenende nicht abschalten?
- Grübeln Sie öfter (z. B. an mindestens zwei bis drei Abenden pro Woche über mindestens zwei Wochen) über eine*einen bestimmte*n Mitarbeitende*n oder ein bestimmtes Arbeitsproblem und/oder haben Sie Schwierigkeiten, aufgrund dessen ein- oder durchzuschlafen?
- Haben Sie den Eindruck, sich nicht ausreichend um eine*einen Mitarbeitende*n „gekümmert" zu haben und machen sich Vorwürfe, dass Sie mehr tun sollten?
- Machen Sie sich große Sorgen oder haben Sie sogar Angst um eine*einen Mitarbeitende*n (z. B. aufgrund von Suizidverdacht)?
- Zeigt eine*ein Mitarbeitende*r dauerhaft massive Leistungseinbußen und/oder gesundheitliche Warnsignale und ist auch nach einiger Zeit keine Besserung zu beobachten?
- Fühlen Sie sich von den privaten Informationen, die Ihnen eine*ein Mitarbeitende*r anvertraut, überfordert und merken Sie, dass Ihnen dies zu viel ist/wird?

- Übergehen Sie eigene Bedürfnisse, zum Beispiel lassen Sie Pausen ausfallen, um sich um Arbeitsprobleme zu kümmern und/oder Aufgaben eines*einer bestimmten Mitarbeitenden zu übernehmen?
- Vernachlässigen Sie private „Ausgleichs"-Tätigkeiten, wie zum Beispiel Hobbys, Sport, Zeit mit der Familie oder Treffen mit Freunden?

In diesem Abschnitt haben Sie eine Vielzahl an Möglichkeiten kennengelernt, wie Sie die Gesundheit Ihrer Mitarbeitenden schützen und fördern können. Keine Sorge, Sie müssen diese Punkte nicht alle und auch nicht direkt umsetzen. Suchen Sie sich die Aspekte aus, die für Sie und Ihre Mitarbeitenden passend sind. Und fangen Sie klein an: Überlegen Sie gerne einmal, welchen (kleinen) Punkt möchten Sie in der nächsten Woche umsetzen? Und am Ende der Woche können Sie schauen, wie dies funktioniert hat und was Sie vielleicht noch anders machen möchten.

Wie auch für Ihre eigene Selbstfürsorge finden Sie in Abbildung 20 einen Umsetzungsplan, der Ihnen dabei helfen kann, die Vorhaben auch wirklich in die Tat umzusetzen. Nutzen Sie ihn gerne für Ihren Alltag und passen Sie ihn an Ihre Bedürfnisse an.

Ein Plan zur Unterstützung der Umsetzung

4.3   Wie Führungskräfte das organisationale Gesundheitsklima (mit-)beeinflussen können

Betriebliche Möglichkeiten bilden den Rahmen, damit gesundheitsförderliche Selbst- und Mitarbeiter*innenführung möglich sind. Das heißt, inwieweit Sie die in den Abschnitten 4.1 und 4.2 beschriebenen Punkte umsetzen können, hängt (zum Teil) von den organisationalen Rahmenbedingungen ab. An dieser Stelle werde ich nicht vertieft auf die organisationalen Gegebenheiten eingehen, da dies kein Handbuch für Unternehmen ist (Literatur zu diesem Thema finden Sie u. a. in Kapitel 5). Allerdings können Sie als Führungskraft auch das organisationale Klima hinsichtlich Gesundheit und die Rahmenbedingungen für ein gesundes Arbeiten (mit-)beeinflussen. Wenn Sie sich selbst gesund führen, Ihre Mitarbeitenden vor Überlastung schützen und aktiv Schritte unternehmen, um ein gesundes Arbeiten zu ermöglichen, dann verändert dies bereits Teile des Gesamtsystems und beeinflusst damit das (organisationale) Gesundheitsklima. Wenn Sie im Führungskreis das Führungsleitbild um den Gesundheitsaspekt ergänzen oder konkretisieren, leisten Sie einen positiven Beitrag für eine Gesundheitskultur in Ihrem Unternehmen (Bernatzeder, 2018).

Zudem können Sie auch aktiv *Unterstützung vonseiten des Unternehmens einfordern.* Besprechen Sie mit Ihrem*Ihrer Vorgesetzten, dass Sie Unterstützung brauchen und welche Form der Unterstützung Sie sich wünschen. Nur wenn Sie sagen, was Sie brauchen, kann Ihnen Ihr Unternehmen die entsprechende Unterstützung geben. Vielleicht fragen Sie sich jetzt, wie Sie das Thema ansprechen können? Am besten suchen Sie das persönliche Vier-Augen-Gespräch mit Ihrem*Ihrer Vorgesetzten, schildern ihr oder ihm Ihre Situation und beschreiben, was Sie sich von ihr oder ihm bzw. Ihrem Unternehmen wünschen. Wenn Sie Argumente benötigen, um Ihre Wünsche und Forderungen zu

Wünsche und Bedürfnisse gegenüber Vorgesetzten und der Unternehmensleitung äußern

---

Umsetzungsplan für gesunde Führung

Was möchten Sie umsetzen oder verändern?

Ich möchte mich regelmäßig nach dem Befinden meiner Mitarbeitenden erkundigen und sie nach Belastungen und Verbesserungsmöglichkeiten fragen.

Welche Maßnahmen werden Sie ergreifen? | **Wann? Mit wem?**

- kurzes Check-in jeden Morgen mit den Mitarbeitenden, die anwesend sind (Befindensabfrage) — *jeden Morgen, anwesende Mitarbeitende*

- regelmäßige persönliche Gespräche mit allen Mitarbeitenden bzgl. ihrer Arbeitsaufgaben, aber auch bzgl. ihres Befindens, Belastungen und Verbesserungsmöglichkeiten — *ca. jedes Quartal, mit jeder*jedem Mitarbeitenden*

Wie werden Sie die Umsetzung überprüfen/sicherstellen?

Sowohl das morgendliche Check-in als auch die Mitarbeiter*innengespräche werde ich als Aufgabe bzw. Termin im Kalender notieren und nach Durchführung abhaken.

Welche Herausforderungen und Schwierigkeiten könnten auftreten?

Morgens werde ich oft von Anfragen überflutet, sodass die kurze Befindensabfrage untergehen könnte.

Jedes Quartal ein Mitarbeiter*innengespräch zu führen, könnte sehr ambitioniert sein, evtl. ist dies nur halbjährlich möglich.

Was könnte Ihnen bei der Durchführung helfen?

Termine frühzeitig planen und die Wichtigkeit auch meinen Mitarbeitenden kommunizieren.

Wie werden Sie sich für das Erreichen Ihrer Ziele belohnen?

Mit einem hoffentlich gesunden und zufriedenen Team ☺

Abbildung 20:   Beispiel eines Umsetzungsplans für gesunde Führung

---

unterstützen, können Sie auf die Fürsorgepflicht verweisen, die der Arbeitgeber für die Gesundheit der Mitarbeitenden und damit auch Ihre Gesundheit hat. Zudem können Sie betonen, dass Sie und auch Ihre Mitarbeitenden nur diese eine Gesundheit haben und Sie nicht verantwortlich sein wollen, wenn es den Mitarbeitenden (oder auch Ihnen selbst) nicht gut geht oder sie aufgrund von Überlastung nicht mehr arbeiten können (Matyssek, 2010). Darüber hinaus können Sie das Thema Gesundheit am Arbeitsplatz bei der Geschäftsführung ansprechen. Hierbei kann es hilfreich sein, sich zunächst mit anderen Kolleg*innen und Führungskräften abzusprechen und sich in wichtigen Punkten abzustimmen als Vorbereitung auf ein Gespräch mit der Geschäftsführung. Auch kann es sinnvoll sein, betriebliche Instanzen, wie beispielsweise den Betriebsrat, die Betriebsärztin oder den Betriebspsychologen (wenn es diese in Ihrem Unternehmen gibt) für die Gewinnung von Handlungsideen und als Unterstützung mit dazuzuholen.

Matyssek (2009, S. 96f.) schlägt einige „*Türöffner*" vor, die man nutzen kann, um das Thema psychosoziale Gesundheit im Unternehmen einzuführen und zu fördern, wenn andere Möglichkeiten nicht funktionieren. Eine Option ist, sich auf rechtliche Grundlagen zu berufen. Beispielsweise sind im Sozialgesetzbuch (§ 20 SGB V) Leistungen zur Gesundheitsförderung und Prävention vorgesehen, die durch die gesetzlichen Krankenversicherungen bezuschusst werden dürfen, und zu denen auch Maßnahmen der betrieblichen Gesundheitsförderung zählen. Auch die Gefährdungsbeurteilung ist gesetzlich vorgeschrieben, wobei nicht nur körperliche, sondern auch psychische Risikofaktoren erfasst werden sollten. Daneben kann auch das Betriebliche Eingliederungsmanagement (BEM) laut Matyssek (2009) ein Türöffner sein: Seit 2004 müssen Arbeitgeber ein BEM für alle Beschäftigten, die sechs Wochen oder wiederholt arbeitsunfähig waren, durchführen bzw. anbieten. Allerdings sollten diese rechtlichen Vorschriften nicht als Druckmittel gegenüber der Geschäftsführung verwendet werden, sondern um zu verdeutlichen, dass diese Themen auch vom Gesetzgeber als wichtig erachtet werden (Matyssek, 2009; weitere Informationen, z. B. zur Gefährdungsbeurteilung oder zum BEM, finden Sie u. a. bei Simmel & Graßl, 2020).

Rechtliche Bestimmungen als „Türöffner"

Eine mögliche Unterstützung, die Sie sich als Führungskraft von der Unternehmensleitung wünschen bzw. fordern können, ist die Umsetzung des *Prozesses gesundheitsförderlicher Führung* (engl. *Health-oriented leadership process*, kurz HoL-Prozess; z. B. Pischel et al., 2023) in Ihrem Team oder vielleicht sogar im gesamten Unternehmen. Aufbauend auf dem HoL-Modell (vgl. Abschnitt 2.2.3) werden im Rahmen dieses wissenschaftlich validierten Konzepts die gesundheitsförderliche Selbst- und Mitarbeiter*innenführung (SelfCare und StaffCare) durch die Führungsperson und ihre Mitarbeitenden erfasst, die Führungskraft erhält eine Rückmeldung zu ihrem gesundheitsorientierten Führungsverhalten und es werden Maßnahmen der Gesundheitsförderung gemeinsam im Team erarbeitet und umgesetzt (siehe u. a. Krick, Wunderlich & Felfe, 2022; Pischel et al., 2023, sowie den nachfolgenden Kasten). Angeleitet und begleitet wird dieser Prozess von einer professionellen Beraterin oder einem entsprechend ausgebildeten Coach. Das Besondere hierbei ist, dass zum einen das gesamte Team miteinbezogen wird, wodurch auch die Eigenverantwortung der Mitarbeitenden gestärkt wird und Führungskraft und Mitarbeitende Erwartungen und Wünsche austauschen können. Und zum anderen hat die Führungsperson die Möglichkeit, durch ein persönliches Coachinggespräch in einem geschützten Rahmen ihr (Führungs-)Verhalten zu reflektieren und die für sie relevanten Themen (z. B. Umgang mit einer eigenen Krankheit oder Verhalten gegenüber bestimmten Mitarbeitenden) zu besprechen. Die Durchführung des HoL-Prozesses erfordert vorab eine Abstimmungsrunde mit der Geschäftsführung und anderen relevanten Personen (z. B. Mitarbeiter*innenvertretung, betriebliches Gesundheitsmanagement), u. a. um die Voraussetzungen zu klären, zum Beispiel dass eine Teilnahme während der Arbeitszeit möglich ist (Pischel et al., 2023). Der Prozess kann zwar durch die Geschäftsführung initiiert werden, allerdings erhält die Geschäftsführung nur auf ausdrücklichen Wunsch von Führungskraft und Mitarbeitenden eine Rückmeldung über die Inhalte und Ergebnisse des Erarbeiteten (Pischel et al., 2023; weitere Informationen zum HoL-Prozess finden Sie im Kasten). Wenn Sie den Eindruck haben, dass die Durchführung auch für Sie und Ihr Team gewinnbringend

Eine Intervention zur Stärkung der gesundheitsförderlichen Selbst- und Mitarbeiter*innenführung

wäre, sprechen Sie dies gerne bei Ihrer*Ihrem Vorgesetzten oder der Geschäftsführung an – vielleicht haben auch andere Führungskräfte und Teams in Ihrem Unternehmen Interesse an solchen Maßnahmen und Sie können auf diese Weise positiv den Umgang mit Gesundheit im Unternehmen und damit das organisationale Gesundheitsklima beeinflussen.

Der HoL-Prozess: Erfassung von gesundheitsorientierter Führung und Entwicklung von Maßnahmen und Handlungsempfehlungen zur Gesundheitsförderung im Team

Der HoL-Prozess ist eine auf dem HoL-Modell (Franke et al., 2014; Pundt & Felfe, 2017) aufbauende Intervention, bei welcher bei Führungskräften und ihren Mitarbeitenden alle relevanten Merkmale von gesundheitsorientierter Führung erfasst werden, Führungspersonen Feedback zu ihrer gesundheitsorientierten Führung erhalten und Maßnahmen der Gesundheitsförderung im Team erarbeitet und etabliert werden. Der Prozess besteht aus mehreren Schritten, die von einer Beraterin/einem Coach angeleitet werden (für eine ausführliche Beschreibung des HoL-Prozesses siehe Pischel et al., 2023).

1. In einem ersten Schritt erfolgt eine *Abstimmungsrunde* mit der Geschäftsführung und anderen relevanten Personen(-gruppen), wie zum Beispiel der Mitarbeiter*innenvertretung, mit dem Ziel, den Ablauf und die Voraussetzungen des HoL-Prozesses zu erläutern, Zustimmung und Unterstützung für die Durchführung zu erhalten und offene Fragen zu klären.

2. Anschließend findet eine *Informationsveranstaltung für Führungskräfte* statt, bei welcher die Relevanz des Themas dargelegt und alle teilnehmenden Führungspersonen (idealerweise alle im Unternehmen tätigen Vorgesetzten) über den Ablauf des HoL-Prozesses informiert werden.

3. Es folgt das *Vorgespräch mit der Führungskraft,* in welchem der Coach/die Beraterin die aktuelle Situation im jeweiligen Team erfassen kann und die Voraussetzungen für die Teilnahme am HoL-Prozess prüft (z.B. mindestens fünf Beschäftigte, um die Anonymität bei der Befragung zu gewährleisten).

4. Danach findet die *Kick-off-Veranstaltung mit Mitarbeitenden und Führungskraft* statt, bei welcher das HoL-Konzept und der Ablauf für die Mitarbeitenden erklärt, die aktuellen Umstände im Team erfasst und mögliche Bedenken und Fragen der Mitarbeitenden besprochen werden.

5. Im nächsten Schritt wird die *Diagnose und Interpretation gesundheitsförderlicher Führung* mit dem HoL-Instrument (Pundt & Felfe, 2017) durchgeführt. Die Führungskraft schätzt ihre SelfCare und StaffCare ein (Selbsteinschätzung), während die Mitarbeitenden ihre eigene SelfCare sowie die SelfCare und StaffCare der Führungsperson beurteilen (Fremdeinschätzung). Zudem werden relevante Gesundheitsindikatoren erhoben (z.B. Stresserleben von Mitarbeitenden und Führungskraft). So kann ein detailliertes Bild der aktuellen Situation im Team entstehen und durch einen Abgleich der Selbsteinschätzung und Fremdeinschätzung können verschiedene Perspektiven erfasst und reflektiert werden.

6. Danach folgt ein *Coachinggespräch mit der Führungskraft,* bei welchem die Ergebnisse besprochen und interpretiert werden und die Führungskraft die Mög-

lichkeit erhält, für sie relevante Themen in einem vertraulichen Gespräch zu besprechen.

7. Ein weiterer Bestandteil ist der gemeinsame *Auswertungsworkshop mit Führungskraft und Mitarbeitenden*. Neben der Vorstellung der Ergebnisse werden die Wünsche und Erwartungen ausgetauscht sowie konkrete Ansatzpunkte und mögliche Maßnahmen von Führungsperson und Mitarbeitenden erarbeitet. Ziel des Workshops ist es, in einer gemeinsamen Vereinbarung konkrete Schritte und verantwortliche Personen festzuhalten, wodurch nicht nur die Rolle der Führungskraft, sondern auch die Eigenverantwortung der Mitarbeitenden betont werden soll.

8. Abschließend findet etwa drei Monate später ein *Follow-up-Gespräch mit der Führungskraft* statt, bei welchem die Durchführung des HoL-Prozesses reflektiert und die Umsetzung der geplanten Maßnahmen besprochen wird. Bei Bedarf kann zusätzlich ein Follow-up-Workshop für das gesamte Team durchgeführt werden.

In diesem Abschnitt habe ich einige Möglichkeiten aufgezeigt, die Sie als Führungskraft nutzen können, um das Thema Gesundheit und gesundheitsorientierte Führung in Ihrem Unternehmen oder Ihrem Betrieb einzuführen und voranzubringen und das organisationale Gesundheitsklima positiv zu beeinflussen. Wie auch bei den anderen Abschnitten in diesem Praxiskapitel gilt: Suchen Sie sich die Aspekte und Ansatzpunkte heraus, die für Sie passend sind und die Sie umsetzen möchten und können – auch hier sollten Sie selbstverständlich auf Ihre eigene Gesundheit und Selbstfürsorge achten!

5 Literaturempfehlungen und weiterführende Adressen

Im Folgenden finden Sie ausgewählte Literatur zu verschiedenen Themengebieten sowie hilfreiche (Internet-)Adressen, unter denen Sie weitere Informationen erhalten können.

Stressmanagement, Burnoutprophylaxe und Selbstfürsorge

Hillert, A., Koch, S. & Lehr, D. (2018). *Burnout und chronischer beruflicher Stress. Ein Ratgeber für Betroffene und Angehörige*. Göttingen: Hogrefe. https://doi.org/10.1026/02833-000
In diesem Ratgeber stellen die Autoren wissenschaftlich fundierte Informationen und Techniken zum Umgang mit beruflicher Belastung sowie Stress- und Burnouterleben vor. Mithilfe von Fallbeispielen und konkreten Anleitungen können Lesende unter anderem ihre Erholungsfähigkeit verbessern oder Grübeln überwinden.

Kaluza, G. (2023). *Gelassen und sicher im Stress. Das Stresskompetenz-Buch: Stress erkennen, verstehen, bewältigen* (8. Aufl.). Berlin: Springer. https://doi.org/10.1007/978-3-662-67116-0
Dieses Buch zeigt verschiedene Handlungsmöglichkeiten für einen gelassenen und gesunden Umgang mit Stressbelastungen sowohl im privaten als auch beruflichen Alltag auf. Verschiedene Fragebögen und Checklisten helfen bei der Umsetzung.

Riemann, D. (2016). *Ratgeber Schlafstörungen. Informationen für Betroffene und Angehörige* (2. Aufl.). Göttingen: Hogrefe. http://doi.org/10.1026/02745-000
Dieser Ratgeber richtet sich an Personen, die unter vorübergehenden oder chronischen Ein- und Durchschlafproblemen leiden, und stellt verhaltenstherapeutisch orientierte Methoden zur Reduktion von Schlafschwierigkeiten vor.

Burisch, M. (2014). *Das Burnout-Syndrom* (5. Aufl.). Berlin: Springer. https://doi.org/10.1007/978-3-642-36255-2
In diesem Buch wird differenziert auf das Burnoutkonzept eingegangen. Neben der definitorischen Eingrenzung und Abgrenzung zu ähnlichen Konzepten erläutert der Autor aktuelle wissenschaftliche Erkenntnisse und stellt ein integriertes Burnoutmodell vor. Durch anschauliche und lebendige Fallbeispiele ist dieses Buch sowohl für Fachleute als auch für Betroffene interessant.

Stavemann, H. H. (2020). *... und ständig tickt die Selbstwertbombe. Selbstwertprobleme erkennen und lösen* (2. Aufl.). Weinheim: Beltz.
Vielen stressbedingten Problemen und psychischen Erkrankungen liegen Selbstwertprobleme zugrunde und ein gesundes Selbstkonzept ist eine wichtige Grundlage für ein gesundes und werteorientiertes Leben. In diesem Ratgeber zeigt der Autor anschaulich und leicht verständlich, wie mittels verhaltenstherapeutischer Methoden problematische Selbstwertkonzepte erkannt und verändert werden können.

Soziale Faktoren der Gesundheit

van Dick, R. (2015). *Stress lass nach! Wie Gruppen unser Stresserleben beeinflussen*. Berlin: Springer Spektrum.
In diesem Buch finden Sie wissenschaftliche Ergebnisse zu positiven und negativen Auswirkungen von Gruppen auf das Stresserleben verständlich und unterhaltsam erklärt sowie hilfreiche Tipps zum Umgang mit Stress.

Haslam, C., Jetten, J., Cruwys, T., Dingle, G. A. & Haslam, S. A. (2018). *The new psychology of health. Unlocking the social cure*. London: Routledge. https://doi.org/10.4324/9781315648569
Dieses Buch fasst wesentliche Forschungsbefunde der letzten Jahre zum Zusammenhang von sozialer Identität und Gesundheit zusammen und erklärt, welche Rolle Gruppenprozesse bei verschiedenen Erkrankungen, wie Depression, Sucht oder Stress, spielen und wie diese den Genesungsprozess beeinflussen, also als „social cure" fungieren können.

Social Identity Mapping Tool
Mithilfe dieses Online-Tools (https://osim.psy.uq.edu.au/) kann das soziale Netzwerk einer Person dargestellt werden. Derzeit ist das Instrument nur auf Englisch verfügbar (Stand Mai 2024).

Gesundheitsorientierte Führung

Pischel, S., Felfe, J., Krick, A. & Pundt, F. (2023). Gesundheitsförderliche Führung diagnostizieren und umsetzen. In J. Felfe & R. van Dick (Hrsg.), *Handbuch Mitarbeiterführung* (S. 1–18). Berlin: Springer. https://doi.org/10.1007/978-3-642-55213-7_17-2
Dieses Buchkapitel erläutert aufbauend auf einer soliden theoretischen Basis die Grundlagen des Führungsansatzes *Gesundheitsförderliche Führung* (engl. *Health-oriented leadership*, HoL) und zeigt Handlungsempfehlungen für den Einsatz in der Praxis auf. Neben Praxisbeispielen bietet das Kapitel ebenfalls Leitfäden und Checklisten für die konkrete Umsetzung des HoL-Prozesses.

Matyssek, A. K. (2009). *Führung und Gesundheit: Ein praktischer Ratgeber zur Förderung der psychosozialen Gesundheit im Betrieb*. Norderstedt: Books on Demand.
Dieser Ratgeber bietet praxisgerechte und verständliche Hilfestellungen, nicht nur für Führungskräfte, sondern für alle Personen, die sich im betrieblichen Gesundheitsmanagement engagieren oder engagieren wollen. Weiterführende Informationen und einen Überblick über die Vielzahl an Angeboten der Autorin Anne Katrin Matyssek finden sich auf ihrer Homepage (https://www.do-care.de). Neben Büchern bietet sie Seminare, Workshops, Newsletter, Kalender und vieles mehr an.

Häfner, A., Pinneker, L. & Hartmann-Pinneker, J. (2019). *Gesunde Führung. Gesundheit, Motivation und Leistung fördern*. Berlin: Springer. https://doi.org/10.1007/978-3-662-58751-5
Anhand von vielen Fallbeispielen und Praxistipps zeigen die Autoren basierend auf ihren Erfahrungen in der Aus- und Weiterbildung von Führungskräften auf, wie Führungspersonen sowohl die Mitarbeiter*innengesundheit als auch die Motivation und Arbeitszufriedenheit der Beschäftigten fördern können.

Umgang mit Mitarbeitenden mit psychischen Erkrankungen

Riechert, I. (2015). *Psychische Störungen bei Mitarbeitern. Ein Leitfaden für Führungskräfte und Personalverantwortliche – von der Prävention bis zur Wiedereingliederung* (2. Aufl.). Berlin: Springer. https://doi.org/10.1007/978-3-662-43522-9

Das Buch liefert Grundwissen zu ausgewählten psychischen Störungen und zeigt Handlungsfelder im betrieblichen Kontext auf. Anhand von konkreten Fallbeispielen, Checklisten und Reflexionsfragen erläutert die Autorin praxisnah den Umgang mit gefährdeten Mitarbeitenden.

Mätschke, L.-M., Sebbesse, S. & Siewerts, D. (2019). *Psychisch krank im Job. Verstehen. Vorbeugen. Erkennen. Bewältigen.* Berlin: BKK Dachverband & Bundesverband der Angehörigen psychisch Kranker. Verfügbar unter: https://www.bkk-dachverband.de/fileadmin/user_upload/BKK_DV_Broschuere_Psychisch_krank_im_Job.pdf

Diese Broschüre des Dachverbands der Betriebskrankenkassen stellt Informationen zu den wichtigsten Krankheitsbildern zur Verfügung und gibt Empfehlungen zum Umgang mit betroffenen Menschen. Hilfreich sind auch die weiterführenden Informationen (z. B. Fachliteratur, Ratgeber und Anlaufstellen) am Ende der Broschüre.

Entspannungsverfahren

Petermann, F. (Hrsg.). (2020). *Entspannungsverfahren. Das Praxishandbuch* (6. Aufl.). Weinheim: Beltz.

Dieses umfangreiche Praxishandbuch richtet sich vor allem an Behandlerinnen und Behandler, bietet aber auch für alle anderen einen Mehrwert, da es verschiedene wissenschaftlich anerkannte Entspannungsverfahren umfassend und verständlich erklärt. Zudem werden die Anwendungen bei verschiedenen Störungsbildern aufgezeigt und mithilfe von Übungsanleitungen und Anwendungsbeispielen die konkrete Umsetzung erläutert.

Michalak, J., Meibert, P. & Heidenreich, T. (2018). *Achtsamkeit üben. Hilfe bei Stress, Depression, Ängsten und häufigem Grübeln.* Göttingen: Hogrefe. http://doi.org/10.1026/02676-000

Dieser Ratgeber wendet sich insbesondere an Personen, die unter stressbedingten Erkrankungen, Depressionen, Ängsten oder Grübeln leiden, ist aber auch für alle anderen hilfreich, die mehr im Hier und Jetzt bleiben und ihre Achtsamkeit schulen möchten. Neben Informationen zur Achtsamkeit und verschiedenen Achtsamkeitsübungen und -programmen werden konkrete Tipps für das Üben von Achtsamkeit gegeben.

Collard, P. (2016). *Das kleine Buch vom achtsamen Leben. 10 Minuten am Tag für weniger Stress und mehr Gelassenheit.* München: Heyne.

In diesem Büchlein bietet die Autorin – neben einer kurzen Einführung in das Thema Achtsamkeit – kleine Inspirationen und Übungen für den Alltag. Die kurzen, einfachen Übungen, die in der Regel 5 bis 10 Minuten dauern, sowie das kleine handliche Format bieten praktische Achtsamkeitsanregungen für den Alltag.

Kurse und Apps zum Erlernen von Entspannungsverfahren

Um Entspannungsverfahren zu erlernen, kann es auch hilfreich sein, einen entsprechenden Kurs zu besuchen. Zum Beispiel bieten oft Gesundheitszentren, Volkshochschulen oder Krankenkassen Kurse zu verschiedenen Entspannungsmethoden an. Daneben können auch Apps beim Üben von Entspannungsverfahren unterstützen. Wichtig ist darauf zu achten, dass die*der Anbieter*in bzw. Kursleiter*in über eine entsprechende Ausbildung verfügt und wissenschaftlich fundierte Verfahren anbietet.

Coaching, psychologische Beratung und Psychotherapie

Wer professionelle Unterstützung in Anspruch nehmen möchte, hat eine Vielzahl an Möglichkeiten, die sich allerdings in wesentlichen Punkten unterscheiden (siehe Kasten).

Abgrenzung von Coaching, psychologischer Beratung und Psychotherapie

Coaching und psychologische Beratung richtet sich an gesunde Menschen, deren Ziel es ist, Alltags-, Beziehungs- oder berufliche Probleme anzugehen. Während im Coaching meist Themen in Zusammenhang mit dem Beruf oder der Karriere im Vordergrund stehen, kann eine psychologische Beratung bei verschiedenen belastenden Lebensereignissen oder -zeiten, wie beispielsweise einer Ehekrise, einer schwierigen Trennung o.Ä., in Anspruch genommen werden.

Psychotherapie dagegen ist für Menschen mit einer psychischen Erkrankung (wie Depression oder Angststörung) gedacht mit dem Ziel, diese Erkrankung zu heilen oder zu lindern.

Wichtig zu wissen ist ebenfalls, dass die Abrechnung einer Psychotherapie (beim Vorliegen einer Diagnose) in der Regel über die Krankenkasse erfolgt, während Beratungen und Coachings selbst bezahlt werden müssen. Während Psychotherapien nur von entsprechend ausgebildeten psychologischen und ärztlichen Psychotherapeut*innen durchgeführt werden dürfen, sind die Berufsbezeichnungen „Coach*in" und „Berater*in" keine geschützten Begriffe und jede Person kann unabhängig von ihren Qualifikationen Coachings oder Beratungen anbieten. Daher ist es hier besonders wichtig, auf die Ausbildung und Qualifikationen des Anbieters bzw. der Anbieterin zu achten, zum Beispiel ein entsprechendes Studium oder eine Weiterbildung.

Die *Bundespsychotherapeutenkammer* (BPtK; https://bptk.de) bietet auf ihrer Internetseite hilfreiche Informationen für (potenzielle) Patient*innen, zum Beispiel zum Ablauf einer Psychotherapie. Außerdem stellt sie eine Übersicht zur Psychotherapeutensuche in den verschiedenen Bundesländern bereit, von welcher aus man auf die entsprechenden *Psychotherapeutenkammern des jeweiligen Bundeslands* weitergeleitet wird. Dort kann man dann zielgenau einen Psychotherapeuten oder eine Psychotherapeutin suchen, indem man zum Beispiel den Standort, das Thema o.Ä. definiert.

Der *Psychotherapie-Informationsdienst* (PID; https://www.psychotherapiesuche.de) hilft Menschen, die eine Psychotherapie machen möchten, kostenlos und bundesweit bei der Suche nach geeigneten Therapeut*innen.

Der *Deutsche Coaching Verband e. V.* (DCV; https://www.coachingverband.org) bietet eine Zertifizierung für Coaches an sowie eine Datenbank, in welcher man nach Ort und Schwerpunkt gefiltert Coaches suchen kann.

In Deutschland existiert eine Vielzahl an *Telefonseelsorge-Stellen*, die zu jeder Tages- und Nachtzeit anonym und kostenlos angerufen werden können. Eine mögliche Anlaufstelle ist das Netzwerk *TelefonSeelsorge Deutschland e. V.* (https://www.telefonseelsorge.de), organisiert von der katholischen und evangelischen Kirche.

In vielen Orten gibt es *Sozialpsychiatrische Dienste*, welche Menschen in psychischen Krisen und bei psychiatrischen Erkrankungen Beratungen anbieten und weitere Unterstützung vermitteln.

Die *Nationale Kontakt- und Informationsstelle zur Anregung und Unterstützung von Selbsthilfegruppen* (NAKOS; https://www.nakos.de) bietet auf ihrer Homepage die Möglichkeit, Selbsthilfegruppen zu suchen.

Die *Bundeszentrale für gesundheitliche Aufklärung* (BZgA; https://www.bzga.de/service/beratungsstellen/) bietet auf ihrer Internetseite Adressen von Beratungsstellen zu verschiedenen Themen wie Sucht, Partnerschaft oder Schwangerschaft. Die Beratung ist in der Regel kostenfrei.

Betriebliches Gesundheitsmanagement (BGM)

Der jährlich erscheinende *Fehlzeiten-Report,* der vom Wissenschaftlichen Institut der AOK (WIdO), der Universität Bielefeld und der Berliner Hochschule für Technik herausgegeben wird, adressiert unterschiedliche Schwerpunktthemen aus dem Bereich des Betrieblichen Gesundheitsmanagements (BGM) anhand von zahlreichen Beiträgen von Experten aus der Wissenschaft und Praxis. Neben aktuellen Erkenntnissen aus der Forschung liefert der Report Praxisbeispiele für die betriebliche Gesundheitsförderung. Alle Fehlzeiten-Reports können kostenfrei auf der Homepage des Wissenschaftlichen Instituts der AOK (https://www.wido.de) heruntergeladen werden.

Simmel, M. & Graßl, W. (Hrsg.). (2020). *Betriebliches Gesundheitsmanagement mit System. Ein Praxisleitfaden für mittelständische Unternehmen.* Berlin: Springer. https://doi.org/10.1007/978-3-658-26956-2
Dieses Handbuch zeigt auf, welche notwendigen Voraussetzungen zur Umsetzung eines wirkungsvollen BGMs (in mittelständischen Unternehmen) notwendig sind, stellt bewährte Maßnahmen und Instrumente vor, und liefert hilfreiche Fallbeispiele.

Hilfreiche Internetadressen

Verschiedene Institutionen stellen eine Vielzahl an Ratgebern und Broschüren zum Thema Gesundheit am Arbeitsplatz und auch speziell für den Bereich Führung und Gesundheit bereit. Im Folgenden finden Sie eine Auswahl an Adressen.

Die *Bundesanstalt für Arbeitsschutz und Arbeitsmedizin* (BAuA; https://www.baua.de) bietet Material zu verschiedenen Fragen von Sicherheit und Gesundheit bei der Arbeit und der menschengerechten Gestaltung von Arbeitsbedingungen. Auf der Homepage der BAuA sind verschiedene Publikationen als Download erhältlich.

Die *Initiative Neue Qualität der Arbeit* (INQA, https://www.inqa.de) unterstützt Unternehmen und Beschäftigte beim Umgang mit Veränderungen in der Arbeitswelt und bietet u. a. Praxiswissen, Beratung, Selbstchecks und Vernetzungsangebote an.

Die *Gemeinsame Deutsche Arbeitsschutzstrategie* (GDA, https://www.gda-portal.de) bietet auf ihrer Plattform Informationen und Handlungshilfen zum Thema Arbeitsschutz, u. a. auch für den Bereich psychische Belastungen am Arbeitsplatz.

Auch die Seiten der *einzelnen Berufsgenossenschaften* bieten branchenspezifische Informationen zum Thema Gesundheit am Arbeitsplatz.

6   Literatur

Ambrose, M. L., Schminke, M. & Mayer, D. M. (2013). Trickle-down effects of supervisor perceptions of interactional justice. A moderated mediation approach. *Journal of Applied Psychology, 98*(4), 678–689. https://doi.org/10.1037/a0032080

Arnold, K. A., Connelly, C. E., Gellatly, I. R., Walsh, M. M. & Withey, M. J. (2017). Using a pattern-oriented approach to study leaders. Implications for burnout and perceived role demand. *Journal of Organizational Behavior, 38*(7), 1038–1056. https://doi.org/10.1002/job.2182

Ashforth, B. E., Kreiner, G. E. & Fugate, M. (2000). All in a day's work: Boundaries and micro role transitions. *Academy of Management Review, 25*(3), 472–491. https://doi.org/10.2307/259305

Ashforth, B. E. & Mael, F. (1989). Social identity theory and the organization. *Academy of Management Review, 14*(1), 20–39. https://doi.org/10.2307/258189

Avanzi, L., van Dick, R., Fraccaroli, F. & Sarchielli, G. (2012). The downside of organizational identification: Relations between identification, workaholism and well-being. *Work & Stress, 26*(3), 289–307. https://doi.org/10.1080/02678373.2012.712291

Bakker, A. B. (2014). Daily fluctuations in work engagement: An overview and current directions. *European Psychologist, 19*(4), 227–236. https://doi.org/10.1027/1016-9040/a000160

Bakker, A. B. & Demerouti, E. (2007). The job demands-resources model: State of the art. *Journal of Managerial Psychology, 22*(3), 309–328. https://doi.org/10.1108/02683940710733115

Bakker, A. B. & Demerouti, E. (2017). Job demands–resources theory: Taking stock and looking forward. *Journal of Occupational Health Psychology, 22*(3), 273–285. https://doi.org/10.1037/ocp0000056

Bakker, A. B., Demerouti, E. & Euwema, M. C. (2005). Job resources buffer the impact of job demands on burnout. *Journal of Occupational Health Psychology, 10*(2), 170–180. https://doi.org/10.1037/1076-8998.10.2.170

Bakker, A. B., Demerouti, E. & Sanz-Vergel, A. I. (2014). Burnout and work engagement: The JD–R approach. *Annual Review of Organizational Psychology and Organizational Behavior, 1*(1), 389–411. https://doi.org/10.1146/annurev-orgpsych-031413-091235

Bakker, A. B., Hakanen, J. J., Demerouti, E. & Xanthopoulou, D. (2007). Job resources boost work engagement, particularly when job demands are high. *Journal of Educational Psychology, 99*(2), 274–284. https://doi.org/10.1037/0022-0663.99.2.274

Bakker, A. B., Schaufeli, W. B., Leiter, M. P. & Taris, T. W. (2008). Work engagement: An emerging concept in occupational health psychology. *Work & Stress, 22*(3), 187–200. https://doi.org/10.1080/02678370802393649

Barling, J. & Cloutier, A. (2017). Leaders' mental health at work: Empirical, methodological, and policy directions. *Journal of Occupational Health Psychology, 22*(3), 394–406. https://doi.org/10.1037/ocp0000055

Basen-Engquist, K., Suchanek Hudmon, K., Tripp, M. & Chamberlain, R. (1998). Worksite health and safety climate: Scale development and effects of a health promotion intervention. *Preventive Medicine, 27*(1), 111–119. https://doi.org/10.1006/pmed.1997.0253

Beehr, T. A., Bowling, N. A. & Bennett, M. M. (2010). Occupational stress and failures of social support: When helping hurts. *Journal of Occupational Health Psychology, 15*(1), 45–59. https://doi.org/10.1037/a0018234

Bentley, S. V., Greenaway, K. H., Haslam, S. A., Cruwys, T., Steffens, N. K., Haslam, C. & Cull, B. (2020). Social Identity Mapping online. *Journal of Personality and Social Psychology, 118*(2), 213–241. https://doi.org/10.1037/pspa0000174

Bernatzeder, P. (2018). *Erfolgsfaktor Wohlbefinden am Arbeitsplatz: Praxisleitfaden für das Management psychischer Gesundheit*. Berlin: Springer. https://doi.org/10.1007/978-3-662-55249-0

Borenstein, M., Hedges, L. V., Higgins, J. P. T. & Rothstein, H. R. (2009). *Introduction to meta-analysis*. Hoboken, NJ: John Wiley & Sons. https://doi.org/10.1002/9780470743386

Breevaart, K., Bakker, A. B., Hetland, J. & Hetland, H. (2014). The influence of constructive and destructive leadership behaviors on follower burnout. In M. P. Leiter, A. B. Bakker & C. Maslach (Eds.), *Burnout at work: A psychological perspective* (pp. 102–121). Hove: Psychology Press.

Bundesanstalt für Arbeitsschutz und Arbeitsmedizin. (2020). *Stressreport Deutschland 2019: Psychische Anforderungen, Ressourcen und Befinden*. Verfügbar unter: www.baua.de/dok/8824662

Bundespsychotherapeutenkammer. (2012). *BPtK-Studie zur Arbeitsunfähigkeit. Psychische Erkrankungen und Burnout*. Verfügbar unter: https://api.bptk.de/uploads/20120606_AU_Studie_2012_77d1e8eed3.pdf

Burisch, M. (2014). *Das Burnout-Syndrom* (5. Aufl.). Berlin: Springer. https://doi.org/10.1007/978-3-642-36255-2

Byrne, A., Dionisi, A. M., Barling, J., Akers, A., Robertson, J., Lys, R. et al. (2014). The depleted leader: The influence of leaders' diminished psychological resources on leadership behaviors. *The Leadership Quarterly, 25*(2), 344–357. https://doi.org/10.1016/j.leaqua.2013.09.003

Chan, D. (1998). Functional relations among constructs in the same content domain at different levels of analysis: A typology of composition models. *Journal of Applied Psychology, 83*(2), 234–246. https://doi.org/10.1037/0021-9010.83.2.234

Christian, M. S., Bradley, J. C., Wallace, J. C. & Burke, M. J. (2009). Workplace safety: A meta-analysis of the roles of person and situation factors. *Journal of Applied Psychology, 94*(5), 1103–1127. https://doi.org/10.1037/a0016172

Collard, P. (2016). *Das kleine Buch vom achtsamen Leben. 10 Minuten am Tag für weniger Stress und mehr Gelassenheit*. München: Heyne.

Collins, M. D. & Jackson, C. J. (2015). A process model of self-regulation and leadership: How attentional resource capacity and negative emotions influence constructive and destructive leadership. *The Leadership Quarterly, 26*(3), 386–401. https://doi.org/10.1016/j.leaqua.2015.02.005

Corrigan, P. W., Morris, S. B., Michaels, P. J., Rafacz, J. D. & Rüsch, N. (2012). Challenging the public stigma of mental illness: A meta-analysis of outcome studies. *Psychiatric Services, 63*(10), 963–973. https://doi.org/10.1176/appi.ps.201100529

Costa, G., Sartori, S. & Åkerstedt, T. (2006). Influence of flexibility and variability of working hours on health and well-being. *Chronobiology International, 23*(6), 1125–1137. https://doi.org/10.1080/07420520601087491

Courtright, S. H., Colbert, A. E. & Choi, D. (2014). Fired up or burned out? How developmental challenge differentially impacts leader behavior. *Journal of Applied Psychology, 99*(4), 681–696. https://doi.org/10.1037/a0035790

Creswell, J. D. (2017). Mindfulness interventions. *Annual Review of Psychology, 68*(1), 491–516. https://doi.org/10.1146/annurev-psych-042716-051139

Cruwys, T., Steffens, N. K., Haslam, S. A., Haslam, C., Jetten, J. & Dingle, G. A. (2016). Social Identity Mapping: A procedure for visual representation and assessment of subjective multiple group memberships. *British Journal of Social Psychology, 55*(4), 613–642. https://doi.org/10.1111/bjso.12155

Danna, K. & Griffin, R. W. (1999). Health and well-being in the workplace: A review and synthesis of the literature. *Journal of Management, 25*(3), 357–384. https://doi.org/10.1177/014920639902500305

Deci, E.L. & Ryan, R.M. (2000). The 'what' and 'why' of goal pursuits: Human needs and the self-determination of behavior. *Psychological Inquiry, 11*(4), 227–268. https://doi.org/10.1207/S15327965PLI1104_01

Deelstra, J.T., Peeters, M.C.W., Schaufeli, W.B., Stroebe, W., Zijlstra, F.R.H. & van Doornen, L.P. (2003). Receiving instrumental support at work: When help is not welcome. *Journal of Applied Psychology, 88*(2), 324–331. https://doi.org/10.1037/0021-9010.88.2.324

Demerouti, E., Bakker, A.B., Nachreiner, F. & Schaufeli, W.B. (2001). The job demands-resources model of burnout. *Journal of Applied Psychology, 86*(3), 499–512. https://doi.org/10.1037/0021-9010.86.3.499

Demerouti, E., Bakker, A.B., Vardakou, I. & Kantas, A. (2003). The convergent validity of two burnout instruments: A multitrait-multimethod analysis. *European Journal of Psychological Assessment, 19*(1), 12–23. https://doi.org/10.1027//1015-5759.19.1.12

Demerouti, E. & Nachreiner, F. (2019). Zum Arbeitsanforderungen-Arbeitsressourcen-Modell von Burnout und Arbeitsengagement – Stand der Forschung. *Zeitschrift für Arbeitswissenschaft, 73*(2), 119–130. https://doi.org/10.1007/s41449-018-0100-4

DeRue, D.S., Nahrgang, J.D., Wellman, N. & Humphrey, S.E. (2011). Trait and behavioral theories of leadership: An integration and meta-analytic test of their relative validity. *Personnel Psychology, 64*(1), 7–52. https://doi.org/10.1111/j.1744-6570.2010.01201.x

Doosje, B., Ellemers, N. & Spears, R. (1995). Perceived intragroup variability as a function of group status and identification. *Journal of Experimental Social Psychology, 31*(5), 410–436. https://doi.org/10.1006/jesp.1995.1018

Dulebohn, J.H., Bommer, W.H., Liden, R.C., Brouer, R.L. & Ferris, G.R. (2012). A meta-analysis of antecedents and consequences of leader-member exchange: Integrating the past with an eye toward the future. *Journal of Management, 38*(6), 1715–1759. https://doi.org/10.1177/0149206311415280

Eger, R.J. & Maridal, J.H. (2015). A statistical meta-analysis of the wellbeing literature. *International Journal of Wellbeing, 5*(2), 45–74. https://doi.org/10.5502/ijw.v5i2.4

Eisenberger, N.I., Lieberman, M.D. & Williams, K.D. (2003). Does rejection hurt? An fMRI study of social exclusion. *Science, 302*(5643), 290–292. https://doi.org/10.1126/science.1089134

Elprana, G., Felfe, J. & Franke, F. (2016). Gesundheitsförderliche Führung diagnostizieren und umsetzen. In J. Felfe & R. van Dick (Hrsg.), *Handbuch Mitarbeiterführung. Wirtschaftspsychologisches Praxiswissen für Fach- und Führungskräfte* (S. 143–156). Berlin: Springer. https://doi.org/10.1007/978-3-642-55080-5_17

Epitropaki, O. & Martin, R. (2005). From ideal to real: A longitudinal study of the role of implicit leadership theories on leader-member exchanges and employee outcomes. *Journal of Applied Psychology, 90*(4), 659–676. https://doi.org/10.1037/0021-9010.90.4.659

Eriksson, A., Axelsson, R. & Axelsson, S.B. (2010). Development of health promoting leadership – experiences of a training programme. *Health Education, 110*(2), 109–124. https://doi.org/10.1108/09654281011022441

Eriksson, A., Axelsson, R. & Axelsson, S.B. (2011). Health promoting leadership – different views of the concept. *Work, 40*(1), 75–84. https://doi.org/10.3233/WOR-2011-1208

Ernsting, A., Schwarzer, R., Lippke, S. & Schneider, M. (2013). Relationship between health climate and affective commitment in the workplace. *International Journal of Health Promotion and Education, 51*(4), 172–179. https://doi.org/10.1080/14635240.2012.758886

Faltermaier, T. (2023). Salutogenese. In Bundeszentrale für gesundheitliche Aufklärung (BZgA). (Hrsg.), *Leitbegriffe der Gesundheitsförderung und Prävention. Glossar zu Konzepten, Strategien und Methoden.* Köln: BZgA. https://doi.org/10.17623/BZGA:Q4-i104-3.0

Faßbinder, E., Klein, J.P., Sipos, V. & Schweiger, U. (2015). *Therapie-Tools Depression.* Weinheim: Beltz.

Felfe, J. (2006). Validierung einer deutschen Version des „Multifactor Leadership Questionnaire" (MLQ Form 5 x Short) von Bass und Avolio (1995). *Zeitschrift für Arbeits- und Organisationspsychologie, 50*(2), 61–78. https://doi.org/10.1026/0932-4089.50.2.61

Field, A. P. (2005). Is the meta-analysis of correlation coefficients accurate when population correlations vary? *Psychological Methods, 10*(4), 444–467. https://doi.org/10.1037/1082-989X.10.4.444

Field, A. P. (2009). *Discovering statistics using SPSS*. Thousand Oaks, CA: Sage.

Field, A. P. & Gillett, R. (2010). How to do a meta-analysis. *British Journal of Mathematical and Statistical Psychology, 63*(3), 665–694. https://doi.org/10.1348/000711010X502733

Franke, F. (2012). *Leadership and follower health: The effects of transformational and health-oriented leadership on follower health outcomes*. [Unpublished doctoral dissertation]. Helmut-Schmidt-University Hamburg.

Franke, F., Ducki, A. & Felfe, J. (2015). Gesundheitsförderliche Führung. In J. Felfe (Hrsg.), *Trends der psychologischen Führungsforschung. Neue Konzepte, Methoden und Erkenntnisse* (S. 253–264). Göttingen: Hogrefe.

Franke, F. & Felfe, J. (2011). Diagnose gesundheitsförderlicher Führung – Das Instrument „Health-oriented Leadership". In B. Badura, A. Ducki, H. Schröder, J. Klose & K. Macco (Hrsg.), *Fehlzeiten-Report 2011: Führung und Gesundheit: Zahlen, Daten, Analysen aus allen Branchen der Wirtschaft* (S. 3–13). Berlin: Springer. https://doi.org/10.1007/978-3-642-21655-8_1

Franke, F., Felfe, J. & Pundt, A. (2014). The impact of health-oriented leadership on follower health: Development and test of a new instrument measuring health-promoting leadership. *Zeitschrift für Personalforschung, 28*(1/2), 139–161. https://doi.org/10.1177/239700221402800108

Franzkowiak, P. & Hurrelmann, K. (2022). Gesundheit. In Bundeszentrale für gesundheitliche Aufklärung (BZgA). (Hrsg.), *Leitbegriffe der Gesundheitsförderung und Prävention. Glossar zu Konzepten, Strategien und Methoden*. Köln: BZgA. https://doi.org/10.17623/BZGA:Q4-i023-1.0

Gaebel, W., Zäske, H. & Baumann, A. (2004). Psychisch Kranke: Stigma erschwert Behandlung und Integration. *Deutsches Ärzteblatt, 3*(48), 553–555. https://www.aerzteblatt.de/int/article.asp?id=44732

Goetzel, R. Z. & Ozminkowski, R. J. (2008). The health and cost benefits of work site health-promotion programs. *Annual Review of Public Health, 29*(1), 303–323. https://doi.org/10.1146/annurev.publhealth.29.020907.090930

Göpfert, A.-L. (2013). *Wie beeinflusst die Führungskraft die Mitarbeitergesundheit? Ein integrativer Ansatz zur Identifikation der Einflusswege von Führung auf die psychische Gesundheit und der Bedeutung des Führungskontextes*. [Unpublizierte Doktorarbeit]. Ruhr-Universität Bochum.

Graen, G. B. & Uhl-Bien, M. (1995). Relationship-based approach to leadership: Development of leader-member exchange (LMX) theory of leadership over 25 years: Applying a multi-level multi-domain perspective. *The Leadership Quarterly, 6*(2), 219–247. https://doi.org/10.1016/1048-9843(95)90036-5

Gregersen, S., Vincent-Höper, S. & Nienhaus, A. (2016). Job-related resources, leader–member exchange and well-being – a longitudinal study. *Work & Stress, 30*(4), 356–373. https://doi.org/10.1080/02678373.2016.1249440

Grossman, P. & Reddemann, L. (2016). Achtsamkeit. Wahrnehmen ohne Urteilen – oder ein Weg, Ethik in der Psychotherapie zu verkörpern? *Psychotherapeut, 61*(3), 222–228. https://doi.org/10.1007/s00278-016-0097-0

Guldenmund, F. W. (2000). The nature of safety culture: A review of theory and research. *Safety Science, 34*(1–3), 215–257. https://doi.org/10.1016/S0925-7535(00)00014-X

Gurt, J., Schwennen, C. & Elke, G. (2011). Health-specific leadership: Is there an association between leader consideration for the health of employees and their strain and well-being? *Work & Stress, 25*(2), 108–127. https://doi.org/10.1080/02678373.2011.595947

Gutermann, D., Lehmann-Willenbrock, N., Boer, D., Born, M. & Voelpel, S. C. (2017). How leaders affect followers' work engagement and performance: Integrating leader–member exchange and crossover theory. *British Journal of Management, 28*(2), 299–314. https://doi.org/10.1111/1467-8551.12214

Häfner, A., Pinneker, L. & Hartmann-Pinneker, J. (2019). *Gesunde Führung: Gesundheit, Motivation und Leistung fördern.* Berlin: Springer. https://doi.org/10.1007/978-3-662-58751-5

Hagger, M. S., Wood, C., Stiff, C. & Chatzisarantis, N. L. D. (2010). Ego depletion and the strength model of self-control: A meta-analysis. *Psychological Bulletin, 136*(4), 495–525. https://doi.org/10.1037/a0019486

Harms, P. D., Credé, M., Tynan, M., Leon, M. & Jeung, W. (2017). Leadership and stress: A meta-analytic review. *The Leadership Quarterly, 28*(1), 178–194. https://doi.org/10.1016/j.leaqua.2016.10.006

Haslam, C., Cruwys, T., Haslam, S. A., Dingle, G. & Chang, M. X. L. (2016). Groups 4 Health: Evidence that a social-identity intervention that builds and strengthens social group membership improves mental health. *Journal of Affective Disorders, 194,* 188–195. https://doi.org/10.1016/j.jad.2016.01.010

Haslam, C., Jetten, J., Cruwys, T., Dingle, G. A. & Haslam, S. A. (2018). *The new psychology of health. Unlocking the social cure.* London: Routledge. https://doi.org/10.4324/9781315648569

Haslam, S. A. (2004). *Psychology in organizations. The social identity approach.* Thousand Oaks, CA: Sage.

Haslam, S. A., McMahon, C., Cruwys, T., Haslam, C., Jetten, J. & Steffens, N. K. (2018). Social cure, what social cure? The propensity to underestimate the importance of social factors for health. *Social Science & Medicine, 198,* 14–21. https://doi.org/10.1016/j.socscimed.2017.12.020

Haslam, S. A. & Reicher, S. (2006). Stressing the group: Social identity and the unfolding dynamics of responses to stress. *Journal of Applied Psychology, 91*(5), 1037–1052. https://doi.org/10.1037/0021-9010.91.5.1037

Haslam, S. A., Reicher, S. & Platow, M. J. (2011). *The new psychology of leadership. Identity, influence and power.* Hove: Psychology Press.

Hillert, A., Koch, S. & Lehr, D. (2018). *Burnout und chronischer beruflicher Stress. Ein Ratgeber für Betroffene und Angehörige.* Göttingen: Hogrefe. https://doi.org/10.1026/02833-000

Hillert, A. & Marwitz, M. (2006). *Die Burnout-Epidemie oder Brennt die Leistungsgesellschaft aus?* München: C. H. Beck.

Hinkin, T. R. & Schriesheim, C. A. (2008). An examination of "nonleadership": From laissez-faire leadership to leader reward omission and punishment omission. *Journal of Applied Psychology, 93*(6), 1234–1248. https://doi.org/10.1037/a0012875

Hobfoll, S. E. (1989). Conservation of resources: A new attempt at conceptualizing stress. *The American Psychologist, 44*(3), 513–524. https://doi.org/10.1037/0003-066X.44.3.513

Hobfoll, S. E. (2001). The influence of culture, community, and the nested-self in the stress process: Advancing conservation of resources theory. *Applied Psychology: An International Review, 50*(3), 337–421. https://doi.org/10.1111/1464-0597.00062

Hobfoll, S. E., Freedy, J., Lane, C. & Geller, P. (1990). Conservation of social resources: Social support resource theory. *Journal of Social and Personal Relationships, 7*(4), 465–478. https://doi.org/10.1177/0265407590074004

Hollmann, D. & Hanebuth, D. (2011). Burnout-Prävention bei Managern – Romantik oder Realität in Unternehmen? In B. Badura, A. Ducki, H. Schröder, J. Klose & K. Macco (Hrsg.), *Fehlzeiten-Report 2011: Führung und Gesundheit: Zahlen, Daten, Analysen aus allen Branchen der Wirtschaft (S. 81–87). Berlin: Springer. https://doi.org/10.1007/978-3-642-21655-8_8

Holt-Lunstad, J., Smith, T.B. & Layton, J.B. (2010). Social relationships and mortality risk: A meta-analytic review. PLOS Medicine, 7(7), e1000316. https://doi.org/10.1371/journal.pmed.1000316

Hornung, S., Glaser, J., Rousseau, D.M., Angerer, P. & Weigl, M. (2011). Employee-oriented leadership and quality of working life: Mediating roles of idiosyncratic deals. Psychological Reports, 108(1), 59–74. https://doi.org/10.2466/07.13.14.21.PR0.108.1.59-74

Howell, J.L., Koudenburg, N., Loschelder, D.D., Weston, D., Fransen, K., de Dominicis, S. et al. (2014). Happy but unhealthy: The relationship between social ties and health in an emerging network. European Journal of Social Psychology, 44(6), 612–621. https://doi.org/10.1002/ejsp.2030

James, L.R., Choi, C.C., Ko, C.-H.E., McNeil, P.K., Minton, M.K., Wright, M.A. & Kim, K.-i. (2008). Organizational and psychological climate: A review of theory and research. European Journal of Work & Organizational Psychology, 17(1), 5–32. https://doi.org/10.1080/13594320701662550

James, L.R., Hater, J.J., Gent, M.J. & Bruni, J.R. (1978). Psychological climate: Implications from cognitive social learning theory and interactional psychology. Personnel Psychology, 31(4), 783–813. https://doi.org/10.1111/j.1744-6570.1978.tb02124.x

Jin, S., Seo, M.-G. & Shapiro, D.L. (2016). Do happy leaders lead better? Affective and attitudinal antecedents of transformational leadership. The Leadership Quarterly, 27(1), 64–84. https://doi.org/10.1016/j.leaqua.2015.09.002

Judge, T.A., Piccolo, R.F. & Ilies, R. (2004). The forgotten ones? The validity of consideration and initiating structure in leadership research. Journal of Applied Psychology, 89(1), 36–51. https://doi.org/10.1037/0021-9010.89.1.36

Junker, N.M., Kaluza, A.J., Häusser, J.A., Mojzisch, A., van Dick, R., Knoll, M. & Demerouti, E. (2021). Is work engagement exhausting? The longitudinal relationship between work engagement and exhaustion using latent growth modeling. Applied Psychology, 70(2), 788–815. https://doi.org/10.1111/apps.12252

Junker, N.M. & van Dick, R. (2014). Implicit theories in organizational settings: A systematic review and research agenda of implicit leadership and followership theories. The Leadership Quarterly, 25(6), 1154–1173. https://doi.org/10.1016/j.leaqua.2014.09.002

Kals, U. (2023, 16. Mai). Burnout-Gefahr. Jeder Zweite täglich unter Druck. Frankfurter Allgemeine Zeitung. Verfügbar unter: https://www.faz.net/aktuell/karriere-hochschule/burnout-gefahr-jeder-zweite-fuehlt-sich-taeglich-unter-druck-18889893.html

Kaluza, A.J. (2019). Eine Analyse der Zusammenhänge zwischen gesundheitsförderlicher Führung und den Erwartungen der Mitarbeiter, der Gesundheit der Führungskräfte sowie dem organisationalem Gesundheitsklima. [Unpublizierte Doktorarbeit]. Goethe-Universität Frankfurt.

Kaluza, A.J., Boer, D., Buengeler, C. & van Dick, R. (2020). Leadership behaviour and leader self-reported well-being: A review, integration and meta-analytic examination. Work & Stress, 34(1), 34–56. https://doi.org/10.1080/02678373.2019.1617369

Kaluza, A.J. & Junker, N.M. (2017). Umfrage in Deutschland [Unpubliziertes Rohdaten]. Goethe-Universität Frankfurt.

Kaluza, A.J. & Junker, N.M. (2022). Caring for yourself and for others: Team health climate and self-care explain the relationship between health-oriented leadership and exhaustion. Journal of Managerial Psychology, 37(7), 655–668. https://doi.org/10.1108/JMP-10-2021-0567

Kaluza, A.J., Junker, N.M. & van Dick, R. (2022). Replace „I" with „we" and „illness" becomes „wellness" – Wie gemeinsame soziale Identität das Wohlbefinden steigern kann. In A. Michel & A. Hoppe (Hrsg.), Handbuch Gesundheitsförderung bei der Arbeit. Interventionen für Indivi-

duen, Teams und Organisationen (S. 181–193). Wiesbaden: Springer. https://doi.org/10.1007/978-3-658-28651-4_12

Kaluza, A. J., von Rooy, N. K. & van Dick, R. (2023, 12.–15. September). *Gesundheitsorientierte Führung im digitalen Kontext.* Konferenzbeitrag gehalten auf der 13. Tagung der Fachgruppe Arbeits-, Organisations- und Wirtschaftspsychologie der Deutschen Gesellschaft für Psychologie, Kassel, Deutschland.

Kaluza, A. J., Schuh, S. C., Kern, M., Xin, K. & van Dick, R. (2020). How do leaders' perceptions of organizational health climate shape employee exhaustion and engagement? Toward a cascading-effects model. *Human Resource Management, 59*(4), 359–377. https://doi.org/10.1002/hrm.22000

Kaluza, A. J., Weber, F., van Dick, R. & Junker, N. M. (2021). When and how health-oriented leadership relates to employee well-being – the role of expectations, self-care, and LMX. *Journal of Applied Social Psychology, 51*(4), 404–424. https://doi.org/10.1111/jasp.12744

Kaluza, G. (2023a). *Gelassen und sicher im Stress. Das Stresskompetenz-Buch: Stress erkennen, verstehen, bewältigen* (8. Aufl.). Berlin: Springer. https://doi.org/10.1007/978-3-662-67116-0

Kaluza, G. (2023b). *Stressbewältigung. Das Manual zur psychologischen Gesundheitsförderung* (5. Aufl.). Berlin: Springer. https://doi.org/10.1007/978-3-662-67110-8

Karasek, R. A. (1979). Job demands, job decision latitude, and mental strain: Implications for job redesign. *Administrative Science Quarterly, 24*(2), 285–308. https://doi.org/10.2307/2392498

Kaschka, W. P., Korczak, D. & Broich, K. (2011). Burnout: A fashionable diagnosis. *Deutsches Ärzteblatt International, 108*(46), 781–787. https://doi.org/10.3238/arztebl.2011.0781

Keloharju, M., Knüpfer, S. & Tåg, J. (2023). CEO health. *The Leadership Quarterly, 34*(3), 101672. https://doi.org/10.1016/j.leaqua.2022.101672

KKH Kaufmännische Krankenkasse (2024, 1. August). *Lost in perfection? Fast jeder zweite Berufstätige häufig unter Druck.* [Pressemitteilung]. https://www.kkh.de/presse/pressemeldungen/mentalload

Klan, T. & Liesering-Latta, E. (2020). *Kognitiv-verhaltenstherapeutisches Migränemanagement (MIMA). Ein Behandlungsmanual zur Krankheitsbewältigung und Attackenprophylaxe bei Migräne.* Göttingen: Hogrefe. https://doi.org/10.1026/02851-000

Klebe, L., Felfe, J. & Klug, K. (2021). Healthy leadership in turbulent times: The effectiveness of health-oriented leadership in crisis. *British Journal of Management, 32*(4), 1203–1218. https://doi.org/10.1111/1467-8551.12498

Klebe, L., Felfe, J. & Klug, K. (2022). Mission impossible? Effects of crisis, leader and follower strain on health-oriented leadership. *European Management Journal, 40*(3), 384–392. https://doi.org/10.1016/j.emj.2021.07.001

Klebe, L., Klug, K. & Felfe, J. (2022). When your boss is under pressure: On the relationships between leadership inconsistency, leader and follower strain. *Frontiers in Psychology, 13,* 816258. https://doi.org/10.3389/fpsyg.2022.816258

Klug, K., Felfe, J. & Krick, A. (2019). Caring for oneself or for others? How consistent and inconsistent profiles of health-oriented leadership are related to follower strain and health. *Frontiers in Psychology, 10,* 2456. https://doi.org/10.3389/fpsyg.2019.02456

Köppe, C., Kammerhoff, J. & Schütz, A. (2018). Leader-follower crossover: Exhaustion predicts somatic complaints via StaffCare behavior. *Journal of Managerial Psychology, 33*(3), 297–310. https://doi.org/10.1108/JMP-10-2017-0367

Korczak, D., Huber, B. & Kister, C. (2010). *Differentialdiagnostik des Burnout-Syndroms.* Köln: Deutsches Institut für Medizinische Dokumentation und Information (DIMDI). Verfügbar unter: portal.dimdi.de/de/hta/hta_berichte/hta278_bericht_de.pdf

Korman, J.V., van Quaquebeke, N. & Tröster, C. (2022). Managers are less burned-out at the top: The roles of sense of power and self-efficacy at different hierarchy levels. *Journal of Business and Psychology, 37*(1), 151–171. https://doi.org/10.1007/s10869-021-09733-8

Kramer, B. (2019, 9. Mai). Stress am Arbeitsplatz. Druck, mehr Druck, noch mehr Druck. *Zeit Online.* Verfügbar unter: https://www.zeit.de/arbeit/2019-05/stress-arbeitsplatz-leistungs-druck-job-studien

Kranabetter, C. & Niessen, C. (2016). How managers respond to exhausted employees. *Journal of Personnel Psychology, 15*(3), 106–115. https://doi.org/10.1027/1866-5888/a000157

Krick, A. & Felfe, J. (2022). Health-oriented leadership in a digital world: A literature review and a research agenda. In D. Schulz, A. Fay, W. Matiaske & M. Schulz (Hrsg.), *dtec.bw-Beiträge der Helmut-Schmidt-Universität/Universität der Bundeswehr Hamburg: Forschungsaktivitäten im Zentrum für Digitalisierungs- und Technologieforschung der Bundeswehr dtec.bw* (S. 347–357). Hamburg: Helmut-Schmidt-Universität/Universität der Bundeswehr. https://doi.org/10.24405/14576

Krick, A., Felfe, J., Hauff, S. & Renner, K.-H. (2022). Facilitating health-oriented leadership from a leader's perspective. *Zeitschrift für Arbeits- und Organisationspsychologie, 66*(4), 213–225. https://doi.org/10.1026/0932-4089/a000397

Krick, A., Wunderlich, I. & Felfe, J. (2022). Gesundheitsförderliche Führungskompetenz entwickeln. In A. Michel & A. Hoppe (Hrsg.), *Handbuch Gesundheitsförderung bei der Arbeit. Interventionen für Individuen, Teams und Organisationen* (S. 213–231). Wiesbaden: Springer. https://doi.org/10.1007/978-3-658-28651-4_14

Lam, C.K., Walter, F. & Huang, X. (2017). Supervisors' emotional exhaustion and abusive supervision: The moderating roles of perceived subordinate performance and supervisor self-monitoring. *Journal of Organizational Behavior, 38*(8), 1151–1166. https://doi.org/10.1002/job.2193

Lanaj, K., Johnson, R.E. & Lee, S.M. (2016). Benefits of transformational behaviors for leaders: A daily investigation of leader behaviors and need fulfillment. *Journal of Applied Psychology, 101*(2), 237–251. https://doi.org/10.1037/apl0000052

Lang, J., Bliese, P.D., Lang, J.W.B. & Adler, A.B. (2011). Work gets unfair for the depressed: Cross-lagged relations between organizational justice perceptions and depressive symptoms. *Journal of Applied Psychology, 96*(3), 602–618. https://doi.org/10.1037/a0022463

Lazarus, R.S. (1966). *Psychological stress and the coping process.* New York: McGraw-Hill.

Lazarus, R.S. & Folkman, S. (1984). *Stress, appraisal, and coping.* New York: Springer. https://doi.org/10.1007/978-1-4419-1005-9_215

Leiter, M.P. & Maslach, C. (1988). The impact of interpersonal environment on burnout and organizational commitment. *Journal of Organizational Behavior, 9*(4), 297–308. https://doi.org/10.1002/job.4030090402

Leiter, M.P. & Maslach, C. (1999). Six areas of worklife: A model of the organizational context of burnout. *Journal of Health and Human Services Administration, 21*(4), 472–489.

LePine, J.A., Podsakoff, N.P. & LePine, M.A. (2005). A meta-analytic test of the challenge stressor-hindrance stressor framework: An explanation for inconsistent relationships among stressors and performance. *Academy of Management Journal, 48*(5), 764–775. https://doi.org/10.5465/amj.2005.18803921

Liang, W., Shediac-Rizkallah, M.C., Celentano, D.D. & Rohde, C. (1999). A population-based study of age and gender differences in patterns of health-related behaviors. *American Journal of Preventive Medicine, 17*(1), 8–17. https://doi.org/10.1016/S0749-3797(99)00040-9

Lippke, S. & Renneberg, B. (2006). Konzepte von Gesundheit und Krankheit. In B. Renneberg & P. Hammelstein (Hrsg.), *Gesundheitspsychologie* (S. 7–12). Berlin: Springer. https://doi.org/10.1007/978-3-540-47632-0_2

Lipsey, M.W. & Wilson, D.B. (2001). *Practical meta-analysis.* Thousand Oaks, CA: Sage.

Lohmann-Haislah, A. (2012). *Stressreport Deutschland 2012. Psychische Anforderungen, Ressourcen und Befinden*. Dortmund: Bundesanstalt für Arbeitsschutz und Arbeitsmedizin. Verfügbar unter: https://www.baua.de/dok/3430796

Lück, M., Hünefeld, L., Brenscheidt, S., Bödefeld, M. & Hünefeld, A. (2019). *Grundauswertung der BIBB/BAuA-Erwerbstätigenbefragung 2018. Vergleich zur Grundauswertung 2006 und 2012* (2. Aufl.). Dortmund: Bundesanstalt für Arbeitsschutz und Arbeitsmedizin. Verfügbar unter: https://doi.org/10.21934/baua:bericht20190618

Lyons, J. B. & Schneider, T. R. (2009). The effects of leadership style on stress outcomes. *The Leadership Quarterly, 20*(5), 737–748. https://doi.org/10.1016/j.leaqua.2009.06.010

Maslach, C. & Jackson, S. E. (1981). The measurement of experienced burnout. *Journal of Occupational Behavior, 2*(2), 99–113. https://doi.org/10.1002/job.4030020205

Maslach, C., Jackson, S. E. & Leiter, M. P. (1996). *Maslach Burnout Inventory manual* (3rd ed.). Palo Alto, CA: Consulting Psychologists Press.

Maslach, C. & Leiter, M. P. (2008). Early predictors of job burnout and engagement. *Journal of Applied Psychology, 93*(3), 498–512. https://doi.org/10.1037/0021-9010.93.3.498

Maslach, C., Schaufeli, W. B. & Leiter, M. P. (2001). Job burnout. *Annual Review of Psychology, 52,* 397–422. https://doi.org/10.1146/annurev.psych.52.1.397

Mätschke, L.-M., Sebbesse, S. & Siewerts, D. (2019). *Psychisch krank im Job. Verstehen. Vorbeugen. Erkennen. Bewältigen.* BKK Dachverband & Bundesverband der Angehörigen psychisch Kranker. Verfügbar unter: https://www.bkk-dachverband.de/fileadmin/user_upload/BKK_DV_Broschuere_Psychisch_krank_im_Job.pdf

Matyssek, A. K. (2003). *Chefsache: Gesundes Team – gesunde Bilanz. Ein Leitfaden zur gesundheitsgerechten Mitarbeiterführung*. Wiesbaden: Universum Verlag.

Matyssek, A. K. (2009). *Führung und Gesundheit. Ein praktischer Ratgeber zur Förderung der psychosozialen Gesundheit im Betrieb*. Norderstedt: Books on Demand.

Matyssek, A. K. (2010). *Gesund Führen. Das Handbuch für schwierige Situationen*. Norderstedt: Books on Demand.

Matyssek, A. K. (2011). *Gesund führen – sich und andere! Trainingsmanual zur psychosozialen Gesundheitsförderung im Betrieb*. Norderstedt: Books on Demand.

Mearns, K., Hope, L., Ford, M. T. & Tetrick, L. E. (2010). Investment in workforce health: Exploring the implications for workforce safety climate and commitment. *Accident, Analysis and Prevention, 42*(5), 1445–1454. https://doi.org/10.1016/j.aap.2009.08.009

Meyer, M., Wing, L., Schenkel, A. & Meschede, M. (2021). Krankheitsbedingte Fehlzeiten in der deutschen Wirtschaft im Jahr 2020. In B. Badura, A. Ducki, H. Schröder & M. Meyer (Hrsg.), *Fehlzeiten-Report 2021: Betriebliche Prävention stärken – Lehren aus der Pandemie* (S. 441–538). Berlin: Springer. https://doi.org/10.1007/978-3-662-63722-7_27

Michalak, J., Heidenreich, T. & Meibert, P. (2018). *Achtsamkeit üben. Hilfe bei Stress, Depression, Ängsten und häufigem Grübeln*. Göttingen: Hogrefe. https://doi.org/10.1026/02676-000

Montano, D., Reeske, A., Franke, F. & Hüffmeier, J. (2017). Leadership, followers' mental health and job performance in organizations: A comprehensive meta-analysis from an occupational health perspective. *Journal of Organizational Behavior, 38*(3), 327–350. https://doi.org/10.1002/job.2124

Myers, D. G. & DeWall, C. N. (2023). *Psychologie* (4. Aufl.). Berlin: Springer. https://doi.org/10.1007/978-3-662-66765-1

Neal, A. & Griffin, M. A. (2006). A study of the lagged relationships among safety climate, safety motivation, safety behavior, and accidents at the individual and group levels. *Journal of Applied Psychology, 91*(4), 946–953. https://doi.org/10.1037/0021-9010.91.4.946

Nicholas, T. (2023). Status and mortality: Is there a Whitehall effect in the United States? *The Economic History Review, 76*(4) 1191–1230. https://doi.org/10.1111/ehr.13240

Nye, J. L. & Forsyth, D. R. (1991). The effects of prototype-based biases on leadership appraisals: A test of leadership categorization theory. *Small Group Research, 22*(3), 360–379. https://doi.org/10.1177/1046496491223005

Oyserman, D., Fryberg, S. A. & Yoder, N. (2007). Identity-based motivation and health. *Journal of Personality and Social Psychology, 93*(6), 1011–1027. https://doi.org/10.1037/0022-3514.93.6.1011

Oyserman, D., Smith, G. C. & Elmore, K. (2014). Identity-based motivation: Implications for health and health disparities. *Journal of Social Issues, 70*(2), 206–225. https://doi.org/10.1111/josi.12056

Pangert, B. (2011). *Prädiktoren gesundheitsförderlichen Führungshandelns.* [Unpublizierte Doktorarbeit]. Albert-Ludwigs-Universität Freiburg.

Petermann, F. (Hrsg.). (2020). *Entspannungsverfahren. Das Praxishandbuch* (6. Aufl.). Weinheim: Beltz.

Petrou, P., Demerouti, E., Peeters, M. C. W., Schaufeli, W. B. & Hetland, J. (2012). Crafting a job on a daily basis: Contextual correlates and the link to work engagement. *Journal of Organizational Behavior, 33*(8), 1120–1141. https://doi.org/10.1002/job.1783

Pischel, S. & Felfe, J. (2023). "Should I tell my leader or not?" – Health-oriented leadership and stigma as antecedents of employees' mental health information disclosure intentions at work. *Journal of Occupational and Environmental Medicine, 65*(1), 74–85. https://doi.org/10.1097/JOM.0000000000002688

Pischel, S., Felfe, J., Krick, A. & Pundt, F. (2023). Gesundheitsförderliche Führung diagnostizieren und umsetzen. In J. Felfe & R. van Dick (Hrsg.), *Handbuch Mitarbeiterführung* (S. 1–18). Berlin: Springer. https://doi.org/10.1007/978-3-642-55213-7_17-2

Pratt, M. (1998). To be or not to be? Central questions in organizational identification. In D. A. Whetten & P. C. Godfrey (Eds.), *Identity in organizations: Building theory through conversations* (pp. 171–208). Thousand Oaks, CA: Sage. https://doi.org/10.4135/9781452231495.n6

Preacher, K. J., Zyphur, M. J. & Zhang, Z. (2010). A general multilevel SEM framework for assessing multilevel mediation. *Psychological Methods, 15*(3), 209–233. https://doi.org/10.1037/a0020141

Prior, M. (2015). *MiniMax-Interventionen. 15 minimale Interventionen mit maximaler Wirkung.* Heidelberg: Carl-Auer Verlag.

Probst, T. M., Jiang, L. & Graso, M. (2016). Leader–member exchange: Moderating the health and safety outcomes of job insecurity. *Journal of Safety Research, 56,* 47–56. https://doi.org/10.1016/j.jsr.2015.11.003

Pronova BKK. (2022). *Arbeiten 2022. Ergebnisse einer Befragung von Arbeitnehmerinnen und Arbeitnehmern.* Verfügbar unter: https://www.pronovabkk.de/media/pdf-downloads/unternehmen/studien/arbeiten2022-ergebnisse.pdf

Prümper, J. & Becker, M. (2011). Freundliches und respektvolles Führungsverhalten und die Arbeitsfähigkeit von Beschäftigten. In B. Badura, A. Ducki, H. Schröder, J. Klose & K. Macco (Hrsg.), *Fehlzeiten-Report 2011: Führung und Gesundheit: Zahlen, Daten, Analysen aus allen Branchen der Wirtschaft* (S. 37–47). Berlin: Springer. https://doi.org/10.1007/978-3-642-21655-8_4

Pundt, F. & Felfe, J. (2017). *Health-oriented leadership. Instrument zur Erfassung gesundheitsförderlicher Führung.* Bern: Hogrefe.

Ribisl, K. M. & Reischl, T. M. (1993). Measuring the climate for health at organizations: Development of the worksite health climate scales. *Journal of Occupational Medicine, 35*(8), 812–824. https://doi.org/10.1097/00043764-199308000-00019

Riechert, I. (2015). *Psychische Störungen bei Mitarbeitern. Ein Leitfaden für Führungskräfte und Personalverantwortliche – von der Prävention bis zur Wiedereingliederung.* Berlin: Springer. https://doi.org/10.1007/978-3-662-43522-9

Riemann, D. (2016). *Ratgeber Schlafstörungen. Informationen für Betroffene und Angehörige* (2. Aufl.). Göttingen: Hogrefe. https://doi.org/10.1026/02745-000

Rigotti, T., Holstad, T., Mohr, G., Stempel, C., Hansen, E., Loeb, C. et al. (2014). *Rewarding and sustainable health-promoting leadership.* Dortmund: Bundesanstalt für Arbeitsschutz und Arbeitsmedizin. Verfügbar unter: http://www.baua.de/dok/5670154

Rosenthal, R. (1979). The 'file drawer' problem and tolerance for null results. *Psychological Bulletin, 86*(3), 638–641. https://doi.org/10.1037/0033-2909.86.3.638

Rubin, R.S., Munz, D.C. & Bommer, W.H. (2005). Leading from within: The effects of emotion recognition and personality on transformational leadership behavior. *Academy of Management Journal, 48*(5), 845–858. https://doi.org/10.5465/AMJ.2005.18803926

Rudolph, C.W., Murphy, L. & Zacher, H. (2020). A systematic review and critique of research on "healthy leadership". *The Leadership Quarterly, 31*(1), 101335. https://doi.org/10.1016/j.leaqua.2019.101335

Santa Maria, A., Wolter, C., Gusy, B., Kleiber, D. & Renneberg, B. (2019). The impact of health-oriented leadership on police officers' physical health, burnout, depression and well-being. *Policing: A Journal of Policy and Practice, 13*(2), 186–200. https://doi.org/10.1093/police/pay067

Schaper, N. (2019). Wirkungen der Arbeit. In F.W. Nerdinger, G. Blickle & N. Schaper (Hrsg.), *Arbeits- und Organisationspsychologie* (S. 573–600). Berlin: Springer. https://doi.org/10.1007/978-3-662-56666-4_28

Schaufeli, W.B. & Bakker, A.B. (2004). Job demands, job resources, and their relationship with burnout and engagement: A multi-sample study. *Journal of Organizational Behavior, 25*(3), 293–315. https://doi.org/10.1002/job.248

Schaufeli, W.B., Bakker, A.B. & Salanova, M. (2006). The measurement of work engagement with a short questionnaire: A cross-national study. *Educational and Psychological Measurement, 66*(4), 701–716. https://doi.org/10.1177/0013164405282471

Schaufeli, W.B., Leiter, M.P. & Maslach, C. (2009). Burnout: 35 years of research and practice. *Career Development International, 14*(3), 204–220. https://doi.org/10.1108/13620430910966406

Schaufeli, W.B., Salanova, M., González-Romá, V. & Bakker, A.B. (2002). The measurement of engagement and burnout: A two sample confirmatory factor analytic approach. *Journal of Happiness Studies, 3*(1), 71–92. https://doi.org/10.1023/A:1015630930326

Schaufeli, W.B., Shimazu, A., Hakanen, J., Salanova, M. & De Witte, H. (2017). An ultra-short measure for work engagement: The UWES-3 validation across five countries. *European Journal of Psychological Assessment, 35*(4), 577–591. https://doi.org/10.1027/1015-5759/a000430

Schmiedel, V. (2018). „Nur wer einmal gebrannt hat, kann ausbrennen!". *Erfahrungsheilkunde, 67*(2), 69. https://doi.org/10.1055/a-0573-1655

Schneider, B., González-Romá, V., Ostroff, C. & West, M.A. (2017). Organizational climate and culture: Reflections on the history of the constructs in the Journal of Applied Psychology. *Journal of Applied Psychology, 102*(3), 468–482. https://doi.org/10.1037/apl0000090

Schurer Lambert, L., Tepper, B.J., Carr, J.C., Holt, D.T. & Barelka, A.J. (2012). Forgotten but not gone: An examination of fit between leader consideration and initiating structure needed and received. *Journal of Applied Psychology, 97*(5), 913–930. https://doi.org/10.1037/a0028970

Schyns, B. & Schilling, J. (2011). Implicit leadership theories: Think leader, think effective? *Journal of Management Inquiry, 20*(2), 141–150. https://doi.org/10.1177/1056492610375989

Schyns, B. & Schilling, J. (2013). How bad are the effects of bad leaders? A meta-analysis of de-structive leadership and its outcomes. *The Leadership Quarterly, 24*(1), 138–158. https://doi.org/10.1016/j.leaqua.2012.09.001

Selye, H. (1956). *The stress of life*. New York: McGraw-Hill.

Selye, H. (1976). Forty years of stress research: Principal remaining problems and misconceptions. *Canadian Medical Association Journal, 115*(1), 53–56.

Semmer, N.K. & Zapf, D. (2018). Theorien der Stressentstehung und -bewältigung. In R. Fuchs & M. Gerber (Hrsg.), *Handbuch Stressregulation und Sport* (S. 23–50). Berlin: Springer. https://doi.org/10.1007/978-3-662-49322-9_1

Sherman, G.D., Lee, J.J., Cuddy, A.J.C, Renshon, J., Oveis, C., Gross, J.J. & Lerner, J.S. (2012). Leadership is associated with lower levels of stress. *Proceedings of the National Academy of Sciences of the United States of America, 109*(44), 17903–17907. https://doi.org/10.1073/pnas.1207042109

Siegrist, J. (2002). Effort-reward imbalance at work and health. In P.L. Perrewe & D.C. Ganster (Eds.), *Historical and Current Perspectives on Stress and Health* (Research in Occupational Stress and Well Being, Vol. 2, pp. 261–291). Leeds: Emerald Publishing. https://doi.org/10.1016/S1479-3555(02)02007-3

Simmel, M. & Graßl, W. (Hrsg.). (2020). *Betriebliches Gesundheitsmanagement mit System. Ein Praxisleitfaden für mittelständische Unternehmen*. Wiesbaden: Springer. https://doi.org/10.1007/978-3-658-26956-2

Skogstad, A., Einarsen, S., Torsheim, T., Aasland, M.S. & Hetland, H. (2007). The destructive-ness of laissez-faire leadership behavior. *Journal of Occupational Health Psychology, 12*(1), 80–92. https://doi.org/10.1037/1076-8998.12.1.80

Sonnentag, S. (2015). Dynamics of well-being. *Annual Review of Organizational Psychology and Organizational Behavior, 2*(1), 261–293. https://doi.org/10.1146/annurev-orgpsych-032414-111347

Sonnentag, S. & Fritz, C. (2007). The recovery experience questionnaire: Development and validation of a measure for assessing recuperation and unwinding from work. *Journal of Occupational Health Psychology, 12*(3), 204–221. https://doi.org/10.1037/1076-8998.12.3.204

Stadler, P. & Spieß, E. (2005). Gesundheitsförderliches Führen – Defizite erkennen und Fehlbe-lastungen der Mitarbeiter reduzieren. *Arbeitsmedizin, Sozialmedizin & Umweltmedizin, 40*(7), 384–390.

Statistisches Bundesamt Destatis. (2017, 29. September). *Herz-Kreislauf-Erkrankungen verursachen die höchsten Kosten* [Pressemitteilung]. Verfügbar unter: https://www.destatis.de/DE/Presse/Pressemitteilungen/2017/09/PD17_347_236.html

Statistisches Bundesamt Destatis. (2022, 27. Juli). *Krankheitskosten pro Kopf gleichen sich zwischen Männern und Frauen weiter an* [Pressemitteilung]. Verfügbar unter: https://www.destatis.de/DE/Presse/Pressemitteilungen/2022/07/PD22_316_236.html

Stavemann, H.H. (2020). *... und ständig tickt die Selbstwertbombe. Selbstwertprobleme erkennen und lösen* (2. Aufl.). Weinheim: Beltz.

Steffens, N.K., Haslam, S.A., Schuh, S.C., Jetten, J. & van Dick, R. (2017). A meta-analytic review of social identification and health in organizational contexts. *Personality & Social Psychology Review, 21*(4), 303–335. https://doi.org/10.1177/1088868316656701

Steffens, N.K., LaRue, C.J., Haslam, C., Walter, Z.C., Cruwys, T., Munt, K.A. et al. (2019). Social identification-building interventions to improve health: A systematic review and meta-analysis. *Health Psychology Review, 15*(1), 1–28. https://doi.org/10.1080/17437199.2019.1669481

Steinmetz, B. (2011). Gesundheitsförderung für Führungskräfte. In E. Bamberg, A. Ducki & A.-M. Metz (Hrsg.), *Gesundheitsförderung und Gesundheitsmanagement in der Arbeitswelt. Ein Handbuch* (S. 537–559). Göttingen: Hogrefe.

Tajfel, H. & Turner, J.C. (1979). An integrative theory of intergroup conflict. In G. Austin & S. Worchel (Eds), *The social psychology of intergroup relations* (pp. 33–47). Pacific Grove, CA: Brooks/Cole Publishing Company.

Takala, J., Hämäläinen, P., Saarela, K.L., Yun, L.Y., Manickam, K., Jin, T.W. et al. (2014). Global estimates of the burden of injury and illness at work in 2012. *Journal of Occupational and Environmental Hygiene, 11*(5), 326–337. https://doi.org/10.1080/15459624.2013.863131

Teismann, T., Hanning, S., von Brachel, R. & Willutzki, U. (2017). *Kognitive Verhaltenstherapie depressiven Grübelns* (2. Aufl.). Berlin: Springer. https://doi.org/10.1007/978-3-662-50516-8

ten Brummelhuis, L.L., Haar, J.M. & Roche, M. (2014). Does family life help to be a better leader? A closer look at crossover processes from leaders to followers. *Personnel Psychology, 67*(4), 917–949. https://doi.org/10.1111/peps.12057

Tepper, B.J. (2000). Consequences of abusive supervision. *Academy of Management Journal, 43*(2), 178–190. https://doi.org/10.2307/1556375

Tepper, B.J. (2007). Abusive supervision in work organizations: Review, synthesis, and research agenda. *Journal of Management, 33*(3), 261–289. https://doi.org/10.1177/0149206307300812

Tims, M., Bakker, A.B. & Derks, D. (2012). Development and validation of the job crafting scale. *Journal of Vocational Behavior, 80*(1), 173–186. https://doi.org/10.1016/j.jvb.2011.05.009

Tonidandel, S. & LeBreton, J.M. (2015). RWA Web: A free, comprehensive, web-based, and user-friendly tool for relative weight analyses. *Journal of Business and Psychology, 30*(2), 207–216. https://doi.org/10.1007/s10869-014-9351-z

Turner, J.C., Hogg, M.A., Oakes, P.J., Reicher, S.D. & Wetherell, M.S. (1987). *Rediscovering the social group: A self-categorization theory.* Oxford: Basil Blackwell.

van Dick, R. (2015). *Stress lass nach! Wie Gruppen unser Stresserleben beeinflussen.* Berlin: Springer Spektrum. https://doi.org/10.1007/978-3-662-46573-8

van Dick, R. (2017). *Identifikation und Commitment fördern* (2. Aufl.). Göttingen: Hogrefe. https://doi.org/10.1026/02806-000

van Dick, R., Ketturat, C., Häusser, J.A. & Mojzisch, A. (2017). Two sides of the same coin and two routes for improvement: Integrating resilience and the social identity approach to well-being and ill-health. *Health Psychology Open, 4*(2), 1–6. https://doi.org/10.1177/2055102917719564

van Dierendonck, D., Haynes, C., Borrill, C. & Stride, C. (2004). Leadership behavior and subordinate well-being. *Journal of Occupational Health Psychology, 9*(2), 165–175. https://doi.org/10.1037/1076-8998.9.2.165

van Gils, S., van Quaquebeke, N. & van Knippenberg, D. (2010). The X-factor: On the relevance of implicit leadership and followership theories for leader-member exchange agreement. *European Journal of Work and Organizational Psychology, 19*(3), 333–363. https://doi.org/10.1080/13594320902978458

van Quaquebeke, N., van Knippenberg, D. & Brodbeck, F.C. (2011). More than meets the eye: The role of subordinates' self-perceptions in leader categorization processes. *The Leadership Quarterly, 22*(2), 367–382. https://doi.org/10.1016/j.leaqua.2011.02.011

von Rooy, N.K. (2021). *Digital healthy leadership: Development and validation of a theory- and practice-oriented instrument.* [Unpublished Master's thesis]. Goethe-University Frankfurt.

von Rooy, N.K., Kaluza, A.J. & van Dick, R. (2020). *Virtuelle Führung und Wohlbefinden* [Fact sheet]. Goethe-Universität Frankfurt. Verfügbar unter: http://www.clbo-frankfurt.org/media/2020/12/Factsheet_Qualitative-Befragung-Führung-und-Wohlbefinden-final.pdf

von Wachter, M. & Kappis, B. (2019). *Therapie-Tools Schmerzstörungen.* Weinheim: Beltz.

Vincent, S. (2012). Gesundheits- und entwicklungsförderliches Führungsverhalten: Gendertypische Differenzen. *Gruppendynamik und Organisationsberatung, 43*(1), 61–89. https://doi.org/10.1007/s11612-011-0170-7

Walumbwa, F. O., Avolio, B. J., Gardner, W. L., Wernsing, T. S. & Peterson, S. J. (2008). Authentic leadership: Development and validation of a theory-based measure. *Journal of Management, 34*(1), 89–126. https://doi.org/10.1177/0149206307308913

Wang, F., Gao, Y., Han, Z., Yu, Y., Long, Z., Jiang, X. et al. (2023). A systematic review and meta-analysis of 90 cohort studies of social isolation, loneliness and mortality. *Nature Human Behaviour, 7*(8), 1307–1319. https://doi.org/10.1038/s41562-023-01617-6

Warr, P. (2013). How to think about and measure psychological well-being. In R. R. Sinclair, M. Wang & L. E. Tetrick (Eds.), *Research methods in occupational health psychology. Measurement, design, and data analysis* (pp. 76–90). New York: Routledge.

Wegge, J., Shemla, M. & Haslam, S. A. (2014). Leader behavior as a determinant of health at work. Specification and evidence of five key pathways. *Zeitschrift für Personalforschung, 28*(1/2), 6–23. https://doi.org/10.1688/ZfP-2014-01-Wegge

Wellmann, H., Hasselmann, O. & Lück, P. (2020). *iga.Report 43. iga.Barometer 2019. Erwerbstätigenbefragung zum Stellenwert der Arbeit. Schwerpunktthema „Sinn und Arbeit".* Dresden: Initiative Gesundheit und Arbeit. Verfügbar unter: https://www.iga-info.de/fileadmin/redakteur/Veroeffentlichungen/iga_Reporte/Dokumente/iga-Report_43_iga.Barometer_2019.pdf

Wengenroth, M. (2012). *Therapie-Tools Akzeptanz- und Commitmenttherapie (ACT).* Weinheim: Beltz.

Werdecker, L. & Esch, T. (2018). Stress und Gesundheit. In R. Haring (Hrsg.), *Gesundheitswissenschaften. Reference Pflege – Therapie – Gesundheit* (S. 1–13). Berlin: Springer. https://doi.org/10.1007/978-3-662-54179-1_33-1

Wethington, E. & Kessler, R. C. (1986). Perceived support, received support, and adjustment to stressful life events. *Journal of Health and Social Behavior, 27*(1), 78–89. https://doi.org/10.2307/2136504

Wieland, R. & Görg, P. (2009). Gesundheitskompetenzentwicklung in der Finanzverwaltung durch gesundheitsförderliche Arbeitsgestaltung und Teamentwicklung. In K. Henning, I. Leisten & F. Hees (Hrsg.), *Innovationsfähigkeit stärken – Wettbewerbsfähigkeit erhalten. Präventiver Arbeits- und Gesundheitsschutz als Treiber* (Aachner Reihe Mensch und Technik, Bd. 6, S. 207–225). Aachen: Verlag Mainz.

Wilde, B., Hinrichs, S., Bahamondes Pavez, C. & Schüpbach, H. (2009). Führungskräfte und ihre Verantwortung für die Gesundheit ihrer Mitarbeiter – Eine empirische Untersuchung zu den Bedingungsfaktoren gesundheitsförderlichen Führens. *Wirtschaftspsychologie, 11*(2), 74–89.

Wirtz, N., Rigotti, T., Otto, K. & Loeb, C. (2017). What about the leader? Crossover of emotional exhaustion and work engagement from followers to leaders. *Journal of Occupational Health Psychology, 22*(1), 86–97. https://doi.org/10.1037/ocp0000024

Wöhrmann, A. M., Gerstenberg, S., Hünefeld, L., Pundt, F., Reeske-Behrens, A., Brenscheidt, F. & Beermann, B. (2016). *Arbeitszeitreport Deutschland 2016.* Dortmund: Bundesanstalt für Arbeitsschutz und Arbeitsmedizin. Verfügbar unter: https://www.baua.de/dok/8137556

World Health Organization. (2022). *ICD-11: International Classification of Diseases 11th Revision.* Retrieved from https://icd.who.int/

Wrzesniewski, A. & Dutton, J. E. (2001). Crafting a job: Revisioning employees as active crafters of their work. *Academy of Management Review, 26*(2), 179–201. https://doi.org/10.5465/amr.2001.4378011

YouGov. (2013, 15. Juli). *Arbeitsbelastung bei Führungskräften deutlich höher.* [Pressemitteilung]. Verfügbar unter: https://yougov.de/topics/travel/articles-reports/2013/07/15/arbeitsbelastung-bei-fuhrungskraften-deutlich-hohe

Yukl, G. (2013). *Leadership in organizations* (8th ed.). Boston, MA: Pearson.

Zohar, D. & Luria, G. (2005). A multilevel model of safety climate: Cross-level relationships between organization and group-level climates. *Journal of Applied Psychology, 90*(4), 616–628. https://doi.org/10.1037/0021-9010.90.4.616

Zok, K. (2011). Führungsverhalten und Auswirkungen auf die Gesundheit der Mitarbeiter – Analyse von WIdO-Mitarbeiterbefragungen. In B. Badura, A. Ducki, H. Schröder, J. Klose & K. Macco (Hrsg.), *Fehlzeiten-Report 2011. Führung und Gesundheit. Zahlen, Daten, Analysen aus allen Branchen der Wirtschaft* (S. 27–36). Berlin: Springer. https://doi.org/10.1007/978-3-642-21655-8_3

Zweber, Z. M., Henning, R. A. & Magley, V. J. (2016). A practical scale for multi-faceted organizational health climate assessment. *Journal of Occupational Health Psychology, 21*(2), 250–259. https://doi.org/10.1037/a0039895

Zwingmann, I., Wegge, J., Wolf, S., Rudolf, M., Schmidt, M. & Richter, P. (2014). Is transformational leadership healthy for employees? A multilevel analysis in 16 nations. *Zeitschrift für Personalforschung, 28*(1/2), 24–51. https://doi.org/10.1177/239700221402800103

Zwingmann, I., Wolf, S. & Richter, P. (2016). Every light has its shadow: A longitudinal study of transformational leadership and leaders' emotional exhaustion. *Journal of Applied Social Psychology, 46*(1), 19–33. https://doi.org/10.1111/jasp.12352

Sachregister